Die Sudbury Valley School

Eine neue Sicht auf das Lernen

tologo verlag

The Sudbury Valley School Press

Die Sudbury Valley School
Eine neue Sicht auf das Lernen

Aus dem Amerikanischen übersetzt
von Martin Wilke

tologo verlag

Bibliografische Information der Deutschen Bibliothek
Die Deutsche Bibliothek verzeichnet diese Publikation in der Deutschen Nationalbibliografie; detaillierte bibliografische Daten sind im Internet über http://dnb.ddb.de abrufbar.

1. Auflage 2005

Titel der amerikanischen Originalausgabe: *The Sudbury Valley School Experience*

Lektorat: Tobias Meißner & Sudbury-Schule Halle-Leipzig e.V.

www.tologo.de

ISBN 3-9810444-0-1

Inhalt

Einleitung

Es war 1967. Wir, eine kleine Gruppe von Eltern, die in der weiteren Umgebung von Framingham lebten, hatte im ganzen Land nach einer Schule gesucht, die unseren Anforderungen entsprach. Wir waren weit und viel gereist, hatten alle möglichen Orte besucht und über sie gelesen – und waren mit leeren Händen zurückgekehrt.

Was uns alle verband, war eine tiefe Überzeugung, daß das bestehende Bildungssystem unseren Kindern irreparablen Schaden zufügen würde. Wir hatten das Gefühl, daß wir tun *mußten*, was auch immer nötig war, um die Art von Umgebung zu schaffen, die wir unseren Kindern wünschten.

So kam es, daß 1968 die Sudbury Valley School gegründet wurde.

Ausgangspunkt all unserer Überlegungen war die anscheinend revolutionäre Idee, daß ein Kind eine *Person* ist, und daß es als Mensch vollen Respekt verdient. Dies sind einfache Worte mit verheerend komplexen Konsequenzen, von denen die wichtigste ist, daß der Plan des Kindes für sein eigenes Leben genauso wichtig ist wie der Plan irgend eines anderen – Eltern, Familie, Freunde oder sogar der Gesellschaft. In der Schule, die wir für unsere Kinder wollten, würde man in ihrer Bildung ihren inneren Bedürfnissen in jeder Hinsicht die höchste Priorität einräumen müssen.

Für die Praxis bedeutete das, daß alle Aktivitäten unserer Kinder an der Schule nur auf ihre eigene Initiative hin geschehen dürfen. Es konnte keinen von außen auferlegten Lehrplan geben, keine willkürlichen Anforderungen, die ihnen vorschreiben würden, womit sie sich beschäftigen sollten. Die Schule mußte eine unterstützende Umgebung sein, in der sich die Kinder selbst aussuchen, was sie tun wollen, und in der sie sich ihre Zeit selbst einteilen.

Respekt für den Einzelnen mußte auch die Grundlage des Sozialisationsprozesses unserer Kinder sein. Dies führte uns direkt zum Konzept der Demokratie als einem institutionellen Gebot. Demokratie wird allein auf der stabilen Grundlage des gleichen Respekts für alle Mitglieder der Gemeinschaft, und für ihre Ideen und Hoffnungen, errichtet. Und so wurde es zu einem Eckpfeiler unserer Philosophie, ausnahmslos jedem an der Schule volles und gleichberechtigtes Mitspracherecht über die Leitung der Schule zu geben.

Ein interessantes Merkmal dieses Respekts hatte - wenn er auf alle Mitglieder der Schulgemeinschaft ausgedehnt wurde - mit der Haltung gegenüber den Eltern zu tun. So viele Pädagogen sahen Eltern im besten Fall als etwas lästiges, im schlechtesten als eindeutige Bedrohung an. Dies schien uns nicht richtig, vor allem, weil wir die Schule vorrangig als Eltern gründeten! Wie wir es auch betrachteten, Eltern stand definitiv ein Platz in der Bildung ihrer Kinder zu. Von Anfang an hielten wir an dieser Überzeugung fest und strukturierten die Schule entsprechend.

Dieses Buch ist eine Sammlung ausgewählter Aufsätze und kurzer Bruchstücke, die im Laufe der Zeit über die Schule geschrieben wurden. Sie wurden nach ihrer Bedeutung für den gegenwärtigen Hintergrund der Schule ausgesucht, sowie danach, ob sie ein Verständnis dafür vermitteln, worum es bei der Sudbury Valley School geht.

Das Buch wurde zusammengestellt, um einem oft von Besuchern, potentiellen Schülern und Pädagogen geäußerten Bedürfnis nach Information zu entsprechen. Wir sind oft um Hintergrundmaterial zu den verschiedenen Aspekten der Schule gebeten worden. Auch wenn das Material verfügbar war, war es auf Dutzende Publikationen verteilt - die meisten von ihnen Ausgaben unseres Newsletters, der etwa acht Mal im Jahr erscheint. Um das Material besser lesbar zu machen und mit der aktuellen Situation an der Schule in Übereinstimmung zu bringen, wurden bei der Übertragung dieser Schriften einige kleinere redaktionelle Änderungen vorgenommen.

Der beste Weg, dieses Buch zu eröffnen, ist vielleicht ein Auszug aus einem früheren Prospekt der Schule. Sein Titel: „Ein typischer Tag – ein typisches Jahr“:

Selbst nachdem sie über die Schule gelesen und von ihr gehört hatten, und oft sogar nachdem sie zu Gast waren, fragen viele Interessenten immer noch, wie ein „typischer Tag“ an der Schule für beide, Schüler und Mitarbeiter, aussieht. Oft scheinen sie von der großen Mühe überrascht zu sein, die wir haben, eine solche Frage zu beantworten.

Unser Problem ist zweifacher Art: Erstens sind die Leute an der Schule so verschieden voneinander, daß keine zwei von ihnen jemals die gleiche Sache tun, zumindest nicht lange. Zweitens gibt es solch totale Freiheit, die Zeit zu nutzen, daß jeder seine Aktivitäten oft von Tag zu Tag, oder von Woche zu Woche, oder von Monat zu Monat ändert.

Die Vielfalt ist wirklich erstaunlich – bis einem klar wird, daß in der Welt außerhalb von Schulen aller Wahrscheinlichkeit nach jede nicht vorsortierte Gruppe von Menschen genauso viele Unterschiede aufweisen wird. An Sudbury Valley sehen wir so ziemlich alles. Jemand folgt für Monate einem völlig berechenbaren Muster, indem er immer die gleichen Sachen in der gleichen Reihenfolge zu den gleichen Zeiten tut – und dann plötzlich ändert er es zu einem anderen voraussagbaren Muster. Ein anderer tut, zu völlig unvorhersehbaren Zeiten, jedesmal etwas anderes. Ein dritter beschäftigt sich sehr intensiv mit einer Sache nach der anderen für jeweils einen kurzen Zeitraum – ein paar intensive Wochen (oder Monate) von diesem, gefolgt von ein paar intensiven Wochen (oder Monaten) von jenem.

Einige spielen den ganzen Tag. Andere reden den ganzen Tag. Wieder andere malen, lernen oder kochen den ganzen Tag. Und noch ein paar andere Schüler machen entsprechend eines Plans, den sie für sich selbst haben, ein bißchen von jedem dieser Dinge. Einige kommen früh und gehen früh, einige kommen spät und gehen spät. In der einen Woche sind viele schon da, wenn die Schule geöffnet wird, und kurz darauf herrscht reges Treiben. In der nächsten Woche kann die Schule bis zum späteren Vormittag ruhig sein.

Zeit bekommt an Sudbury Valley eine andere Bedeutung. Es gibt hier keine Klingeln, keine Unterrichtsstunden, keine Schultrimester, keine Klassen, keine „Neulinge", keine „Zweitkläßler", keine „Jüngeren", keine „Ältesten", keine „Vorschüler", keine „nach dem Abschluß Weiterstudierenden". Jeder Schüler kann die Zeit sehr individuell nutzen. Jeder Schüler lernt, mit seinem eigenen, einzigartigen inneren Rhythmus und seiner Geschwindigkeit zu arbeiten und diese zu verstehen. Niemand ist ein schneller Lerner, niemand ein langsamer. Gemeinsam ist allen die Suche nach ihrer eigenen Identität, die unbeschädigt und individuell ist, und die, wenn sie erst einmal gefunden ist, jeden Bezug zu Zeit als unbedeutend erscheinen läßt.

Und das ist der Kern der Sache. Die Ideale, für die wir lange gekämpft haben, hat Sudbury Valley verwirklicht, indem es absoluten Respekt vor dem Einzelnen mit einem tiefen Gefühl von Gemeinschaft verband. Es ist der zum Leben erweckte Stoff, aus dem unsere Träume waren und sind.

Die Sudbury Valley School Press

Zurück zu den Grundlagen

Daniel Greenberg

Warum geht man zur Schule?

Für Menschen, die gewohnt sind, die im Leben wichtigen Fragen selbst zu durchdenken, steht Sudbury Valley für eine Herausforderung an die üblichen Antworten.

Intellektuelle Grundlagen

Der erste Gedanke, der einem in den Sinn kommt, ist: „Wir gehen zur Schule, um zu lernen.“ Das ist das intellektuelle Ziel. Es kommt vor all den anderen Zielen. So sehr, daß „Bildung bekommen“ gleichbedeutend mit „Lernen“ geworden ist – etwas eng gefaßt, sicher, aber die Prioritäten werden deutlich.

Warum lernen die Leute dann nicht *mehr* in Schulen? Warum all die Klagen? Warum der scheinbar grenzenlose Aufwand, wenn man doch ständig nur auf der Stelle tritt, ohne daß von Fortschritt die Rede sein könnte?

Die Antwort ist erschreckend einfach. Schulen sind heutzutage Institutionen, in denen man unter „Lernen“ „unterrichtet werden“ versteht. Die Menschen sollen etwas lernen? Unterrichte sie! – Sie sollen mehr lernen? Unterrichte sie mehr! Und mehr! Laß sie härter arbeiten! Laß sie länger üben!

Aber Lernen ist ein Prozeß, den man tut, nicht ein Prozeß, der an einem getan wird. Das gilt für alle Menschen. Es ist grundlegend.

Wie kommt es, daß Menschen lernen? Seltsam, das zu fragen. Vor über 2 000 Jahren begann Aristoteles sein bedeutendstes Buch mit der allgemein akzeptierten Antwort: „Der Mensch ist von Natur aus neugierig." Descartes machte es etwas anders, ebenfalls am Anfang seines größten Werkes: „Ich denke, also bin ich." Lernen, Denken, aktiv sein Gehirn benutzen - das ist das Wesen des Menschseins. Das ist natürlich.

Es ist sogar stärker als die großen Triebe - Hunger, Durst, Sex. Wenn man von etwas gefesselt ist - das entscheidende Wort ist „gefesselt" -, dann vergißt man all die anderen Triebe, so lange, bis sie einen überwältigen. Wie schon seit langem bekannt ist, verhält sich das selbst bei Ratten nicht anders.

Wer würde auf die Idee kommen, Menschen zum Essen, zum Trinken oder zum Sex zu zwingen? (Ich spreche natürlich nicht von Menschen, die eine spezifische Behinderung haben, die ihre Triebe beeinträchtigt. Was ich hier schreibe, bezieht sich auch nicht auf Menschen, die spezifische geistige Beeinträchtigungen haben, auf welche in besonderer, medizinischer Weise eingegangen werden muß.) Niemand steckt das Gesicht von Menschen alle Stunde in Schüsseln voll Essen, um sicherzustellen, daß sie essen; niemand sperrt Leute acht Stunden am Tag mit Partnern zusammen, um sicherzustellen, daß sie sich paaren.

Das klingt lächerlich? Wieviel lächerlicher ist es dann, Leute zu etwas zwingen zu wollen, das - stärker noch als alles andere - absolut natürlich ist! Und jeder weiß doch, wie ausgeprägt diese überwältigende Neugier ist. Alle Bücher über Kindererziehung geben sich große Mühe, Eltern beizubringen, wie sie ihre kleinen Kinder von etwas *abhalten* können - besonders, wenn sie erst einmal anfangen zu laufen. Wir stehen nicht herum und *drängen* unsere einjährigen Kinder, ihre Umwelt zu erkunden. Im Gegenteil, wir werden unruhig, wenn sie unser Haus auseinandernehmen; wir versuchen immer, sie anzugurten und sie in Laufgitter einzusperren. Und je älter sie werden, um so mehr „stellen sie an". Hast du es jemals mit einem Zehnjährigen zu tun gehabt? Oder mit einem Teenager?

Menschen gehen zur Schule, um zu lernen. Zum Lernen müssen sie in Ruhe gelassen werden und Zeit haben. Wenn sie Hilfe brauchen, sollte sie ihnen gegeben werden - wenn wir wollen, daß Lernen seinen eigenen natürlichen Lauf nimmt. Aber Vorsicht: Wenn jemand entschlossen ist zu lernen, wird er alle Hindernisse überwinden und lernen, egal was passiert. Man muß also nicht helfen; Hilfe beschleunigt den Prozeß nur etwas. Hindernisse zu überwinden ist eine der Hauptaktivitäten beim Lernen. Es schadet nicht, ein paar übrigzulassen.

Aber wenn man jemanden bedrängt, wenn man darauf besteht, daß er sein natürliches Lernen unterbricht und statt dessen von 9 bis 9.50 Uhr, von 10 bis 10.50 Uhr und so weiter das tut, was du willst, wird er nicht nur die Dinge nicht lernen, für die er sich interessiert, sondern er wird auch dich hassen, dich und alles hassen, was du ihm aufzwingst. Und er wird alle Lust am Lernen verlieren, zumindest vorübergehend.

Immer wenn du an eine Klasse in einer jener Schulen da draußen denkst, stell dir einfach vor, der Lehrer würde jedem Schüler Spinat, Milch, Karrotten und Keimlinge (alle diese „guten Sachen") reinwürgen, sie mit Hilfe eines großen Stockes den Hals hinunterstopfen.

Sudbury Valley läßt ihre Schüler in Ruhe. Pause. Kein Aber. Keine Ausnahmen. Wenn wir gefragt werden, helfen wir, falls wir können. Wir mischen uns nicht ein. In erster Linie kommen die Leute zum Lernen her. Und genau das tun sie – jeden Tag, den ganzen Tag.

Berufliche Grundlagen

Als nächstes nach „Lernen" kommt immer die unangenehme Pflicht „zur Schule zu gehen" zur Sprache. Wenn es darauf ankommt, ist es den meisten Leuten ziemlich egal, was oder wieviel sie oder ihre Kinder in der Schule lernen, solange sie in der Lage sind, eine gute Karriere hinzulegen – einen guten Job zu bekommen. Das heißt Geld, Status, Aufstieg. Je besser der Job, den man kriegt, um so besser die Schule, auf der man war.

Das ist der Grund, warum Phillips Andover oder Harvard so hoch eingestuft werden. Harvard-Studenten steigen in jedem Beruf auf. Dafür sind sie dankbar, und wenn sie älter sind, dann zeigen sie dies, indem sie das beste, was sie zu bieten haben, den neuen Studenten widmen, und indem sie Harvard große Summen spenden. Bei Yale, Dartmouth und all den anderen ist das nicht anders.

Welche Art von Schule ist heute, am Ende des 20. Jahrhunderts, am besten in der Lage, einen Schüler für eine gute Karriere vorzubereiten?

Die Antwort ist wirklich nicht schwer. Alle schreiben darüber. Die Schüler erwartet das postindustrielle Zeitalter, das Informationszeitalter, das Dienstleistungszeitalter, das Zeitalter von Vorstellungskraft, Kreativität und Unternehmertum. Die Zukunft gehört Leuten, die in der Lage sind, Dinge zu handhaben, zu gestalten, zu formen, zu organisieren, mit neuem Material umzugehen und mit altem, mit neuen Ideen und mit alten, mit neuen Fakten und mit alten.

Derartige Aktivitäten kommen in gewöhnlichen Schulen nicht vor, nicht mal außerhalb des Unterrichts, geschweige denn den ganzen Tag lang.

Gewissermaßen besteht bei Sudbury Valley der gesamte „Lehrplan" nur aus diesen Aktivitäten.

Hört sich das weit hergeholt an? Für den vielleicht, der es nicht gewohnt ist. Aber Geschichte und Erfahrung geben uns Recht. Wie sonst sollte man die Tatsache erklären, daß alle unsere Abgänger, die ihre Bildung auf einem College oder einer Graduate School fortsetzen wollen, das immer – ohne jede Ausnahme – schaffen, meist an der Schule ihrer Wahl? Ohne Prüfungslisten, Protokolle, Berichte, mündliche oder schriftliche Empfehlungen. Was sehen die Zulassungsleute am College in diesen Schülern? Warum werden sie angenommen – reißt man sich oft sogar um sie? Warum nehmen diese erfahrenen Leute, die in „Einser"-Durchschnitten, glühenden Briefen von Lehrern, hohen SAT-Punktzahlen (SAT = Scholastic Aptitude Test) nur so schwimmen, warum nehmen sie Sudbury-Valley-Schüler?

Natürlich kennst du die Antwort, auch wenn sie schwer einzugestehen ist; sie ist zu sehr gegen die üblichen Vorstellungen: Diese geübten Profis haben in unseren Schülern fröhliche, aufgeweckte, selbstsichere, kreative Köpfe erkannt – den Traum jeder weiterführenden Schule bzw. Universität.

Die Aufzählung spricht für sich. Unsere Schüler sind in einem weiten Feld von Berufen (oder Schulen, im Fall der jüngeren Abgänger) tätig. Sie sind Ärzte, Tänzer, Musiker, Geschäftsleute, Künstler, Wissenschaftler, Schriftsteller, Automechaniker, Handwerker ... Unnötig, fortzufahren. Du kannst sie treffen, wenn du willst.

Wenn heute jemand zu mir käme und fragen würde: „Zu welcher Schule soll ich mein Kind schicken, wenn ich sichergehen will, daß es die besten Chancen für beruflichen Aufstieg im Fachgebiet seiner Wahl erhält?", dann würde ich ohne das geringste Zögern antworten: „Sudbury Valley ist für diesen Zweck die beste Schule im Land." Leider ist sie zur Zeit der einzige Typ von Schule, der diese Aufgabe erfüllt und die Zukunft im Blick hat.

Was Berufe angeht, hat Sudbury Valley sich der Zukunft gestellt und damit Erfolg gehabt. Es ist nicht länger notwendig, in der Vergangenheit rumzuwühlen.

Moralische Grundlagen

Jetzt kommen wir zu einem sensiblen Thema. „Schulen sollen gute Menschen hervorbringen." Das ist ein ziemlicher Allgemeinplatz. Natürlich will niemand, daß Schulen schlechte Menschen hervorbringen.

Aber wie macht man gute Menschen? Das ist der Haken. Ich wage zu sagen, daß niemand die Antwort wirklich kennt, jedenfalls soweit ich das um mich herum sehe. Aber zumindest haben wir etwas Ahnung davon. Wir wissen, und haben (wieder einmal) aus der Erfahrung vergangener Zeiten gelernt, was die unverzichtbare Zutat für moralisches Handeln ist – die Zutat, ohne die Handlungen im besten Fall amoralisch, im schlechtesten unmoralisch sind.

Dieser Bestandteil ist persönliche Verantwortung.

Jedes ethische Verhalten setzt sie voraus. Um ethisch zu sein, muß man in der Lage sein, einen Weg auszuwählen und die volle Verantwortung für die Entscheidung und deren Folgen zu akzeptieren. Man kann nicht in Anspruch nehmen, ein passives Instrument des Schicksals, von Gott, von anderen Leuten oder höherer Gewalt zu sein. Solch ein Anspruch würde sofort dazu führen, daß alle Unterschiede zwischen Gut und Böse sinnlos und inhaltsleer werden. Der Ton, aus dem der schönste Krug der Welt geformt wurde, kann keinen Anspruch erheben, Ursache der Schönheit dieses Kruges zu sein.

Ethik geht von der Grundidee aus, daß ein Mensch für seine Handlungen verantwortlich ist. Das ist eine Tatsache. Schulen können das nicht ändern, aber entweder anerkennen oder leugnen.

Leider entscheiden sich heutzutage praktisch alle Schulen dafür, zu leugnen, daß Schüler für ihre Handlungen persönlich verantwortlich sind – auch wenn die Leiter dieser Schulen Lippenbekenntnisse für dieses Konzept abgeben. Die Leugnung ist dreifacher Art: Schulen erlauben ihren Schülern nicht, Handlungsabläufe vollständig selbst zu bestimmen, sie erlauben Schülern nicht, den einmal gewählten Weg zu verwirklichen, und sie erlauben Schülern nicht, die Konsequenzen dieses Weges zu tragen. Entscheidungsfreiheit, Handlungsfreiheit und die Freiheit, die Folgen des Handels zu tragen – das sind die drei großen Freiheiten, die persönliche Verantwortung ausmachen.

Es ist ja bekannt, daß es zu den grundsätzlichen Verfahrensweisen der Schulen gehört, die Wahl- und Handlungsfreiheit einzuschränken. Aber ist es verwunderlich, daß Schulen die Freiheit, die Folgen der eigenen Handlungen zu tragen, einschränken? Das sollte es nicht sein. Es ist zu einem Grundsatz moderner Pädagogik geworden, daß die Psyche eines Schülers in dem Maß Schaden nehme, wie sie auf das doppelte Übel von Ablehnung und Erfolglosigkeit trifft. „Erfolg führt zum Erfolg", heißt es heute: ermutigen, niemanden vor den Kopf stoßen, enttäuschende Rückschläge vermeiden; die Aufzählung ließe sich fortsetzen.

Daß unsere Schulen nicht für ethische Ausbildung bekannt sind, ist kein Wunder. Ihr Versagen entschuldigen sie, indem sie sagen, daß Wertevermittlung in die Elternhäuser gehöre. Sicher, das tut sie. Aber schließt es sie deshalb aus der Schule aus?

Zurück zu den Grundlagen. Bei Sudbury Valley ist es um diese drei Freiheiten gut bestellt. Jeder trägt für sich selbst die Verantwortung. Verantwortung ist universell, immer gegenwärtig, real. Wenn du irgend einen Zweifel daran hast, komm vorbei und sieh dir die Schule an! Schau dir an, was die Schüler so tun. Studiere das Justizsystem. Erlebe mit, wie ein Schüler in der Abschlußprüfung eine Versammlung von Mitgliedern der Schulgemeinschaft davon überzeugen muß, daß er bereit ist, in der Gesellschaft für sich selbst verantwortlich zu sein, so wie er es auch an der Schule gewesen ist.

Bringt Sudbury Valley gute Menschen hervor? Ich denke, ja. Und schlechte auch. Aber sowohl die guten als auch die schlechten haben zu jeder Zeit persönlich Verantwortung für ihre Taten übernommen, und ihnen ist klar, daß sie für ihre Taten voll verantwortlich und haftbar sind. Das ist es, was Sudbury Valley auszeichnet.

Soziale Grundlagen

Vor einiger Zeit kam es in Mode, unsere Schulen zu bitten, sich darum zu kümmern, daß die Schüler mit den Grundlagen der Gesellschaft vertraut werden . Ihnen sollte beigebracht werden, wie man zurechtkommt. Unsere Gesellschaft sollte von nicht in die Gesellschaft passenden Leuten befreit werden, in dem man das Problem bei der Wurzel packte und es in der Schule anging. Ein hochgestecktes Ziel? Vielleicht. Aber wieviele Leute haben sich abgemüht mit Berichten der Schule über ihre eigene gesellschaftliche Eingewöhnung, oder über die ihrer Kinder, bzw. über deren Fehlen! Ist es nicht seltsam, wie sehr den Leuten ihre Sachen manchmal mißlingen? Ich meine, Menschen sozialisieren zu wollen, ist schon schwer genug; die Schulen aber scheinen dieses Ziel schon fast methodisch zu verfehlen.

Nehmen wir zunächst mal die Trennung nach dem Alter. Welches Genie hat sich umgeschaut und ist auf die Idee gekommen, daß es sinnvoll wäre, die Menschen streng nach ihrem Alter auseinanderzuhalten? Findet solch eine Einteilung irgendwo von Natur aus statt? Arbeiten in der Industrie alle 21jährigen getrennt von den 20jährigen oder den 23jährigen? Gibt es in der Geschäftswelt getrennte Räume für 30jährige Angestellte und für 31jährige? Bleiben auf dem Spielplatz Zweijährige den Einjährigen und Dreijährigen fern? Wo, wo auf Erden wurde diese Idee ausgebrütet? Gibt es irgendetwas, das sozial schädlicher ist, als Kinder 14 – oft 18 – Jahre lang nach Jahrgängen zu sortieren?

Oder nimm die häufig anzutreffende Geschlechtertrennung, die es auch in koedukativen Schulen für zahlreiche Aktivitäten gibt.

Oder die große Kluft zwischen Kindern und Erwachsenen – hast du mal beobachtet, wie verbreitet es unter Kindern ist, Erwachsenen nicht in die Augen zu sehen?

Betrachten wir jetzt mal die Verhältnisse, die für Kinder innerhalb ihrer eigenen Altersgruppe geschaffen wurde. Wenn die Schulen einem Zwölfjährigen schon normale menschliche Beziehungen zu Elfjährigen, Dreizehnjährigen, Erwachsenen, usw. geradezu unmöglich machen, wie werden wohl die Beziehungen zu anderen Zwölfjährigen aussehen?

Keineswegs besser. Die hauptsächliche, fast ausschließliche Beziehungsform, die in der Schule unter Schülern einer Klasse gepflegt wird, ist – Konkurrenz! Ruinöser Wettbewerb! Die Hackordnung kommt an erster Stelle. Wer ist besser, schlauer, schneller, größer, hübscher – und natürlich: Wer ist schlechter, dümmer, langsamer, kleiner, häßlicher?

Hätte man jemals ein System entwerfen wollen, das Konkurrenz, Unbeliebtheit, Unsicherheit, Paranoia und soziale Mißstände erzeugt, die jetzigen Schulen wären seine Verwirklichung.

Zurück zu den Grundlagen. Im wirklichen Leben ist Kooperation das wichtigste soziale Merkmal für eine stabile, gesunde Gesellschaft. In der realen Welt ist die wichtigste Form von Wettbewerb der gegen sich selbst, gegen Ziele, die man sich selbst gesetzt hat, um voranzukommen. In der realen Welt ist eine zwischenmenschliche Konkurrenz um ihrer selbst willen allgemein als sinnlos und destruktiv erkannt – selbst in großen Konzernen und im Sport.

In der realen Welt – und in der Sudbury Valley School, die eine Schule für die reale Welt ist.

Politische Grundlagen

Wir halten es für selbstverständlich, daß Schulen die Entwicklung zu einem guten Bürger begünstigen sollten. Allgemeinbildung hat besonders in diesem Land immer auch sehr darauf geachtet, aus uns allen gute Amerikaner zu machen.

Wir alle wissen, wofür Amerika steht. Unsere Gründerväter haben die Grundprinzipien klar dargelegt. Und sie wurden seitdem ständig weiterentwickelt.

Dieses Land ist eine demokratische Republik. Es gibt keinen König, keinen Hofstaat, keinen Adel, keine vorgegebene Hierarchie, keinen Diktator. Es gibt eine Regierung des Volkes, durch das Volk und für das Volk. In politischen Angelegenheiten entscheidet die Mehrheit. Alle Betroffenen können mitentscheiden.

Dieses Land ist ein Land der Gesetze. Es gibt keine willkürlichen Herrscher, keine launische Regierung, die mal gibt, mal nimmt. Es gibt rechtsstaatliche Prozesse.

In diesem Land haben die Menschen Rechte – angeborene Rechte. Unseren Vorvätern haben diese Rechte so viel bedeutet, daß sie sich weigerten, die Verfassung ohne einen Grundrechtekatalog zu unterschreiben, der sofort hinzugefügt wurde.

Mit all diesem Wissen würden wir erwarten – nein, darauf bestehen, sollte man meinen – daß die Schulen, wenn sie den Schülern beibringen wollen, produktiv zur politischen Stabilität und Entwicklung Amerikas beizutragen, folgende Eigenschaften haben müssen:

- demokratisch und nicht autokratisch zu sein,
- mit klaren Regeln regiert zu werden und rechtsstaatlich zu sein,
- die Persönlichkeitsrechte der Schüler zu schützen.

Ein Schüler, der in einer Schule mit diesen Merkmalen aufwächst, wäre befähigt, konstruktives Mitglied der Gesellschaft zu sein.

Tatsächlich aber fallen die Schulen durch das Fehlen eines jeden dieser drei zentralen amerikanischen Werte auf.

Sie sind autokratisch – alle von ihnen, sogar die sogenannten progressiven Schulen.

Ihnen fehlen klare Richtlinien. Und rechtsstaatliche Verfahren abzuhalten, wie es sonst bei beschuldigten Regelverletzern üblich ist, ist ihnen völlig unbekannt.

Sie erkennen die Rechte von Minderjährigen nicht an.

So ist es bei allen – außer Sudbury Valley, die auf diesen drei Prinzipien aufgebaut wurde.

Ich denke, man kann sicher sagen, daß die individuellen Freiheiten, die von unseren Vorfahren und von jeder der nachfolgenden Generationen so wertgeschätzt wurden, niemals wirklich gesichert sein werden, solange unsere Jugend in der Schule keine Umgebung findet, die diese amerikanischen Wahrheiten verkörpert, gerade auch für die entscheidenden Jahre, in denen sich ihr Verstand und ihr Geist formen.

Zurück zu den Grundlagen

Man sieht also, Sudbury Valley wurde 1968 von Leuten gegründet, die sehr intensiv über Schulen nachgedacht haben, darüber, wie Schulen sein und was sie tun sollten, darüber, worum es in Amerika bei Bildung heutzutage überhaupt geht.

Wir gingen zurück zu den Grundlagen; und wir blieben ihnen treu. Und wir haben diese Grundlagen vor allen Versuchen, sie zu gefährden, beschützt wie unseren Augapfel. Auch unsere Nachfolger müssen sie weiter bewachen. Intellektuelle Kreativität, berufliche Brillanz, persönliche Verantwortung, gesellschaftliche Toleranz, politische Freiheit – all das sind die besten Schöpfungen des menschlichen Geistes. Sie sind zarte Blüten, die beständige Pflege erfordern.

Alle von uns, die in Verbindung mit Sudbury Valley stehen, sind stolz darauf, zu dieser Pflege beizutragen.

Was Kinder an der SVS nicht lernen

Hanna Greenberg

Manchmal wundere ich mich über unseren Mut. Es erfordert nämlich Mut, darauf zu vertrauen, daß Kinder, denen erlaubt wird, ihre Schulzeit ohne die Führung durch einen vorgeschriebenen Lehrplan zu verbringen, letztendlich in der Lage sein werden, in die Welt der Erwachsenen einzutreten, in ihr mitzuwirken und erfolgreich zu sein. Die Wahrheit ist, daß ich – während ich die Fehler des herrschenden Bildungssystems immer verstanden habe und fühlte, daß die SVS erfolgreich sein würde, wo andere scheiterten – oft wirklich nicht genau weiß, wie wir es eigentlich zu unseren Erfolgen bringen. Nicht, daß mich dieser Mangel an Wissen stört. Schließlich steht im Mittelpunkt unseres Systems die Annahme, daß niemand wissen kann, was für einen anderen am besten ist. Daraus folgt, daß Kinder ihren Weg am besten ohne unsere Einmischung selbst finden – und oft, ohne daß wir verstehen, wie sie es getan haben. Trotzdem ist es manchmal möglich, einen Einblick in die Art, wie die Dinge hier laufen, zu erlangen und dadurch mehr Vertrauen in das zu gewinnen, was wir tun.

Laß mich ein Beispiel anführen.

Einer der beeindruckendsten Aspekte der Schule ist die Art, wie Kinder hier spielen. Besucher sind erstaunt zu sehen, daß die Schule den Kindern erlaubt, den ganzen Tag lang zu spielen, Woche für Woche, im Herbst anfangend, den Winter hindurch und in den Frühling hinein, Jahr für Jahr. Sie wundern sich über die „Country-Club-Atmosphäre" oder „Ganztagspause". Aber das ist es nicht, was wirklich beeindruckend am Spielen an der SVS ist. Wirklich einzigartig ist die äußerste Ernsthaftigkeit, die Konzentration, sogar die Leidenschaft, mit der Kinder ihrem Spiel nachgehen. Jahrelang dachte ich mir nichts dabei. Ich schrieb dies der menschlichen Natur zu, der Tatsache, daß wir alle, Kinder wie Erwachsene, unseren Hobbies in dieser Weise nachgehen. Für mich war es auch offensichtlich, daß Aktivitäten, die wir ungern tun, mit denen wir uns aber aus einem Pflichtgefühl heraus beschäftigen müssen, von den meisten von uns in einer lustlosen Art und Weise erledigt werden, ohne Enthusiasmus, mit wenig Gefühl und Phantasie, mit einem Mangel an Freude, und im allgemeinen in einer Weise, die darauf angelegt ist, unsere Energie zu sparen, indem wir diese Arbeit so weit wie möglich meiden. Wir alle wissen das und haben es immer so erfahren.

Eines Tages bemerkte ich aber, wie bestimmte Kinder, denen ich seit sechs Jahren oder sogar noch länger beim Spielen zugesehen habe, sich plötzlich (so schien es mir) einer Arbeit ganz widmeten – mit der gleichen Hingabe wie ihrem Spiel. Dies brachte mich dazu, andere Kinder zu beobachten, und ich entdeckte, daß das bei fast allen, die an der SVS aufgewachsen sind, der Fall war. Ihnen fehlt in bemerkenswertem Maße das Talent für die Kunst des Ausweichens und Sichdrückens. Sie scheinen ihre Haltung von Spiel- und Spaßaktivitäten auf *alle* ihre Aktivitäten übertragen zu haben. Wenn sie danach gefragt werden, geben sie oft zu, daß sie kein Interesse an bestimmten Aktivitäten haben, denen sie aber doch nachgehen, weil sie das Gefühl haben, daß sie es müssen, um sich Kenntnisse wie Mathe, Rechtschreibung oder was auch immer anzueignen. In anderen Fällen übernehmen sie langweilige Jobs, wenn sie Geld verdienen müssen und keine besseren Jobs zur Auswahl stehen. Die meiste Zeit wenden sie sich auch weiterhin mit Energie und Konzentration dem, was auch immer sie tun, zu. Bei ihrer Arbeit sind sie ausdauernd, übernehmen Verpflichtungen und werden von ihren Arbeitgebern geschätzt. Sie sind auch fleißige und intelligente Schüler.

Es sind schon viele wissenschaftliche Texte über den Zusammenhang von Kinderspielen und Lernen geschrieben worden. Was mir interessant erscheint, ist, wie das Spielen der Kinder an der SVS mit dem, was sie hier nicht lernen, zusammenhängt. Sie müssen nicht lernen, sich an Aktivitäten anzupassen, die nicht von ihnen ausgehen. Sie sind frei von den Techniken, die jedes Kind früher oder später in der herkömmlichen Schule überall in der Welt benutzt. Kinder, die gezwungen werden, einem Unterricht zuzuhören, der nicht ihrem Streben entspricht, Kinder, die gezwungen werden, Stoff zu lernen, der ihnen nicht relevant erscheint, Kinder, die von anderen, die nichts über sie wissen, zusammen in eine Gruppe gesteckt werden und gezwungen werden, zusammen zu lernen, egal ob sie dazu bereit sind oder nicht – alle wenden ähnliche Bewältigungsstrategien an. Ich brauche sie nicht aufzuzählen; jeder Leser kennt einige aus eigener Erfahrung. Langsam wird der Funke des Lebens erstickt, die leuchtenden Augen verdunkeln sich, die Fragen bleiben ungefragt und die Lebenskraft wird dafür verschwendet, mit einer Umgebung fertigzuwerden, die einen krank macht. Schlechte Arbeitsgewohnheiten werden verinnerlicht, Charakterzüge werden geformt, die wieder rückgängig zu machen später große Anstrengungen erfordert. Wenn mit dem High-School-Abschluß die Befreiung eintritt, ist es oft zu spät. Vielen Menschen fällt es schwer, enthusiastisch zu sein, ihre Energie für die Arbeit zu verwenden, ihre Vorstellungskraft zu nutzen und bei der Lösung eines Problems kreativ zu sein.

Kinder werden mit all diesen Qualitäten, die wir bei Erwachsenen schätzen und belohnen, geboren. Tragischerweise erziehen unsere Schulen unsere jungen Menschen dazu, sie zu verlieren. An der SVS *lehren* wir Kinder niemals, wie man hart arbeitet, wie man kreativ ist und wie man selbst denkt. Was wir tun, ist, ihnen nichts von dem zu rauben, was sie wußten, als sie ganz jung waren. Wir lassen sie in Ruhe, und den Rest tun sie vollkommen von allein.

Wie und was lernen die Schüler an der SVS?

Daniel Greenberg

Keine Frage zur Sudbury Valley School wird häufiger gestellt. Irgendwie ist es einfach, zu akzeptieren, daß die Schule ein Haus ist, und daß es dort keine Klassenräume gibt. Jeder weiß, daß einige der besten progressiven Schulen die Möbel umgeräumt und versucht haben, die Dinge etwas weniger förmlich zu machen, so daß die Tatsache, daß es keine offiziellen Lernzimmer gibt, zwar etwas eigentümlich, aber nicht phantastisch wirken mag. Was tatsächlich seltsam anmutet, ist, daß niemand irgend etwas zu „tun" scheint. Die Schule scheint sich in einer immerwährenden Pause zu befinden.

Ein kleiner historischer Überblick kann dabei helfen, sich mit dieser Frage auseinanderzusetzen. Bevor wir mit der Schule begonnen hatten, konnten wir bei jeder Diskussion unserer Bildungsphilosophie nur hypothetische Ideen präsentieren. Wir gingen vor eine Gruppe und sagten dies und das und jenes, und die Leute hörten skeptisch zu und präsentierten uns unbeantwortbare Einwände: „Das wird nicht funktionieren!" Was konnten wir sagen? Daß es funktionieren *wird*? Wir waren sicher, daß es funktionieren würde, aber wir konnten nicht sagen, daß es funktioniert *hat*.

Jetzt wissen wir, daß es funktioniert. Unser jetziges Problem ist nicht, zu erklären, *daß* es funktioniert, sondern zu versuchen zu erklären, *warum* es funktioniert, selbst wenn es so aussieht, als ob es das nicht täte. Das ist ein ganz anderes Problem, eine nette Art von Problem.

Wir haben seit 1970 sehr viele Absolventen und andere, die aus dem einen oder anderen Grund ohne Abschluß abgegangen sind, gehabt, so daß wir eine Menge Erfahrung mit Schülern haben, die hier gewesen und dann „hinaus ins feindliche Leben" gegangen sind. Sie befinden sich in akademischen Berufen, in den Künsten, im Handel; sie sind auf Colleges und auf Handelsschulen gegangen. Jeder, der aufs College gehen wollte, kam aufs College. Die meisten kamen aufs College ihrer Wahl. Die Leute fragten: „Wie wollt Ihr sie aufs College bekommen? Sie haben keine Zensuren und keine Empfehlungen." Es ist absolut gegen unsere Prinzipien, Empfehlungen zu schreiben. Die Bewerbungen für die Zulassung zum College erfordern eine Bewertung des Schülers: in welchem Prozentrang* der Klasse er ist, was seine persönlichen Merkmale sind – Seiten über Seiten, die über den Charakter des Schülers, über seine Leistung, seine Fähigkeiten usw. auszufüllen sind. Anfänglich sagten die Leute: „Wenn ihr das Formblatt nicht ausfüllt, wie soll der Schüler dann jemals aufs College kommen?" In all den Jahren haben wir nie eines ausgefüllt. Wir haben einen Formbrief, der die Schule und unsere Philosophie erklärt, und, warum wir die Formblätter nicht ausfüllen. Im wesentlichen sagen wir: „Ihr Leute in den Zulassungsbüros werdet diesen Schüler ansehen und selbst herausfinden, ob er jemand ist, der auf Eure Schule gehen sollte. Wir werden die Arbeit nicht für Euch machen."

Wie sich herausstellte, geschah wirklich, was wir vorausgesagt hatten. Die Zulassungsleute in den Colleges sind abgestumpft. Sie bekommen tausend Bewerbungen, und eine ist wie die andere. Es gibt kaum einen Schüler, der sich am College bewirbt, der nicht „der beste" ist, oder der keine zwanzig Empfehlungsschreiben von zwanzig verschiedenen Lehrern hat, die sagen „Johnny ist absolut der beste Schüler, den ich in den zwanzig Jahren, die ich Lehrer bin, hatte." Was sollen sie tun? So sitzen die Zulassungsleute da, Tag für Tag, und sehen allen möglichen Müll durch, und dann auf einmal bewirbt sich jemand, der keines dieser Papiere hat. Der Bewerber sagt: „Ich will hierher kommen. Ich weiß, daß ich der Richtige für Eure Schule

*Anm. d. Übers.: Ein Prozentrang von 70 % bedeutet, daß 70 % der Schüler gleiche oder schlechtere Ergebnisse haben als man selbst.

bin, und ich weiß, warum ich hier sein will." Und die Zulassungsleute können ihren Ohren kaum trauen. Gewöhnlich gilt, je besser die Schule, um so besser die Chance, genommen zu werden.

Das ist nur eine der Erfahrungen, die wir mit unseren Absolventen gemacht haben. Es gibt viele Sachen, die wir jetzt sagen können. Zum Beispiel hatten wir nie einen Fall von Legasthenie. Man liest so, daß 10 bis 15 Prozent der Bevölkerung Legasthenie haben. Aber wir haben keinen einzigen Fall gehabt. Es könnte ein Zufall sein. Die Schüler, die die SVS besuchen, könnten vielleicht einfach nicht zu diesen 10 bis 15 Prozent gehören. Aber so kann das nicht funktionieren. Es gibt hier keine Vorauswahl von Nichtlegasthenikern. Wir haben keine Legasthenie gehabt, weil wir keine verursacht haben.

Was wir gehabt haben, sind Kinder, die in einer sehr großen Altersspanne mit Lesen angefangen haben. Wir haben einige gehabt, die mit vier oder fünf angefangen haben (das ist es, was jeder hören will) und wir haben andere gehabt, die mit neun, zehn, oder sogar noch später angefangen haben. Wenn man jemanden ansieht, der mit acht Jahren nicht liest, weiß man, daß er in einer gewöhnlichen Schulumgebung in einen Lese-Förder-Kurs gesteckt und enormem Druck ausgesetzt würde. Aber wenn man seinen Kurs beibehält, so wie wir unseren Kurs über die Jahre beibehalten haben, und den Schüler in Ruhe läßt und ihn sich mit seiner eigenen Geschwindigkeit entwickeln läßt, scheint das „Wunder" immer zu geschehen. Und zu dem Zeitpunkt, an dem sie abgehen, würde man keinen Unterschied bemerken zwischen denen, die mit vier, und jenen, die mit elf Jahren mit Lesen angefangen haben.

Die Sache ist, daß wir uns heute etwas entspannen können, wenn wir über die Frage des Lernens an der SVS reden. Hunderte von Schülern sind durch die Schule gegangen, und es hat funktioniert – trotz der Tatsache, daß es eine „immerwährende Pause" ist. Sie gehen in die wirkliche Welt. Sie kommen durch. Sie machen es gut. Sie sind psychisch gesund und sie sind nicht im Rückstand. Da wir das jetzt geklärt haben, können wir etwas näher untersuchen, was da vor sich geht und warum.

Das eigentliche Problem besteht darin, daß schwer zu sagen ist, welches Lernen vor sich geht, oder wie es geschieht. Lernen als eine geistige Aktivität ist etwas, das schwer zu fassen ist. Wir wissen sehr wenig über den Prozeß. Es gibt eine Menge Theorien, aber keine von ihnen hat den Test der Zeit bestanden, und wenige sind auf sicheren Daten oder haltbaren Annahmen aufgebaut. Die meisten Pädagogen wissen das. Um dies zu vertuschen und das Unbehagen wettzumachen, sich einem Prozeß gegenüberzusehen, den wir nicht wirklich verstehen, tun wir, was moderne Menschen immer tun. Wir bezeichnen etwas als „Lernen" und messen es. Dann fühlen wir uns gut, weil wir dann wenigstens das Gefühl haben, ein Verständnis von dem Problem zu haben. Wir folgen dem Prozeß nicht wirklich, sondern anstelle eines tiefgründigen Verständnisses dessen, was vor sich geht, finden wir etwas und sagen „Laß uns das per Konsens als Lernen bezeichnen. Dann können wir es messen und müssen nicht weiter darüber nachdenken." Das ist im wesentlichen, was das ganze Bildungssystem in der ganzen Welt getan hat: Lernen zu quantifizieren, indem man es in meßbare Stücke aufteilt – Lehrpläne, Kurse, Stunden, Tests – und es benotet. Nimm irgend ein beliebiges Thema, z.B. Amerikanische Geschichte. Amerikanische Geschichte ist ein ungeheuer umfangreiches Thema. Was heißt es, Amerikanische Geschichte zu lernen? Um damit umzugehen, wählen Pädagogen ein Buch über das Thema aus – Commager, Morrison oder was auch immer. Dann stellen sie 30 Leute zusammen, stecken sie in eine Klasse und erklären: „Ihr werdet jetzt Amerikanische Geschichte lernen. Ihr werdet jeden Tag eine bestimmte Zahl von Seiten lesen, darüber diskutieren und dann Tests darüber schreiben, um sicherzustellen, daß ihr wißt, was ihr gelesen habt." Auf diese Weise können sie messen, was vor sich geht. Sie können sagen, daß man im Laufe eines Jahres 450 Seiten Amerikanische Geschichte von einen berühmten Autor und Historiker gelesen hat, und daß man als Folge davon Amerikanische Geschichte „gelernt" hat. Es fühlt sich so angenehm an, daß man nie wirklich anhalten will, um zu fragen „*Lernt* irgend jemand in diesem Kurs Amerikanische Geschichte? Hat irgend jemand einen Überblick über das Thema? Hat irgend jemand es verinnerlicht? Erinnert sich irgend jemand von ihnen nach drei Jahren an das, was sie angeblich gelernt haben?“

Das beste Beispiel, das ich dafür jemals gesehen habe, war ein Erlebnis mit einem der bedeutendsten Physiker unserer Zeit. Er unterrichtete einen Kurs über ein Thema, das sich Statistische Mechanik nannte. Er war ein Nobelpreisträger, der sein Thema mit Sicherheit beherrschte. Er kam den ersten Tag in die Klasse, ging vor zur Tafel, schrieb den Ausdruck exp(-H/KT) an, und begann, eine Menge komplexer Formeln anzuschreiben. Nach dem Unterricht ging ich zu ihm und sagte: „Ich habe die Mathematik und die Ableitungen verstanden, aber ich habe da noch eine Frage: Ich habe eine Menge Bücher über exp(-H/KT) gelesen und verstehe nicht, woher es kommt.“ Er schaute mich an und sagte: „Damit will ich nichts zu tun haben. Mir geht es nur um den mathematischen Ausdruck exp(-H/KT). Mehr will ich davon nicht wissen.“ Obwohl er fortgeschrittene Studenten unterrichtete, handelte er absolut in der Tradition der Bildung. Er wollte etwas, an das er sich erinnern konnte und nicht über den Rest nachdenken, weil der Rest zu fein und zu komplex zu handhaben war und keinen Platz in einem organisierten, quantifizierbaren System hatte.

Wie kamen wir zu dem Punkt, an dem es so schrecklich wichtig für uns wurde, das Lernen zu quantifizieren? Es war nicht immer so. Ich denke, es lohnt sich eine kurze Übersicht über die Geschichte der Bildung zu geben, um zu verstehen, wie wir dahin kamen.

Während des größten Teils der Geschichte gab es drei ziemlich getrennte Formen von Bildung. Sie hatten eine Menge mit gesellschaftlichen Klassen zu tun. Es gab Bildung für eine kleine kulturelle Elite, extrem der Konvention unterworfen und steif. Die Leute hatten eine Vorstellung davon, was es heißt, eine „gebildete Person“ zu sein. Im Europa des 19. Jahrhunderts beispielsweise galt es als gebildet, Französisch zu sprechen, Klavier zu spielen, zu singen, Latein und Griechisch zu sprechen, usw. Darüber bestand allgemeiner Konsens. Und so kam es, daß die gesamte kulturelle Elite Rußlands Französisch sprach; viele sprachen nicht einmal Russisch. Und jeder lernte Klavierspielen. Zu jemandem zum Abendessen zu gehen, muß eine

Tortur gewesen sein, da – egal wo man hinging – jemand nach dem Abendessen am Klavier saß und ein Konzert spielte, und von den Gästen konnte erwartet werden, daß sie mitsingen. Genauso war es mit Griechisch und Latein. Vollkommen nutzlos.

Eine der besten Geschichten darüber stammt von Winston Churchill und betrifft seine eigene Kindheit. Er war ein totaler Versager in der Schule. Um in seine exklusive High School zu kommen, mußte er die Formalie einer Eingangsprüfung durchlaufen. Er wußte natürlich (wie jeder andere auch), daß sie ohne Bedeutung war, da er als einer der direkten Nachkommen des Grafen von Marlborough sowieso aufgenommen werden würde. Aber da war er nun, konfrontiert mit einer Eingangsprüfung in Griechisch und Latein. Er guckte die Seite eine Stunde lang an und gab schließlich ein leeres Blatt mit seiner Unterschrift und einem dicken Tintenfleck ab. Sie gaben es mit ihm auf und steckten ihn in die Schein-Klasse, die *Englisch* lernte! So geschah es, daß Winston Churchill seine gesamte High-School-Laufbahn damit verbrachte, englische Literatur zu studieren, während all die „gebildeten" Leute Griechisch und Latein lernten. Es braucht kaum erwähnt zu werden, daß aus Churchill einer der feinsten Stilisten der englischen Sprache des zwanzigsten Jahrhunderts wurde.

Die „Moral" ist sehr einfach. Dieser Typ von Bildung war bloße Konvention. Jeder wußte, wofür er stand. Er war auf die Elite zugeschnitten, und man paßte sich daran an, einfach, um nicht aus der Rolle zu fallen. Das ist etwas, das die ganze Geschichte hindurch allgemeingültig war, und es ist am Ende des 19. Jahrhunderts, mit dem Ende dieser Elite als Klasse, alles andere als ausgestorben. Egal wie sehr sie sich selbst auch zu erhalten versuchen, sie gehören zur Vergangenheit, wie auch die meisten ihrer Formen.

Die zweite Art von Bildung, die im Laufe der Geschichte vorherrschte, war eine, die nur für wenige galt: professionelles Training für bestimmte, spezifische Berufe. Leute, die dafür vorgesehen waren, in einen Beruf zu gehen, wurden in jungem Alter für mehrere Jahre in ein rigoroses Training gesteckt, das ausschließlich auf das Erreichen der Ziele dieses Berufs ausgerichtet war. Ein Beispiel dafür ist das Priesteramt. In jeder Religion studierten Leute, die Priester werden sollten, die Philosophie, die Theologie, die Mysterien und die Rituale dieser Religion. Es war eine funktionale Bildung, und sie war zu jeder Zeit nur für eine sehr kleine Zahl von Leuten nützlich.

Der größte Teil der Bevölkerung war einem dritten Bildungsprozeß ausgesetzt, nämlich dem Lernen als Lehrling. Das bedeutete, die gewünschte Tätigkeit durch das Beispiel von jemandem zu lernen, der sie bestens beherrscht. Die Art dieser Betätigung spielte keine Rolle. Wenn jemand Zimmermann werden wollte, wurde er zu einem Zimmermann ausgebildet. Wenn jemand Arzt sein wollte, wurde er zu einem Arzt ausgebildet; wenn ein Anwalt, dann zu einem Anwalt; wenn ein Farmer, dann arbeitete er bei einem Farmer. Es war nicht immer ein offizielles Lehrverhältnis, aber es beinhaltete immer Lernen, indem man Seite an Seite mit weiter fortgeschrittenen Leuten arbeitete. Oft gab es ein Verhältnis von 1 : 1 zwischen Schüler und Lehrer.

Gute Philosophen, gute Handwerker, gute Musiker, usw. kamen im Verlauf der ganzen Geschichte bei diesem Typ von Bildung heraus. Die Welt hätte sicher glücklich mit dieser Bildungsmethode weitergemacht, wenn nicht im 18. Jahrhundert eine überraschende Erschütterung dazwischen gekommen wäre, die alles aus der Bahn warf – der Schock der Industriellen Revolution.

Die Industrielle Revolution erforderte eine Masse von Leuten, die mit den Maschinen, die sie bedienten, im Einklang standen. Heute haben viele Leute, besonders jüngere, keine Ahnung, wie die Gesellschaft vor zweihundert oder hundert Jahren aussah. Sie können sich nicht vorstellen, daß es eineinhalb Tage dauerte, um von Framingham nach Boston zu gelangen. Sie können nicht begreifen, wie Andrew Jackson der Held von New Orleans werden konnte, indem er eine Schlacht gegen die Briten gewann, mehrere Wochen nachdem in London schon der Friedensvertrag unterzeichnet worden war, der den Krieg von 1812 beendete. Mit der Industriellen Revolution ist es dasselbe. Sehr wenige Leute verstehen, daß die Art Maschinen, die im 18., 19. und frühen 20. Jahrhundert dominierte, ganz anders war als die Maschinen, die heute vorherrschen. Sie waren noch nicht so eigenständig, sie waren noch recht beschränkt, und sie brauchten maschinenartige Menschen, die sie bedienten. Das war das wesentliche daran. Sie brauchten Leute, die immer und immer wieder roboterartige, monotone Aufgaben ausführten und gut darin waren. Dies erschuf die gewaltige Nachfrage nach der gesellschaftlichen Infrastruktur, die dieses industrielle Monster füttern sollte. Alle waren mit dieser Forderung einverstanden, weil die Endprodukte etwas waren, was jeder wollte. Sie brachten materiellen Wohlstand und machten das Leben besser. Aber sie verlangten von den Menschen eine gewaltige Anstrengung.

Laß mich versuchen, das ein bißchen klarer zu machen. Leute, die Erfahrungen mit Entwicklungsländern gemacht haben, wissen, daß das größte Problem ist, die Infrastruktur mit den Bedürfnissen der Gesellschaft in Übereinstimmung zu bringen. Das kann man nicht über Nacht schaffen. Es ist eine enorme Aufgabe. Dies wurde mir durch ein Erlebnis in Israel in den späten 50er Jahren auf dramatische Weise klar. Ich war in Tel Aviv und aß gerade in einem feinen Hotel Mittag. Ganz plötzlich tauchte ein Haufen von Kellnern auf, die aussahen, als ob sie sich verlaufen hätten. Auf Nachfrage fand ich heraus, daß es sich um eine Gruppe aus einem afrikanischen Land handelte, die zur Ausbildung in der Tourismusindustrie nach Israel geschickt wurde. Die Regierung jenes Landes hatte etwa 20 ihrer besten High-School-Absolventen geschickt, und herein strömten sie, in den Speisesaal. Es war das umständlichste Mittagessen, das ich jemals hatte, weil diese Leute einfach keine Bestellung annehmen konnten. Sie hatten keine Ahnung, wie das zu tun sei. Sie waren keineswegs dumm. Sie waren einfach nicht „gestimmt". Ganz plötzlich wurde mir klar, daß niemand über solche Dinge nachdenkt, bis er eine Erfahrung wie diese gemacht hat. Wir können von einem Ende der Vereinigten Staaten zum anderen reisen, Norden, Süden, Osten und Westen, und wir können in einen kleinen Drugstore, eine Eisbar, eine Kantine, einen McDonald's irgendwo im Land gehen – es gibt Zehntausende von ihnen – und es gibt im wesentlichen überall das gleiche Menü. Wir können sagen: „Ich möchte ein dreilagiges Sandwich oder ein BLT" (Schinken-Salat-Sandwich), und jemand steht hinter dem Tresen und schreit „BLT her!" oder was auch immer, und jemand im Hinterzimmer bereitet es zu, und dann kommt er und schreibt eine Rechnung. Denk darüber nach. Überall in einem Land mit der Größe eines Kontinents gibt es Zehntausende von Leuten, für die das eine vollkommen normale Tätigkeit ist. Sie ist nicht angeboren. Sie kam nicht aus heiterem Himmel. Es ist fast unglaublich. Das ist das Produkt der Infrastruktur, die durch die Industrielle Revolution geschaffen wurde. Sie benötigte Leute, die gewissermaßen austauschbar waren, genau so wie die Maschinen es waren. Und sie schuf große Mobilität. Wer hat in den alten Tagen jemals von Umzug gehört. Die Leute wurden an einem Ort geboren, und sie starben am gleichen Ort. Und auch ihre Kinder und ihre Enkel. Heute haben wir das Gefühl, seßhaft zu sein, wenn wir zehn Jahre lang nicht umziehen. Man kann jemanden aus Kansas nehmen und ihn nach Massachusetts stecken, oder von Massachusetts nach Oregon - es ist irre zu verstehen, was das bedeutet. Leute sind austauschbare Teile. Und es ist die Industrielle Revolution, die sie dazu gemacht hat.

Das Bildungssystem entsprach den Anforderungen der Industriellen Revolution auf eine gut durchdachte Weise. Die Pädagogen des 19. Jahrhunderts wußten, was sie taten, und sie hielten sich klar an ihre Ziele. Sie konzentrierten sich auf Lesen, Schreiben und Rechnen - die Grundanforderungen der industriellen Maschine. Sie benötigten Leute, die die Anweisungen lesen konnten, mit anderen auf elementare Art und Weise kommunizieren konnten und zu den elementarsten Rechenvorgängen fähig waren, die sie in der alltäglichen Arbeit benötigten. So wurde zur Erfüllung eines spezifischen, enggefaßten Bedürfnisses die Zwangsbildung geboren, sie betraf eine begrenzte Altersspanne von Schülern (im wesentlichen von sechs bis zwölf Jahren).

Innerhalb des begrenzten Ziels, mechanische Leute für das industrielle Zeitalter zu produzieren, arbeitete das Bildungssystem wunderbar. Seine Bedürfnisse und seine Ergebnisse waren quantifizierbar und meßbar, langweilig und routiniert. *Und es hatte wenig mit dem Titel dieses Aufsatzes, nämlich „Lernen", zu tun.*

Die Spannungen, die zwischen den Erfordernissen des Industriellen Zeitalters und den Bestrebungen von Demokratie und Freiheit entstanden, waren enorm. Nirgendwo werden sie besser ausgedrückt als in den Schriften von Jefferson, dessen Herz ihm schmerzte, als er der Industrialisierung dieses Landes zusah. Jefferson wünschte sich mehr als alles andere, daß Amerika eine ländliche Gesellschaft wäre und dies auch bleiben würde, weil er sicher war, daß dies der einzige Weg sei, wie wir unsere Freiheit jemals schützen könnten. Für ihn bedeutete Industrialisierung Bevormundung und unumschränkte Herrschaft. Diese Spannung zwischen unseren politischen und moralischen Idealen – freie, verantwortliche Bürger, gleich vor dem Gesetz und voreinander zu sein – und den strengen Erfordernissen des Wirtschaftssystems hat das Land seit über 150 Jahren auseinandergerissen und bleibt bis heute ein widerspruchsvolles Element unseres Bildungssystems. Wir wollen einfach nicht wahrhaben, daß wir Kinder grundsätzlich wie *Gefangene* behandeln, im wahrsten Sinne des Wortes.

Ich meine das nicht polemisch oder als Angriff auf die Schulen. Es ist eine schlichte politische Beobachtung. Unser Konzept von einem Gefängnis und unser Konzept von einer Schule sind einander ähnlich, sie sind tatsächlich fast identisch. Sie beinhalten die Beschränkung der Bewegungsfreiheit. Sie beinhalten eine Reglementierung körperlicher Bedürfnisse. Sie beinhalten Gedankenkontrolle. Sie beinhalten Gehorsam und im Falle von Ungehorsam Strafe. Es ist ein Gemeinplatz, daß selbst die Architektur moderner Gefängnisse und moderner Schulen viel gemeinsam hat.

Die großartige Neuheit ist, daß diese Spannungen nicht länger nötig sind. Wir befinden uns jetzt im postindustriellen Zeitalter, einem Zeitalter mit Erfordernissen, die denen des früheren industriellen Zeitalters genau entgegengesetzt sind. Nun haben wir die *Befürchtung*, daß unser Bildungssystem menschliche Roboter produziert. Die Leute suchen nach neuen Lösungen, weil sie aus den Schulen keine Abgänger erhalten, die es verstehen, selbständig mit Problemen umzugehen. Dies liegt daran, daß sich das grundlegende Wesen der Produktion verändert hat. Unsere Maschinen sind klug genug, keine mechanischen Leute zu brauchen, die sie bedienen. Diese simple Tatsache ist der Kern des postindustriellen Zeitalters. Sie bedeutet, daß wir für die Zukunft ein anderes Produkt der Bildung brauchen, beinahe eine Rückkehr zu der Art von Bildungsprodukt, die wir während der gesamten vorindustriellen Geschichte hatten. Wir brauchen Leute, die selbstgesteuert, selbstmotiviert und verantwortlich für sich selbst sind, und fähig, sich in einer intelligenten, kreativen und einfallsreichen Art selbst zu leiten.

In diesem Zusammenhang möchte ich untersuchen, wie die grundsätzlichen Merkmale der Bildung an der SVS in eine postindustrielle, demokratische Zivilisation passen. Am wichtigsten ist das Element der Freiheit. Jeder weiß, daß Zwang kontraproduktiv für Lernen ist. Wir wissen nicht wirklich, was das Lernen steigert; wir kennen keine magische Taste, auf die wir drücken könnten, damit Leute schnell lernen. Aber wir kennen die Taste, die wir drücken können, um jemanden davon *abzuhalten*, effektiv zu lernen: Zwang. Die meisten Leute wissen das aus ihrer eigenen Erfahrung, wenn sie sich ehrlich damit auseinandersetzen. Zum Beispiel haben die meisten Erwachsenen sehr verschiedene Hobbies und Interessen, aber sie stimmen selten mit einem Thema überein, das sie durch die Schule kennengelernt haben. Sie verbringen zwölf, sechzehn oder sogar zwanzig Jahre damit, scheinbar allen möglichen Stoff zu lernen, aber ihr wirkliches Interesse liegt im Bauen von Harfen, im Segeln, Modellbau, Briefmarkensammeln, in allem möglichen, aber kaum jemals darin, großartige Bücher zu lesen! Ich erinnere mich, wie geschockt ich vor zwanzig Jahren war, als mir der leitende Redakteur eines großen Verlags erzählte, daß ein sehr gut gehendes Buch eines sei, von dem er 10 000 Stück verkaufte – 10 000 Stück an 200 000 000 Leute! Die meisten Leute lesen keine bedeutenden Bücher. Sie lesen *Feld und Fluß*, weil sie sich für Angeln und Jagen interessieren, sie werden nur etwas zu ihren Interessengebieten lesen, aber sie scheinen nie an dem Stoff interessiert zu sein, den sie in der Schule gelernt haben.

Das zweite Element, das in der SVS wichtig ist, hat mit Anregung zu tun. Kinder sind heutzutage über-angeregt. Mit dem Fernsehen und mit dem, was sie in ihrer Umgebung hören und sehen, werden sie schon mit sechs Jahren Dingen ausgesetzt, denen ihre Eltern noch nicht einmal im späten Jugendalter ausgesetzt waren. Anregung an sich ist das letzte, worüber wir uns Sorgen machen müssen. Von größerer Bedeutung ist, wie wir die Kinder von der ständigen Stimulation, die von allen Seiten auf sie einwirkt, wegbekommen. Wie bekommen sie eine Chance, sich zurückzulehnen und nachzudenken – *etwas nachdenklich zu betrachten*? Für uns an Sudbury Valley ist Zeit die beste Waffe. Die Schule ist so organisiert, daß sie die Schüler ermutigt, sich auszuruhen, auf ihren Rhythmus zu horchen und sich von ihrer eigenen inneren Zeit leiten zu lassen. Die Schule läßt sie wachsen. Wenn das erfordert, eine Periode von Langeweile durchzumachen, ist das auch in Ordnung. Langeweile ist eine heilsame Übergangszeit zwischen ständigen Angriffen durch äußere Anreize und dem Punkt, an dem man sein eigenes inneres Leben führen kann. Wir haben uns nie Sorgen über Anregung gemacht, und wir sind nie vor der Langeweile zurückgeschreckt, obwohl ich denke, daß dies zu den Dingen zählt, mit denen Eltern am schwersten zurechtkommen.

Ein weiterer zentraler Aspekt der Schule ist die Altersmischung. Die Schüler sind nicht auf Unterricht oder Aktivitäten begrenzt, die für bestimmte Altersgruppen vorgeschrieben sind. Eines der unglaublichsten Merkmale des jetzigen Schulsystems ist, wie Kinder nach dem Alter getrennt werden. Selbst sogenannter „offener Unterricht" erlaubt nur ein paar Altersstufen, sich gelegentlich zu mischen. Es ist ein Fetisch, der auf der Auffassung beruht, daß sich alle Leute im Gleichschritt entwickeln würden, in der gleichen Art, Monat für Monat, Jahr für Jahr – eine Theorie, die allen Erfahrungen mit jungen und älteren Kindern völlig widerspricht.

Altersmischung ist unsere „Geheimwaffe". Es ist bei weitem nichts übernatürliches. Das Ausmaß an Lernen und gegenseitiger Unterstützung und Inspiration, die dabei stattfinden, widerstrebt jeder Messung. Man muß einmal sehen, wie Jugendliche Sechs- und Siebenjährigen erklären, welches die Regeln der Schule sind. Man muß sich angucken, wie sich Kinder jeden Alters gegenseitig beibringen, wie man das Fotolabor benutzt, wie man den Computer verwendet, wie man kocht, liest, skatet, Fußball spielt usw. Altersmischung ist der erste Schritt in Richtung eines wirklichen Lehrverhältnisses.

Ein anderes zentrales Merkmal der SVS sind ihre Mitarbeiter, die vorrangig die Aufgabe haben, den Bedürfnissen der Schüler aus einer besonders nahen und sensiblen Position zu dienen. Wir haben keine Beschäftigungsgarantie. Und wir haben keine naturgegebene Macht in der Verwaltung der Schule. Das ist ein absolutes Grundelement des gegenseitigen Respekts, der sich hier zwischen Erwachsenen und Schülern entwickelt. Eine der ersten Sachen, die einem auffallen, wenn man die SVS betritt, ist die Herzlichkeit, mit der Erwachsene gegrüßt werden. Es kann einen verblüffen – es ist fast eine Frechheit. Aber es ist fast nie grob. Es ist Gleichberechtigung und Offenheit. All das ist wichtig, um von einem anderen zu lernen; und das geht nur, wenn keine Angst im Spiel ist.

Ein weiterer wichtiger Aspekt der Schule ist das Justizsystem, das so gestaltet ist, daß es den Leuten das Gefühl von Gerechtigkeit für alle gibt und diese sie in die Tat umsetzt. Das Schicksal der Schule liegt in den Händen der Gemeinschaft als ganzes, nicht einer auserwählten Gruppe von Regeldurchsetzern. Es ist einer der wesentlichen Punkte des demokratischen Prozesses in der Schule, ein Gefühl von Fairneß zu schaffen, das die Schule durchdringen muß, damit sie funktioniert. In dem Augenblick, in dem die Leute glauben, daß etwas nicht gerecht ist, verschließen sie sich. Wenn sie hingegen glauben, daß sie sich in einer gerechten Umgebung befinden, können sie offen auf einander eingehen.

Das wichtigste Bildungskonzept in der Schule ist das der Verantwortung. Für jeden Schüler gilt, wie Harry Truman es auf seinem Schreibtisch zu stehen hatte, „Die letztliche Verantwortung liegt bei mir.“. Es gibt in der Schule niemanden, der die Last für dein Kind und für mein Kind tragen wird. Sie tragen sie jeder für sich selbst. Man kann gar nicht genug betonen, wie wichtig das für den Bildungsprozeß ist.

Wir sahen das sehr deutlich, als die Schule gerade eröffnet worden war. Damals glaubten uns die Schüler nicht, wenn wir sagten, daß sie – und nur sie – vollkommen verantwortlich für ihre eigene Bildung wären. Wie sagten ihnen, daß wir auf geäußerte Bedürfnisse reagieren, aber daß wir niemanden führen würden. Einige Schüler glaubten, daß wir das nicht wirklich ernst meinten. Schließlich waren wir gute Jungs, fortschrittliche Pädagogen, die, wenn es hart auf hart ginge, kommen und ihnen heraushelfen würden. Wir hatten eine Gruppe von Schülern, die uns monatelang testete. Sie kamen einfach nicht in Gang. Sie hingen herum. Sie hörten Schallplatten. Aber sie paßten auf, daß sie nichts „taten". Ihnen war schrecklich langweilig, aber sie warteten. Sie testeten uns, um die Antwort auf eine einfache Frage herauszufinden: Wann würde einer von uns endlich aufgeben und in jenen Raum kommen, einen Arm um einen von ihnen legen und sagen: „Wir verstehen. Wir wissen, daß ihr eine harte Zeit durchmacht. Können wir euch helfen, ein paar interessante Dinge zu tun zu finden?" Das war es, worauf sie warteten, aber es geschah nie.

Einer nach dem anderen mußten sie aus ihrer Stagnation selbst ausbrechen. Das ist der Kern des ganzen Prozesses – in der Lage sein, aufzustehen und Verantwortung zu übernehmen.

Zu Beginn sagte ich, daß wir nicht wissen, wie Kinder an dieser Schule oder sonst irgendwo lernen. Wir wissen nur, daß Lernen mit Freude, Aufregung und großer Geschwindigkeit stattfindet, sobald eine für das Lernen günstige Umgebung vorhanden ist.

Ich habe an Sudbury Valley Arithmetik für Anfänger unterrichtet. Beim ersten Mal kam eine Gruppe von Neun- bis Zwölfjährigen zu mir, die überhaupt kein Mathe konnten. Sie waren wirklich scharf darauf. Also dachte ich viel darüber nach. In den frühen 60ern war ich an der Entwicklung des „neuen Mathe" beteiligt, und ich kam zu dem Ergebnis, daß das „neue Mathe", das schlimmste war, was man unterrichten konnte. Bevor man einem Kind beibringen konnte, daß eins plus eins gleich zwei ist, muß das neue Mathe vor dem Hintergrund der Mengenlehre erklären, was das überhaupt bedeutet. Was das Kind wissen will, ist aber, was eins plus eins ist! Also nahm ich aus unserer Bibliothek ein Lehrbuch, das 1898 geschrieben wurde, und ging es mit ihnen durch. Wir trafen uns gewöhnlich zweimal pro Woche für 20 oder 25 Minuten. Am Anfang hatten sie keine Ahnung, wie man addiert. Nach einer Gesamtzeit von 20 Stunden Unterricht hatten sie den Arithmetik-Stoff von sechs Schuljahren behandelt, einschließlich Brüchen, Prozentsätzen, Dezimalzahlen und dem ganzen Zeug. 20 Stunden. Weil sie es lernen wollten. Ich erwähnte dies einem erfahrenen Pädagogen gegenüber, dessen Arbeitsfeld grundlegende Mathematik war. Er war nicht im geringsten überrascht. „Wir haben immer gewußt", sagte er, „daß die Mathematik, welche wir sechs Jahre lang jeden Tag eine Stunde lang unterrichten, in insgesamt ein paar Stunden gelernt werden kann. Wir alle wissen das. Aber die Kinder hassen es, so daß es keinen anderen Weg gibt, als es ihnen tagein, tagaus einzutrichtern und zu hoffen, daß während der sechs Jahre doch etwas davon hängen bleibt."

Wie sie lernen, ist ein Rätsel. Es geschieht bei verschiedenen Leuten auf unterschiedliche Art und Weise. Das beste, was wir tun können, ist, eine Umgebung zur Verfügung zu stellen, in der das Lernen begünstigt wird. Was sie an der SVS lernen, ist eine andere Geschichte. Wir machen uns keine wirklichen Gedanken darüber, was sie lernen. Wir haben in keinem konkreten Bereich Vorentscheidungen darüber getroffen, ob es besser sei, sich in diesem oder einem anderen Bereich auszukennen. In den ersten Jahren der Schule wurden wir auch hier auf die Probe gestellt. Wir sagten, daß alle Themengebiete gleichwertig sind, aber als wir mit der Realität konfrontiert wurden, waren wir entsetzt. Ein Schüler wollte Leichenbestatter werden. Wie oft trifft man an der High School einen Jugendlichen, der sagt, daß er Leichenbestatter werden will? Kannst du dir vorstellen, was ein Berater in einer staatlichen Schule damit anfangen würde? „Ich möchte ein Wissenschaftler werden" – ja; aber „Ich möchte ein Leichenbestatter werden"?! Er ist jetzt ein sehr erfolgreicher Leichenbestatter geworden. Im Alter von 16 Jahren führte er im Rahmen eines Praktikumsprogramms Autopsien durch.

Im gleichen Jahr erzählte uns ein anderer Schüler davon, daß sein Ziel war, Weichensteller bei der Bahn zu werden. Das war alles, wovon er träumte. Und er wurde ein Weichensteller. Das entscheidende ist, daß, wenn die Atmosphäre frei genug ist, daß jemand einfach so an uns herantreten und sagen kann: „Ich möchte Weichensteller werden" oder „Ich möchte Leichenbestatter werden" – daß wir dann plötzlich verstehen, daß es wirklich wichtig für uns ist, standhaft zu bleiben; daß wir wirklich kein Vorurteil über ihre Interessen bilden werden, weil wir nie wissen können, was in den Gedanken eines Menschen vorgeht. Was uns ungewohnt erscheinen mag, wird in fünf Jahren vielleicht von einem staunenden Publikum als die Arbeit eines Genies bejubelt: „Sieh dir diesen kühnen Vordenker an, der losgegangen ist und etwas neues und aufregendes vollbracht hat!"

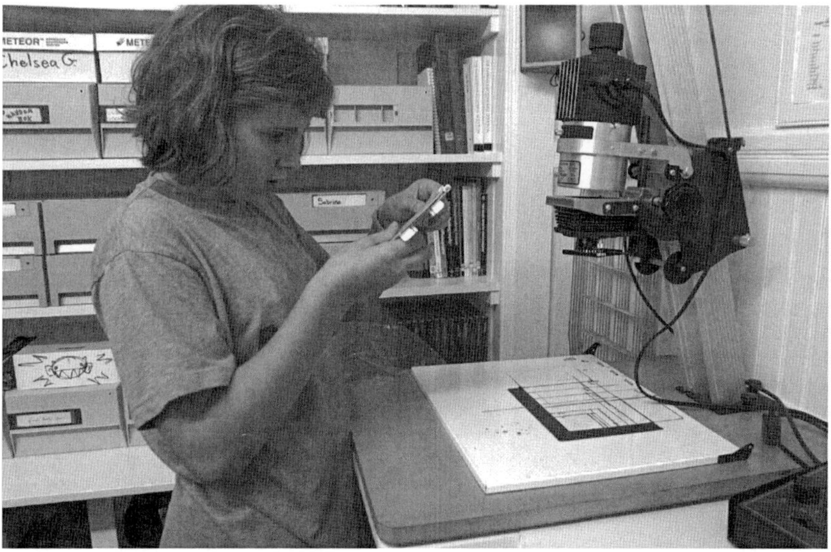

Wofür entscheiden sich Schüler?

Hanna Greenberg

In der Zeit, als Sudbury Valley ein erst noch zu verwirklichender Traum war, wurde ich oft gefragt, wie wir mit Schülern umgehen würden, die nur die Dinge tun, die sie gut können, es aber vermeiden, Themen zu lernen, die sie schwierig finden. In diesen frühen Tagen, als Theorie und nicht tatsächliche Erfahrung unser Denken bestimmte, antwortete ich, daß wir die Entscheidung des Schülers respektieren würden, egal wie sie ausfiele. Wir glaubten, daß, wenn man Schüler zwingen würde, Fächer zu lernen, die sie hassen oder die anzugehen sie sich nicht fähig fühlen, sie wahrscheinlich ohnehin damit scheitern werden, sie zu lernen. Wir zogen es vor, den Schülern Sachen beizubringen, die für sie von Interesse waren, statt sie zu zwingen, Stoff zu lernen, den sie haßten. Ich muß hier nicht die Erfahrungen von Pädagogen wiederholen, die den enormen Aufwand bestätigen, den es erfordert, jemand Uninteressiertem Stoff beizubringen, der einfach zu verstehen sein sollte - ein Aufwand, der in den meisten Fällen keine Früchte trägt.

Das war unsere Situation 1968. Heute müssen wir nicht mehr im luftleeren Raum Theorien aufstellen. Wir haben Erfahrung, und unsere Erfahrung hat uns gezeigt, daß unsere Theorien richtig waren, wenngleich unsere anfänglichen Erwartungen die Ergebnisse, die wir bald beobachten sollten, bei weitem unterschätzten. Wir fanden heraus, daß es weitreichendere Folgen hatte, als wir erwartet hatten, wenn man Schüler nicht zum Lernen zwingt. Im Laufe der Jahre stellten wir fest, daß viele Schüler die Zeit nicht nur dem Lernen von Sachen, die sie lieben, widmen, sondern sich mit Vorliebe dafür entscheiden, Themen zu lernen, die sie widerlich oder langweilig finden. Sie wählen nicht nur nicht den Weg des geringsten Widerstandes, sondern sie suchen gerade nach dem Weg, der ihnen am schwersten fällt. Dieses Phänomen ist in allen Altersgruppen weit verbreitet, aber es tritt erst auf, nachdem den Schülern bewußt geworden ist, daß ihr Schicksal in ihren eigenen Händen liegt, und daß die Ausrichtung ihres Lebens von ihren eigenen Handlungen abhängt.

Wir waren begeistert, als wir vor einigen Jahren erstmals verstanden, was geschah; mittlerweile ist es etwas ganz gewöhnliches. Schüler erzählen uns oft, daß sie sich jetzt mit Algebra beschäftigen, weil sie in ihrer vorherigen Schule daran gescheitert waren. Oder sie müssen gut in den SATs sein, um bessere Chancen zu haben, aufs College ihrer Wahl zu kommen; also lernen sie monatelang Stoff, den sie schrecklich langweilig finden. Andere zwingen sich selbst dazu, draußen zu spielen, um Ängstlichkeit, physische Schwäche oder Schüchternheit zu überwinden. Andere werden in der Verwaltung der Schule aktiv, um ihre Unfähigkeit, sich selbst zu organisieren, zu überwinden. Die tatsächlichen Aktivitäten können sehr unterschiedlich sein, aber der zugrundeliegende gemeinsame Nenner ist die bewußte und entschlossene Wahl, die Dinge zu tun, die sie als die schwierigsten empfinden.

Erwachsene lieben es, sich selbst herauszufordern, und Kinder tun das um so mehr. Es liegt in der Natur des Menschen, sich auf die Probe zu stellen, Aufregung in der Erforschung des Unbekannten zu suchen und sich daran zu erfreuen, Probleme zu lösen. Die Kinder an der SVS haben Zeit, all das und noch mehr zu tun. Jeden Tag besteigen sie mit Mut und Lebenskraft ihren persönlichen Everest. Oft sind wir über ihre Taten erstaunt und fragen uns, wie so junge Menschen so viel Weisheit und Voraussicht besitzen können, den schwierigen Weg zu wählen, um ihr Leben zu verbessern.

Eine neue Sicht auf das Lernen

Daniel Greenberg

An der Sudbury Valley School sind wir einer neuen Version der alten Geschichte eines Eltern-Kind-Dialogs begegnet: „Wo warst du?" – „Draußen." – „Was hast du gemacht?" – „Nichts." Unsere Version lautet: „Wo warst du?" – „Auf Sudbury Valley." – „Was hast du gelernt?" – „Nichts." Allzu oft scheint das der Refrain zu sein, den Eltern und das soziale Umfeld mit der Schule assoziieren . Als die Schule eröffnet wurde, gab es eine ganze Reihe von Einwänden zu dem, was wir taten; im Laufe der Jahre sind die meisten von ihnen verschwunden. Am Anfang wurde uns gesagt, das Problem sei, daß wir neu wären und die Leute keine neue Schule ausprobieren wollen, solange sie nicht wissen, ob sie funktionieren bzw. überleben und auch anerkannt werden wird. Natürlich sind wir jetzt nicht mehr neu, wir haben überlebt, und wir sind seit langem anerkannt. Früher gab es immer die Frage, wie unsere Schüler ohne Kurse, Zensuren oder Transcripts* aufs College kommen könnten. Wir mußten versuchen, die Leute auf der Grundlage theoretischer Vorstellungen zu überzeugen. Jetzt gibt es da keine Fragen mehr, weil jeder Abgänger, der aufs College gehen wollte, aufgenommen wurde. Tatsächlich sind viele unserer Schüler auch ohne unseren High-School-Abschluß aufgenommen worden. Dann gab es die Frage, wie unsere Schüler fähig sein würden, auf andere Schulen zu wechseln, falls ihre Eltern umziehen oder sie aus anderen Gründen abgehen würden. Auch das war ein Einwand, den Eltern benutzten, um ihre Kinder nicht einzu-

*Anm. d. Übers.: Liste aller Prüfungen an der High School

schreiben – da sie vielleicht zu einem späteren Zeitpunkt auf eine „reguläre“ Schule gehen müßten und dann nicht fähig wären, zurück in die „Realität“ zu kommen. Auch dieses Argument ist verschwunden, da es viele ehemalige Schüler gibt, die von der SVS auf „reguläre“ Schulen wechselten und dort ausgezeichnet zurechtkamen – ohne irgend eine Verzögerung. Es gab so viele Einwände in den frühen Jahren! Man sagte, daß die Schule chaotisch sein werde; es würde in ihr undiszipliniert und rowdyhaft zugehen; sie würde ein finanzieller Alptraum sein, da so viele Menschen Zugang zu den Geldern haben; und so weiter. Wir dachten immer, wenn die Leute letztendlich sehen, daß die Einwände grundlos sind, würden sie langsam aber sicher unsere Art, die Dinge zu sehen, übernehmen, oder uns zumindest akzeptieren und denken, daß unsere Art von Bildungssystem eine für ihre Kinder und/oder für sie selbst sehr vernünftige wäre. Leider lagen wir damit vollkommen falsch! Denn es gibt einen fundamentalen Einwand, der uns wahrscheinlich auf absehbare Zeit erhalten bleiben wird: nämlich, daß dies ein Ort sei, an dem Kinder nichts lernen. So einfach ist das. Man sagt: „Egal, was sie da machen – sie mögen glücklich sein, lesen, arbeiten, was auch immer – eines ist sicher: sie lernen nichts.“ Das ist etwas, das die an Sudbury Valley eingeschriebenen Schüler von ihren Freunden und oft auch von ihren Eltern hören. Sie hören es von ihren Großeltern, Tanten, Onkeln und Cousins. Wir kriegen das von allen möglichen ungläubigen Außenstehenden zu hören, die die Schule besichtigen und dann sagen, sie sei sehr beeindruckend, dann aber mit der Ansicht enden, daß die Schüler hier nichts lernten. Ich denke, daß dies wahrscheinlich der Hauptgrund ist, der die Leute davon abhält, Schüler in Scharen bei uns anzumelden.

Was ist wirklich an diesem Einwand dran? Reicht es nicht zu antworten: „*Doch*, sie lernen.“? Wir wissen nie wirklich, wie wir damit umgehen sollen. Die Behauptung erscheint uns so lächerlich, daß wir am Ende oft einfach sagen: „Was meinst du damit, daß sie nichts lernen? Sieh dir A an – er hat dies gelernt. Oder sieh dir B an. Sie hat jenes gelernt. Oder sieh dir den Schüler an, der da sitzt und liest.“ Wir antworten mit einer Flut von spontanen und auf den konkreten Fall bezogenen Gegenbeispielen – ohne wirklichen Erfolg. Solche Antworten gehen eigentlich gar nicht auf die Gegenseite ein. Sie sehen A an, der ein Buch liest, und das stellt sie auch nicht zufrieden. Er liest also ein Buch! Na und? Das ist kein Lernen. Nichts scheint sie zu befriedigen.

Was ist dann der Kern dieses Einwandes? Ist es wirklich wahr, daß Schüler an der Schule nichts lernen? Wenn nicht, warum glauben die Leute es dann? Und was lernen die Schüler hier? Ich werde auf jede dieser Fragen der Reihe nach eingehen.

Um das ganze Problem handhabbar zu machen, müssen wir die allgemein anerkannte Sicht auf das Lernen sehr genau analysieren. In dieser Gesellschaft wird die Bedeutung des Wortes „Lernen" durch vier grundsätzliche Annahmen genau bestimmt: daß man weiß, *was* gelernt werden sollte, *wann* gelernt werden sollte, *wie* gelernt werden sollte und *wer* welche Sachen lernen sollte. Diese vier Annahmen bestimmen im wesentlichen die Bedeutung des Begriffs „Lernen" für diese Gesellschaft. Sehen wir sie uns eine nach der anderen an.

Die erste Annahme ist, daß wir wissen, *was* gelernt werden sollte, daß es einen Grundumfang an Wissen gibt, über den jeder Mensch verfügen sollte.

Es ist wichtig, sich klarzumachen, daß diese Annahme keine objektive Realität ist. Vielmehr ist sie vollständig durch die Zeit, den Ort und das Wesen der Kultur, die sie aufstellt, bestimmt. Mit anderen Worten: Weit davon entfernt, eine allgemeine Wahrheit über Wissen und Lernen zu sein, ist sie eine Annahme, die vollkommen vom Stand der Kultur abhängig ist, die diese Annahme macht. In verschiedenen Zeitaltern und an unterschiedlichen Orten haben verschiedene Gesellschaften Kataloge über das, was gelernt werden muß, erstellt und erstellen sie noch immer. Vor nicht allzu langer Zeit gab es in der amerikanischen Kultur z.B. den einfachen Grundsatz, daß Lesen, Schreiben und Rechnen das Grundwissen bilden. Im Laufe des 20. Jahrhunderts wurde die Bildung in diesem Land „modernisiert" und dem Lesen-Schreiben-Rechnen wurden nach und nach andere Themen hinzugefügt, die als genauso wichtig angesehen wurden. Denk an das 19. Jahrhundert in Großbritannien: Damals dachte man, daß eine gebildete Person Griechisch und lateinische Literatur kennen muß. Im Mittelalter bestand das Grundwissen aus einem Kurs in Naturwissenschaft, spekulativer Philosophie, Rhetorik usw. sowie aus einer sehr deutlichen Vermeidung praktischer Themen. Ich möchte jetzt nicht in eine umfassende Geschichte dieses Themas einsteigen. Ich möchte einfach nur feststellen, daß die Annahme, wir wüßten, was gelernt werden sollte, vollkommen durch die kulturelle Umgebung bestimmt ist und sich mit der Zeit ändert. Diejenige, mit der wir es jetzt in diesem Land zu tun haben, wurde und wird leider durch eine mittlerweile veraltete industrielle technische Sicht unserer Kultur bestimmt.

Tatsächlich sind zwei der drei Elemente des Lesen-Schreiben-Rechnens nachweislich veraltet.

Niemand muß sich wirklich mit Arithmetik auskennen. Jeder benutzt Taschenrechner, Rechenmaschinen, Computer oder Addiermaschinen. Kein Buchhalter wird sich hinsetzen und lange Zahlenreihen per Hand addieren, schriftlich multiplizieren oder dividieren. Selbst die besten werden per Hand mehr Fehler als mit der Maschine machen. Mir fällt kein Fachmann ein, der heutzutage Arithmetik verwendet. Selbst wenn Leute einkaufen gehen, nehmen sie ihren kleinen Taschenrechner mit und rechnen ihre Ausgaben zusammen. Was Schreiben angeht, hat das Wort viele Bedeutungen, aber sicherlich sind zwei Hauptbedeutungen Schriftstellerei und Rechtschreibung, welche als sehr wichtig angesehen wurden, weil die Leute sich entweder mündlich oder durch handschriftliche Briefe verständigten. Jeder, der heutzutage dumm genug ist, Handschrift zu benutzen, ist in jeder praktischen Situation wirklich im Nachteil. Viele Schulen und Colleges akzeptieren handgeschriebene Schriftstücke nicht einmal. Dein übliches Bewerbungsschreiben für einen Job bzw. deine übliche Geschäftskorrespondenz wird nie handgeschrieben sein. Tatsächlich wird es als beinahe esoterisches Phänomen betrachtet, wenn man jemandem eine handschriftliche Mitteilung schreibt. Und es ist genauso unwichtig, sich mit Rechtschreibung auszukennen. Schrecklich viele Leute, die ich kenne – einige von ihnen sind sehr berühmte

Leute –, haben nicht die leiseste Ahnung von Rechtschreibung. Eine der Sachen, die man von einem guten Sekretär erwartet, ist, daß er die Schreibweise des Chefs korrigiert; und selbst Sekretäre müssen sich mit Rechtschreibung nicht auskennen; sie müssen nur für die Zeit bezahlt werden, die sie brauchen, um die Wörter im Duden nachzuschlagen bzw. die Rechtschreibprüfung des Textverarbeitungsprogramms zu benutzen.

Der Punkt ist einfach, daß das Konzept eines Lehrplans, das sich sogar auf Colleges entstreckt, für die industrielle Gesellschaft festgelegt wurde, die in diesem Land im 19. Jahrhundert bestand. Es gab gewisse grundlegende Fähigkeiten, Verfahrensweisen und Techniken, die notwendig waren, um die industrielle Maschinerie am Laufen zu halten. Und ich meine nicht allein die Ebene der Fabrikarbeiter, nicht nur die Leute, die am Fließband gearbeitet haben, sondern auch die Sekretäre, die Buchhalter und die Geschäftsführer. Die ganze industrielle Maschinerie arbeitete auf Grundlage einiger relativ simpler roboterartiger Funktionen, die von einer enormen Zahl von Arbeitskräften ausgeführt werden mußten; und dafür war es tatsächlich notwendig, einen grundlegenden, allgemeingültigen, gemeinsamen Lehrplan für alle zu haben. Natürlich war es selbst dann ein Streitpunkt, ob eine Gesellschaft überhaupt danach streben sollte, ein industrielles Wirtschaftssystem zu haben. Die großen landwirtschaftlichen Wirtschaftssysteme quälten sich nicht mit diesen Dingen. Rußland begann zum Zeitpunkt der Revolution gerade erst, sich dafür zu entscheiden, daß es in das industrielle Zeitalter eintreten wollte, und die Analphabetenrate lag bei etwa 95 %. Für eine Kultur, in der die Massen in der Landwirtschaft tätig waren, war es einfach nicht wichtig, lesen, schreiben und rechnen zu können. Und tatsächlich gab es in der ganzen Gesellschaft nur eine kleine Führungsgruppe von Leuten, die schreiben konnte. Alle anderen gingen zu Schreibern, um all ihre Briefe und Dokumente schreiben bzw. sich vorlesen zu lassen. Aber für die breite Bevölkerung war es einfach nicht wesentlich, lesen, schreiben, rechnen oder etwas vergleichbares zu können, um das Land zu bestellen oder Häuser zu bauen bzw. die

Aufgaben zu erfüllen, die in einer landwirtschaftlichen Gesellschaft im Mittelpunkt stehen.

Die Zeiten ändern sich. Wir sind in diesem Land an dem Punkt angekommen, an dem die meisten Routineaufgaben nicht mehr von Menschen erledigt werden müssen, auch wenn sie es oft noch werden. Wir haben heute die Möglichkeit, aus den von Menschen bedienten Bereichen sämtliche automatischen, roboterartigen Arbeitsschritte, die von einer großen Zahl von Arbeitskräften getan werden mußten, auf Maschinen zu übertragen. Tatsächlich ist die Revolution, die die moderne Kommunikationsindustrie in die Gesellschaft getragen hat, genauso tiefgreifend wie die Revolution, die vor ein- oder zweihundert Jahren durch die Mechanisierung erreicht wurde. Die Notwendigkeit einer großen Zahl von körperlich Arbeitenden, die Schwerarbeit verrichten, wurde einfach beseitigt. (Auch diese Revolution war nicht universell; es gibt bis heute einige Gesellschaften, in denen Schwerarbeit für die Massen noch üblich ist.) Die neue datenverarbeitende Technologie beseitigt nun den Bedarf an Scharen von Industriearbeitern, Buchhaltern, Einkäufern oder Sekretären. Sobald heutzutage eine Industrie computerisiert ist, bleiben die meisten Arbeitsschritte von Menschen unberührt. Wenn man z.B. bei einem großen Verlag eine Bestellung für ein Buch aufgibt, wird praktisch alles durch Computer erledigt. Und wenn der Vorrat abnimmt, und ein neuer Druck in Auftrag gegeben werden muß, teilt der Computer dies den Druckmaschinen mit. Man kann sich vorstellen, wieviele Tausend Angestellte ersetzt wurden. Ich war im Verlagswesen tätig, als dieser Übergang stattfand. Ich arbeitete für zwei Firmen, von denen die eine automatisiert war und die andere ihre ganze Buchhaltung noch von Buchhaltern erledigen ließ, die hinter hohen Schreibpulten standen, so wie man es manchmal in alten Filmen sieht - sie standen da und buchten handschriftlich die Tausenden von Einträgen, die Tag für Tag anfielen. Diese Buchhalter arbeiten dort nicht mehr; selbst diese altmodische Firma ist im Computerzeitalter angekommen.

Der Punkt ist, daß roboterhafte Menschen nicht länger in großer Zahl gebraucht werden, um die industrielle Maschinerie zu bedienen; und diese Tatsache hat mit einem Schlag das gesamte pädagogische Konzept einer Grundausstattung von „Dingen, die jeder wissen muß" überflüssig gemacht. Nun stehen wir einem vollkommen anderen Bildungsproblem gegenüber. Ich rede nicht von der Sudbury Valley School oder unserer speziellen Philosophie. Was ich sage, gilt für jeden, der ein Bildungssystem für die moderne Ära in diesem Land plant. Statt eine Liste aller Themen vorzubereiten, über die jeder etwas wissen muß, kann man nichts weiter tun, als einen gewaltigen Katalog von verschiedenen Themen, die in der Kultur vorkommen, entwerfen, und dann von diesem Punkt ausgehen. Wenn man an eine geplante Gesellschaft glaubt, kann man versuchen, zum Wohle der Gesellschaft als Ganzem jedem dieser unterschiedlichen Bereiche eine bestimmte Zahl von Leuten zuzuteilen. Das ist eine politische Entscheidung, eine, die natürlich noch lange nicht bedeutet, daß jeder das gleiche lernen wird. Diese Entscheidung bedeutet, daß die Schüler keine Entscheidungsfreiheit haben, aber sie ist wenigstens modern und macht nicht den grundsätzlichen Fehler zu denken, daß jeder auf die gleiche Art trainiert werden sollte. Die andere große politische Philosophie, die heute in der Welt vorherrscht, ist die von persönlicher Freiheit. In diesem System, so scheint es mir, muß man dazu kommen zu sagen, jeder Mensch sollte entscheiden können, was er tun will. Aber der wesentliche Punkt, auf den ich hinaus will, ist, daß - unabhängig von der politischen Philosophie - die Idee eines elementaren Lehrplans, den jeder kennen sollte, veraltet ist.

Ich möchte nun zur Ausgangsfrage zurückkommen und sie auf einen konkreten Fall übertragen. Sagen wir, wir haben einen Zwölfjährigen in der Schule, und jemand fragt: „Lernt dieser Schüler irgendwas?" Was sie damit sagen wollen, ist, daß sie wissen, daß jeder Zwölfjährige Sozialkunde, Bruchrechnen und englische Grammatik lernen sollte. Das ist die Annahme, die dieser Frage zu Grunde liegt. Wenn wir also antworten: „Er lernt nicht Sozialkunde, aber er lernt Fotografie, Musik oder griechische Geschichte" - wenn wir antworten, daß der Schüler irgend etwas anderes (aber nicht Sozialkunde, englische Grammatik und fortgeschrittene Arithmetik) lernt –, werden die Fragesteller nicht zufrieden sein. Wenn es nach ihnen geht, gilt: Solange die zwölfjährigen Schüler in dieser Schule nicht das lernen, wovon die Gesellschaft heute denkt, daß jeder Zwölfjährige es lernen sollte, *ist das kein Lernen*. Und erst, wenn die Leute - egal welche ihre Bildungsphilosophie ist - begreifen, daß es ein Fehler ist, am Ende des 20. Jahrhunderts zu glauben, daß alle Zwölfjährigen eine bestimmte Zusammenstellung von Themen lernen sollten - erst wenn Leute begreifen, daß das für die moderne amerikanische Gesellschaft einfach keine brauchbare Einstellung zu Bildung mehr ist –, erst dann werden sie fähig sein zu sagen: „Nun ja, ich muß nicht darauf bestehen, daß sie Sozialkunde, Arithmetik und englische Grammatik lernen, wenn sie zwölf Jahre alt sind. Ich kann andere Themen, andere Aktivitäten als gültiges Lernen für einen Zwölfjährigen akzeptieren."

Die zweite Grundannahme ist, daß man weiß, *wann* ein Thema gelernt werden sollte. Sie ist jünger als die erste Annahme. Erst seit kurzem sind einige Menschen arrogant genug zu glauben, das menschliche Gehirn gut genug zu verstehen, um im einzelnen zu wissen, wie und wann es Wissen aufnimmt und verarbeitet. Sicher, man hat immer gewußt, daß kleine Kinder insgesamt nicht ganz die Fähigkeit haben, mit bestimmten Dingen so umzugehen wie Erwachsene. Aber man sah, daß sich Kinder sehr unterschiedlich entwickeln, so daß niemand wagte, dogmatisch zu werden. Ein Mozart konnte mit drei Jahren Klavier spielen und ein John Stewart Mill mit vier Jahren zwölf Sprachen sprechen; ein Kind tat eine Sache, ein anderes Kind tat etwas anderes. Erst als Psychologie „modern" wurde, kam sie auf die Idee, daß es einen bestimmten allgemeingültigen Ablauf gebe, dem jeder Verstand in seiner Entwicklung folge, und daß jeder gesunde Verstand diesen Weg mit ziemlich genau der gleichen Geschwindigkeit zurücklegen würde. Eine der Folgerungen aus dieser Ansicht ist, daß es schlecht sei, zur „falschen Zeit" die „falschen Dinge" zu lernen. Wenn man z.B. erwartet, daß ein Kind mit zwei Jahren eine bestimmte Sache tut und man feststellt, daß es sie nicht tut, schlußfolgert man, daß eine einsetzende Lernbehinderung vorliegt. Ich übertreibe nicht, wenn ich sage, mit zwei Jahren. Es wird immer üblicher, Voraussagen über die frühen Jahren zu machen, und sich auf das einzulassen, was man „Früherkennung" von möglichen Lernbehinderungen und psychischen Problemen nennt.

Es wird als eine Eigenart des menschlichen Verstandes angesehen, daß bestimmtes mathematisches Wissen, bestimmtes naturwissenschaftliches Wissen sowie bestimmte Fähigkeiten des Argumentierens in bestimmten Altersstufen erworben werden. Daher wird es (dieser Ansicht zufolge) wichtig, daß Schulen genau den „richtigen Stoff" im „richtigen Alter" anbieten. Außerdem gilt es als schlecht, einem Erstkläßler Aufgaben aus der dritten Klasse zu geben, da dies seinen Verstand nicht entlang des „richtigen" Weges entwickelt. Ich denke, jeder kennt solche Ansichten.

Einer der Anlässe, die mich dazu brachten, über dieses ganze Thema nachzudenken, war ein Alptraum, den ich eines Nachts hatte. Ich träumte, daß so, wie wir jetzt Schulen haben, in denen alle Sechsjährigen Übungen in Lesen unterworfen werden, und es immer wieder pauken müssen, egal ob es sie interessiert oder nicht – und wenn sie das vorgegebene Maß nicht erreichen, sofort herausgenommen, in eine Förder-Gruppe gesteckt werden und spezielle Lehrer erhalten – was ich träumte war, daß die gleiche Sache mit Ein- und Zweijährigen in Bezug auf Sprechen geschah. Ich sah plötzlich eine Schule für Kleinkinder, in der alle – Silbe für Silbe und Wort für Wort – darin unterrichtet wurden, wie man spricht, genauso wie wir heute unterrichten, wie man liest. Und wenn sie nicht in der vorgesehenen Geschwindigkeit vorankamen, wurden sie sofort in die „Sprachbehinderungskategorie" gesteckt, und so weiter. Das klingt vielleicht lächerlich, aber letztendlich haben wir diese Haltung vollkommen akzeptiert, wenn es um das Lesen geht. Warum nicht auch beim Sprechen? Und wenn man einen Dreijährigen hat, der „auf dem Niveau eines Zweijährigen" spricht, warum sollte man dieses Kind denn nicht in die sonderpädagogische Klasse stecken? Es ist ein Alptraum, und ich denke, er ist gerade dabei, Wirklichkeit zu werden.

Also fragt man sich wieder, wo kommt das her? Wie schaffen diese Psychologen das? Warum war die Gesellschaft im allgemeinen – und die Psychologie im besonderen – so bereitwillig, diese Herangehensweise zu akzeptieren? Die Antwort geht wieder auf mein altes Thema zurück. Die sogenannte Wissenschaft der Psychologie ist heute das zwangsläufige Produkt der industriellen, technischen, wissenschaftlichen Weltsicht des 19. Jahrhunderts, die darauf drängte, alles in der Welt auf eine lineare, einfache Reihe von Fortschritten zu reduzieren. Das war im wesentlichen die Definition von Wissen in jedem beliebigen Bereich. So etwas wie ein reales, solides Wissen, das nicht perfekt geordnet war und nicht aus einer exakten Reihe rationaler Schritte bestand, gab es nicht. Wenn es nicht auf diese Weise geordnet war, war es unwissenschaftlich; es war „Kunst", und als Kunst war es vermutlich das Produkt der Gefühle und nicht des Verstandes. Produkte des Verstandes mußten hingegen „wissenschaftlich" sein. Ich denke, es ist nicht überraschend, daß Leute zu dieser Ansicht gelangten, da sie in einem Zeitalter lebten, in dem jeder vom Erfolg der linearen Technologie in der materiellen Welt erfüllt war. Schließlich war diese Sicht der Dinge für Maschinen, Massenproduktion, Fließband, Industrialisierung, für jeden gewaltigen technologischen Einsatz, geeignet. Es stimmte, daß diese Unternehmen in einer genauen linearen Weise aufgebaut waren. Die industrielle, materialistische Weltsicht war so zentral, daß sie alles an Wissen ertränkte; und um als berechtigt anerkannt zu werden, sollte das allgemeine Streben der intellektuellen Welt unter dem Deckmantel der „Wissenschaft" einbezogen werden. Und wenn jemand ankam und sagte: „Mein Gebiet braucht nicht in einer logischen, rationalen Weise organisiert werden", lief er Gefahr, gesagt zu bekommen: „Wenn du uns nicht die Abfolge des Wissens in deinem Gebiet zeigen kannst, ist dein Gebiet es nicht wert, als echtes Fachgebiet anerkannt zu werden." Diese Herangehensweise war ein vollkommen natürliches Ergebnis des technologischen Enthusiasmus, der im 19. Jahrhundert die westliche Gesellschaft erfaßte. Die Menschen waren von der Leidenschaft erfüllt, die technologische Weltsicht auf absolut alles zu übertragen. Und die Bereiche der Sozialwissenschaften und der Psychologie wurden mit all den anderen mitgerissen.

Wenn man dann versteht, daß es seitens der Sozialwissenschaftler und Psychologen ein starkes Verlangen gab, „wissenschaftlich" zu sein, und jemand daherkam, der vorgab, auf der Grundlage dessen, was wie eine nette wissenschaftliche Arbeit aussah, eine gute lineare Theorie über den Verstand zu liefern, kann man nachvollziehen, warum sie sich darauf stürzten. Und es ist keine Überraschung, daß Leute wie Piaget oder Skinner schnell von ihren Kollegen weitgehend akzeptiert wurden, da sie den Berufsstand der Psychologie vor der Bedeutungslosigkeit, eine „Kunst" zu sein, gerettet und in eine wissenschaftliche Disziplin verwandelt haben. Ich denke, daß diese Vorstellung letztendlich auf der Strecke bleiben wird, aber das wird nur geschehen, wenn sich die ganze Gesellschaft von der technologischen Weltsicht zurückzieht. Man kann bei modernen Denkern einen Trend in diese Richtung feststellen. Bücher von sehr bedeutenden Sozialwissenschaftlern werden veröffentlicht, die anfangen zu sagen: „Diese Ansicht des menschlichen Wissens ist wirklich nicht stichhaltig. Sie läßt die Feinheiten außer Acht. Sie läßt die Komplexität außer Acht. Sie läßt Innovation außer Acht. Sie läßt Veränderung außer Acht. Sie läßt das Auftauchen neuer Theorien und neuer Ideen außer Acht. Sie ist einfach nicht dafür geeignet zu erklären, was der menschliche Verstand mit der Welt angestellt hat." Immer mehr Leute, die sich in ihrem Bereich einen Namen gemacht haben, sagen das. Ob ihre Stimme am Ende vorherrschen wird, weiß ich nicht, da der kurzfristige Trend in Richtung einer stärkeren Technisierung der Sozialwissenschaften geht. Ich glaube, daß es in diesem Land einen großen Streit über dieses Thema geben wird, auch wenn im Augenblick die technologischen Kräfte vorne liegen.

Die dritte Annahme, die allgemein gemacht wird, ist, daß man weiß, *wie* ein Thema gelernt werden sollte, daß es eine „richtige" Herangehensweise, einen „korrekten Weg" gibt, ein Thema zu lernen. Selbst wenn wir in unserer Schule jemanden haben, der das lernt, was gelernt werden „sollte", z.B. Sozialkunde, und dies auch noch zur „richtigen Zeit" tut, nämlich mit 12, wird es nicht als gültig angesehen, solange er es nicht auf die „richtige" Weise, aus dem „richtigen" Lehrbuch, lernt. Das Ausmaß, in dem dies bei der Bildung um sich gegriffen hat, ist erstaunlich. Früher war es weitgehend akzeptiert, daß es eine gewaltige Vielzahl von Herangehensweisen an ein Thema gibt. Man ging zu verschiedenen Schulen, reiste sogar in verschiedene Länder, um zu erfahren, wie verschiedene Leute ein bestimmtes Thema auf unterschiedliche Weise entwickeln. Man ging zu einem bestimmten Lehrer, weil er eine faszinierende Art hatte, ein bestimmtes Thema zu präsentieren. Dies war ein akzeptiertes Merkmal von Lernen. Jedes Thema wurde als verschiedenartig, komplex und schwierig angesehen, und von jedem originellen Verstand wurde angenommen, daß er eine eigene Art hat, es zu sehen. Es wurde einmal als die Spitze der Absurdität angesehen zu sagen, daß es einen „besten" Weg gebe, Physik, Sozialkunde oder irgend etwas anderes zu lehren. Leider wollte auch die Pädagogik eine Wissenschaft werden, nicht weniger als die Psychologie. Pädagogik mußte ein exaktes technologisches Gebiet werden. Das offensichtliche Ergebnis war, daß alles in der gleichen Weise getan werden mußte – oder es konnte keine Gültigkeit beanspruchen. Alle Lehrbücher in einem bestimmten Themengebiet müssen gleich sein. Das ist ein heute allgemein anerkannter Grundsatz im Verlagswesen. Wenn man einem Verlag ein Lehrbuchmanuskript vorlegt, das von dem akzeptierten Weg abweicht, erhält man eine Absage. Es kann ein großartiges Buch sein, aber wenn es nicht so ist, wie das Thema in den Schulen unterrichtet wird, wollen sie es nicht veröffentlichen. Natürlich repräsentieren die Verlage gewissermaßen nur die vorherrschende Sicht. Sie sind Handelsvertreter, und sie wollen kein Buch am Hals haben, das sich nicht verkaufen läßt. Was sie sagen ist, daß niemand da draußen in der Welt der Bildung ein Buch benutzen wird, das sich auch nur irgendwie von dem Buch unterscheidet, das von allen anderen benutzt wird.

Ich muß das nicht weiter auswalzen. Es ist eine logische Konsequenz der Art zu Denken, über die ich zuvor in Bezug auf Psychologie gesprochen habe. Und um jemanden, der vom Standpunkt der herrschenden Bildungsatmosphäre auf Sudbury Valley schaut, zufriedenzustellen, sollten unsere Regale mit den aktuellen Ausgaben der Lehrbücher aller Themengebiete, die an anderen Schulen gelernt werden, gefüllt sein. Das wäre eine „gute" Bibliothek. Unsere Bibliothek umfaßt eine Menge Bücher, sehr verschiedenartige, aber sie kann – wenn es nach den Pädagogen geht – im Grunde keine „gute" Schulbibliothek sein, weil sie sich bei jedem Thema hier umsehen werden und in den meisten Themengebieten nicht das „richtige“ Buch finden werden. Und das gleiche gilt für jeden Schüler, der mit Hilfe irgend eines dieser Bücher lernt.

Ich denke, daß viele Leute, die darüber nachdenken, begreifen werden, daß an dieser Idee etwas grundsätzlich falsch ist – ganz egal, welcher Bildungsphilosophie sie anhängen. Der Fehler dieser Idee ist, daß sie jede Möglichkeit einer Erneuerung in dem Gebiet völlig ausschließt. Es fehlt jeglicher Verweis darauf, wie irgend eines der Themen, die in der Schule unterrichtet werden, sich jemals verändert oder weiterentwickelt hat. Die Lehrbücher arbeiten immer mit starren Themen, die „korrekt“ dargestellt werden. Für mich ist das ein innerer Widerspruch, der jedem auffallen sollte. Ich kann nur hoffen, daß dieser Widerspruch jemandem in einer Lehrervereinigung auffallen wird. Oder vielleicht löst sich diese Sicht von alleine auf. Solange man annimmt, daß Pädagogik eine Kunst bzw. vielfältig ist, steht man nie unter dem Druck, richtig zu liegen. Man muß nur seine eigene Herangehensweise haben. Man geht zu einem Lehrer, und entweder mag man die Herangehensweise dieses Menschen oder man mag sie nicht, aber man fragt nicht, ob sie „richtig“ ist. Man sagt, sie ist schlüssig oder interessant, aber es ist keine Frage von richtig oder falsch. Aber im jetzigen Bildungssystem plagt man sich ständig mit dem Problem herum, den „richtigen“ Ansatz zu finden – und jedes Mal, wenn sie einen finden, bezeichnen sie ihn als „richtig“, und ein oder zwei Jahre später wird es sehr peinlich, wenn sich herausstellt, daß er letztendlich doch nicht richtig war. Dies führt zu einer Menge von Problemen. Es gibt immer ein „neues“ Leseprogramm. Alle zwei oder drei Jahre gibt es einen ganz neuen „richtigen“ Weg, Lesen zu lehren, da der vorige „richtige“ Weg nicht funktioniert hat. Die Bildungswelt befindet sich ständig in peinlichen Situationen, nur scheint niemand sich für die Tatsache, daß man falsch lag, zu schämen. Ich glaube, es gibt immer eine Hoffnung, daß zwischen der Tatsache, daß sie immer wieder daneben liegen, und der Tatsache, daß es das einzig Richtige in Wirklichkeit gar nicht gibt, den Leuten schließlich dämmern könnte, daß der ganze Ansatz von Anfang bis Ende nicht stimmt.

Die vierte Annahme ist, daß man weiß, *wer* ein bestimmtes Thema lernen sollte. In gewisser Hinsicht ist dies die tückischste aller Annahmen, aber sie folgt direkt aus all den anderen Punkten, die ich genannt habe. Unsere Schulen haben ein hochentwickeltes und sich ständig verbesserndes System, die Schüler zu bewerten, und in einem immer früheren Alter herauszufinden, welche konkreten „Begabungen" jemand hat, so daß ein präziser, enger Pfad für diesen Schüler festgelegt werden kann, dem er sein ganzes Leben lang folgen muß. In dieser Gesellschaft ist solch ein Prozeß besonders subtil, weil er einen autoritären Ansatz innerhalb einer freien Kultur beinhaltet. Indem es eine Vielzahl von Tricks anwendet, verhindert das System letztendlich persönliche Freiheit, ohne daß wirklich jemand bemerkt, was da geschieht. Die Betroffenen spüren nicht, daß gerade ein Willkürakt geschieht - obwohl es nichts anderes ist . Statt dessen erzeugt das System den Eindruck, es halte einfach nach der besten Zukunft jedes einzelnen Ausschau, versuche herauszufinden, was seine Bedürfnisse sind, und versuche ihm zu helfen, sie zu erfüllen. Die Tatsache, daß andere entscheiden, was die Bedürfnisse und Interessen des Betroffenen sind, und was er mit seinem Leben tun wird, wird von der Illusion überdeckt, daß es wirklich nur um die Bedürfnisse *dieses* Menschen ginge. Dies ist nun eine Kombination aller Übel, über die wir gesprochen haben. Die Annahme ist, daß man genug psychologische Kenntnis über den Verstand habe, um Begabungen herauszufinden. Eine weitere Annahme ist: Wenn man erst einmal die Begabungen kennt, wisse man auch, wie man jemanden bewertet, um sicherzustellen, daß er das angeordnete Ziel tatsächlich erreicht. Der Haken ist, daß es gegen die menschliche Natur läuft, absurd ist. Man muß nur einmal Biographien lesen, um zu sehen, wie Versuche, die Interessen eines Menschen in seinen jungen Jahren herauszufinden, immer wieder gescheitert sind. Sicher, manchmal zeigt jemand im Alter von drei oder vier Jahren sehr deutliche Anzeichen, wo er den anderen voraus sein wird, aber meistens ist genau das Gegenteil der Fall, und sehr oft zeigen Menschen ihre wahren Begabungen erst in ihren Zwanzigern oder Dreißigern und manchmal noch viel später.

Ich denke, wir können verstehen, warum Leute in dieser Gesellschaft ungeachtet der Realität glauben, die Schüler an Sudbury Valley würden nichts lernen. Sie müssen dieses Gefühl zwangsläufig haben. Es gibt einfach keinen Ausweg. Weil wir keine der vier Annahmen, die die konventionelle Bedeutung des Wortes „Lernen" für unsere Kultur definieren, erfüllen. Unsere Philosophie erlaubt uns einfach nicht, nach einer dieser Annahmen zu handeln. Es ist also kein Argument, jemandem zu antworten: „Siehst du, A liest ein Buch, und B lernt dieses und jenes." Unser Ansatz paßt einfach nicht in den ganzen Bezugsrahmen der Gesellschaft, und er wird auch nicht hineinpassen, solange die „Außenwelt" nicht die Annahmen fallenläßt, die ihrer Sicht auf Bildung zugrundeliegen.

Doch die Frage bleibt: Lernen die Leute an Sudbury Valley etwas? Für uns ist es offensichtlich, daß die Antwort „ja" lautet, von *unserer* Perspektive auf das Wort „Lernen" - einer Perspektive, die vielleicht derzeit nicht populär ist, die aber nichtsdestotrotz ihren Ursprung in der Geschichte unserer Kultur hat.

Die Art von Lernprozessen, die ich an der Schule die ganze Zeit geschehen sehe, passen in vier große Kategorien. Als erstes, denke ich, geschieht hier Lernen bei der Entwicklung persönlicher Charakterzüge. Das klingt erst einmal nicht nach „Lernen". Aber eigentlich wurde Charakterbildung historisch immer als ein wichtiger Teil von Bildung angesehen, und auch heute gibt es eine Menge Lippenbekenntnisse dazu. Im jetzigen Bildungssystem wird zwar darüber geredet, aber niemand hat eine Idee, wie man das angehen soll. Ich denke, wir haben eine Umgebung entwickelt, in der gezeigt werden kann, daß bestimmte Charakterzüge gefördert werden – Eigenschaften wie Unabhängigkeit, Selbstvertrauen, Vertrauen, Aufgeschlossenheit, Toleranz gegenüber Verschiedenheit, die Fähigkeit, sich zu konzentrieren und Schwierigkeiten mit Gelassenheit zu begegnen. Jede dieser Eigenschaften fängt an, in Leuten zu gedeihen, die längere Zeit hier bleiben. Die Gesellschaft sieht, daß in ihren Bildungseinrichtungen die gegenteiligen Eigenschaften gefördert werden, und macht sich Sorgen darüber. Sie machen sich Sorgen über die Tatsache, daß ihre Umgebung Abhängigkeit fördert, und eine „Jünger"-Mentalität, die auf der Bewertung durch andere und nicht auf der durch den Schüler selbst beruht. Sie machen sich Sorgen über die Tatsache, daß ein so hoher Prozentsatz von Leuten unsicher und intolerant ist und unfähig, sich auf seine Arbeit zu konzentrieren, und sich von Fehlschlägen einschüchtern läßt.

Das zweite große Lerngebiet an unserer Schule sind die sozialen Umgangsformen. Zum Beispiel fühlen sich Kinder an Sudbury Valley mit Leuten jeden Alters, jeder Herkunft und jeden Typs wohl (in staatlichen Schulen hingegen ist es unter Kindern gleichen Alters weitverbreitet, sich abzuwenden, Erwachsenen nicht in die Augen zu sehen, verunsichert zu sein, Ausflüchte zu machen und die Zähne nicht auseinander zu bekommen). Es ist selbstverständlich, Rücksicht auf die Bedürfnisse anderer Leute zu nehmen - eine Eigenschaft, denke ich, die hauptsächlich durch das Justizsystem an der SVS begünstigt wird. Es wird grundsätzlich akzeptiert, daß andere Leute Rechte haben, daß sie Bedürfnisse und eine Privatsphäre haben, die man respektieren muß. Und es fällt an unseren Schülern auf, daß sie sich gut ausdrücken können (Die Leute in der sonstigen Gesellschaft sind oft so unfähig dazu!). Ebenso die Offenheit und das Vertrauen - ich benutze diese Wörter nur ungern, aber nicht so ungern wie 1968, als sie Schlagworte für eine gesellschaftliche Mode waren - im Gegensatz zu dem Mißtrauen und der Paranoia, die in der Gesellschaft und besonders unter Jugendlichen um sich zu greifen scheinen. Es besteht auch eine gewisse grundlegende Freundlichkeit und Herzlichkeit, die die Beziehungen in der Schule durchdringt.

Das dritte große Lerngebiet ist das der akademischen Themen, bei dem wir nicht nur beobachten, daß die Schüler sich Kenntnisse aneignen, sondern auch, daß dies auf Arten geschieht, die man in anderen Schulen nicht gewohnt ist. Zum Beispiel lernen Leute früher oder später, wie man liest. Es ist faszinierend, genau zu verfolgen, wie dies in jedem einzelnen Fall geschieht, weil es in sehr unterschiedlichem Alter und auf vollkommen unterschiedliche Arten passiert. Ich möchte jetzt nicht ins Detail gehen, aber nur so nebenbei ein paar Beispiele: Einige lernen Lesen, indem ihnen immer wieder vorgelesen wird und sie ein Buch einüben, bis sie es auswendig können, und beginnen, sich die Wörter einzuprägen; andere lernen es, indem sie Silben zusammenfügen, die sie eine nach der anderen aufgeschnappt haben; wieder andere lernen es, indem sie die Buchstaben mit Lauten in Verbindung bringen. Jeder macht es auf seine eigene Weise und aus seinem eigenen Antrieb.

Echtes, dauerhaftes Lernen geschieht beim Erlernen der Grundlagen der Arithmetik; es entsteht durch die Prinzipien demokratischer Regierung und durch aktuelle Ereignisse. (Das ist wirklich ziemlich interessant. Die Kinder in dieser Schule sind im allgemeinen gut darüber informiert, was in der Welt geschieht, obwohl wir keine „Sozialkunde"-Kurse haben.) Echtes, dauerhaftes Lernen geschieht hier im Haushaltsbereich; dieser beinhaltet den Umgang mit Geld, auf sich selbst aufzupassen, Survival, Kochen, Nähen, Kinderaufziehen – eine ganze Gruppe von Themen, die in anderen Schulen auf einen drittrangigen Platz verwiesen werden und für Mädchen oder Schüler mit Lernschwierigkeiten vorgesehen sind, obwohl diese Themen von entscheidender Bedeutung sind, wenn man ein gutes Leben führen will. Es geschieht hier auf Wegen, die nichts mit Alter oder Geschlecht und schon gar nicht etwas mit zukünftigen Berufsabsichten zu tun haben. Die Aufzählung der verschiedenen konkreten Fächer, die von verschiedenen Leuten gelernt werden, ist lang – Schreiben, Management, Malen, Musik usw. –, und sie deckt ein breites Spektrum gewöhnlicher und ungewöhnlicher Themen ab.

Letztendlich gibt es ein viertes großes Lerngebiet, das in jeder anderen Umgebung nicht einmal im entferntesten in der Weise erlernt wird, und das ist die Methodik. Sicher, es wird eine Menge geschrieben, z.B. über die Techniken des Lösens von Problemen. Aber es wird schon wieder in der üblichen technologischen Art angenommen, daß es eine „Methode" für das Lösen von Problemen gebe, und Aufgabe der Schule sei, diese Methode zu lehren. Der Haken daran ist nur, daß diese Grundannahme wieder falsch ist. Wenn es eine Methode für das Lösen von Problemen gäbe, hätten wir gar keine Probleme mehr. Ein Problem zeichnet sich gerade dadurch aus, daß man weder seine Lösung noch die genau richtige Methode, es zu lösen, kennt – falls es eine gibt. Die Vorstellung, daß es mehrere Ansätze gibt, ein Problem zu lösen, daß es viele parallele Wege gibt, die erkundet werden können, daß einige besser als andere sind, daß sie verglichen werden müssen, daß es alle möglichen Konsequenzen gibt, die bedacht werden müssen, um diese Vergleiche anzustellen - dieses wirklich komplexe Verständnis dessen, was das Lösen von Problemen mit sich bringt, ist ein alltägliches Merkmal unserer Schule. Die Schüler haben damit ständig in verschiedenen Zusammenhängen zu tun . Das reicht von kleinen Problemen, etwa, wie man an ganz bestimmte Lernmaterialien herankommt oder was man als nächstes tut, bis hin zu den großen, z.B. wie man die Fragen beantwortet, die in dem Buch, das man gerade liest, aufgeworfen werden; wie man ein bestimmtes Fachgebiet lernt, oder was man mit seinem Leben anfängt, und so weiter. Sudbury Valley macht das besser als alle anderen. Die Schüler lernen hier auch, Informationsquellen - menschliche ebenso wie archivarische - zu nutzen. Sicher, in anderen Schulen nehmen sie die Schüler irgendwann, so in der fünften oder sechsten Klasse, in die Bibliothek mit und beschreiben ihnen das Dewey-Dezimalsystem (ein alphanumerisches System, das jedes Buch über einen eindeutigen Code den Sachgebieten zuordnet), und der Bibliothekar hält einen Vortrag darüber, wie man die Bibliothek benutzt. Wir alle haben das mitgemacht, aber die meisten Leute finden trotzdem nie heraus, wie man die Bibliothek benutzt, und lassen es deshalb auch. Jeder, der im College oder in einer Graduate School unterrichtet hat, weiß, daß viele Studenten Schwierigkeiten haben, die Ressourcen für ihre Zwecke zu nutzen. Das ist es aber, was sie eigentlich lernen müßten, und sie müßten auch herausbekommen, wie sie die Leute finden, die ihnen helfen können. An Sudbury Valley halten wir all das für selbstverständlich - so wie den Gedanken, daß, wenn man etwas lernen will, man jemanden finden muß, der sich damit auskennt und einem hilft; und man muß herausfinden, wo man die Quellen in unserer oder einer Bibliothek außerhalb findet. Diese Ideen und wie man sie umsetzt, sind hier nichts neues.

Zum Schluß vielleicht etwas, das Tolstoi vor etwa 100 Jahren schrieb:

„Habt keine Angst! Es wird Latein und Rhetorik geben, und sie werden weitere hundert Jahre existieren, einfach weil die Medizin gekauft ist und wir sie also nehmen müssen (wie ein Patient sagte). Ich frage mich, ob die Gedanken, die ich vielleicht undeutlich, ungeschickt und ohne Beweis vorgetragen habe, in weiteren hundert Jahren allgemein anerkannt sein werden; es ist nicht wahrscheinlich, daß innerhalb von einhundert Jahren alle diese einheitlichen Institutionen – Schulen, Gymnasien und Universitäten – aussterben werden, und daß innerhalb dieser Zeit frei gegründete Einrichtungen entstehen werden, die als ihre Grundlage die Freiheit der lernenden Generation haben."

Hier gab es einen großen Denker, der in den 1860ern schrieb, daß es weitere hundert Jahre dauern würde, bis diese Ideen verwirklicht werden. Ein Jahrhundert später haben wir unsere Schule eröffnet. Es ist unheimlich. Wird es noch einmal hundert Jahre dauern, bis unsere Ideen sich durchgesetzt haben?

Über die Natur des Sports an der SVS und die Grenzen der Sprache, wenn man die SVS beschreiben will

Michael Greenberg

Ist dir jemals aufgefallen, auf welch einmalige Art und Weise an der SVS Sport getrieben wird?

Das ist schon ein angenehmes Erlebnis. Diese Art und Weise läßt den größten Teil der noblen Charaktereigenschaften zum Vorschein kommen, die ein Mensch besitzen kann. Sie verdeutlicht auch einen Punkt, über den nachzudenken sich lohnt: die Unzulänglichkeit der Sprache, wenn man die SVS beschreiben will. Obwohl wir unseren Aktivitäten an unserer Schule die gleichen Namen geben wie andere Schulen (z.B. „Fußball" oder „Geschichtsunterricht"), ist ihr Inhalt doch grundverschieden, so daß die Bezeichnungen irreführend werden. Aus diesem Grund scheint es manchmal unmöglich zu sein, die Schule jemandem zu erklären, der sie nicht selbst gesehen hat.

Um anderen die Schule zu beschreiben, müssen wir ihnen die körperlichen und geistigen Aktivitäten Schritt für Schritt vor Augen führen, da sie keine *direkte* Erfahrung haben, die der unseren gleicht. Bestenfalls ähneln ihre idealistischen, utopischen Vorstellungen unseren alltäglichen Erfahrungen an der Schule. Man kann Leute erreichen, indem man ihnen zeigt, wie ihre Ideale von Freiheit und Verantwortung, von Demokratie und fairer Justiz, in alltäglichen Handlungen umgesetzt werden. Wir wissen, daß Schüler in anderen Schulen keine direkte Erfahrung mit diesen Dingen haben. Was wir vergessen, ist, daß die meisten Leute selbst nach der Schule keine direkte Erfahrung mit wahrer Demokratie, fairer Justiz, Freiheit und Verantwortung in der vollen Bedeutung, in der wir sie an der SVS kennen, haben, so wie man in anderen Ländern durch das bloße Lesen der Verfassung und der Bill of Rights keine Vorstellung davon gewinnen kann, wie das Alltagsleben in den USA aussieht.

Dies bringt mich dazu, wie völlig unvollständig und irreführend Begriffe wie „Fußballspiel" und „Geschichtsunterricht" sind, wenn man mit ihnen Aktivitäten an der SVS beschreiben will. Als Beispiel nehme ich Fußball.

In anderen Schulen ist Fußball ein Spiel, bei dem alle Spieler einer Mannschaft das gleiche Alter, Geschlecht und - wenn die Schule groß genug ist - die gleiche Geschicklichkeit haben. Es wird zu vorgeschriebenen Zeiten gespielt, die von der Schule festgelegt werden. Es ist hochgradig konkurrenzvoll, sowohl was die Leistung des Einzelnen in der Mannschaft als auch was die Leistung der einen Mannschaft gegenüber der anderen angeht. Es besteht ein erheblicher Gruppendruck; der eigene Status und das Selbstwertgefühl hängen sehr von der gezeigten körperlichen Leistung ab. Die Tatsache, daß Leute es fertigbringen, trotz all dieser negativen Aspekte etwas Spaß zu haben, sagt eine Menge über die tiefe menschliche Befriedigung aus, die durch körperliche Anstrengung und Spiel entsteht.

In anderen Schulen passiert üblicherweise folgendes: Die Schüler treffen zu einer vorgeschriebenen Zeit ein und tragen ihre Uniformen. Sie kriegen von ihrem Trainer gesagt, wie sie ihre Leistungen verbessern (und nicht etwa, wie sie mehr Spaß haben). Sie begeben sich auf ihre vorgeschriebenen Positionen. Jede Mannschaft wird immer mehr Spieler haben, als im Spiel benötigt werden, so daß die Leute, deren Leistung nicht so gut wie die der anderen ist, nicht so viel Zeit mit Spielen verbringen dürfen. „Sie spielen das Spiel." - „Sie ‚arbeiten' das Spiel" wäre vielleicht ein besserer Ausdruck, da traditioneller, organisierter Amateursport fast genauso reglementiert ist wie Profisport.

Leute, die im Jahr 200 000 Dollar verdienen, um andere im Sport zu schlagen, sollten leistungsorientiert sein. Der Durchschnittsmensch - der sich einfach am körperlichen Vorgang des Spiels erfreuen will oder die athletische Herausforderung sucht, seine Fähigkeit, einen Ball zu stoßen, zu verbessern – sollte spaß- und nicht arbeitsorientiert sein.

Und das geschieht bei einem SVS-Fußballspiel: Jemand sagt zu ein paar anderen: „Laßt uns Fußball spielen!“ Jeder, der gerade Lust darauf hat, kommt auf den Platz. Es gibt Sechsjährige, Zehnjährige, Achtzehnjährige und vielleicht einen Mitarbeiter oder jemanden von den Eltern, der Lust hat, mitzumachen. Es sind Jungen und Mädchen. Bei der Zusammenstellung der Mannschaften wird sehr genau darauf geachtet, gleich starke Seiten zu schaffen. Jemand, der nicht dabei war, würde nicht glauben, wieviel Mühe sie sich geben, die Mannschaften gleich stark zu machen. Bei der Unterschiedlichkeit der Spieler sieht das Ergebnis häufig so aus, daß eine Mannschaft ein besonders „großes Kind“ hat, das gut spielen kann, und die andere Mannschaft eine kleine Armee von Sechsjährigen erhält, die ihm in die Quere kommen. Sie wollen gleich starke Mannschaften, weil sie spielen, um Spaß zu haben. Ein Spiel mit sehr ungleich starken Mannschaften macht keinen Spaß.

Oft kommt jemand, nachdem ein Spiel angefangen hat, und fragt: „Kann ich mitspielen?“, und die Mannschaften werden neu geordnet, um ihn unterzubringen. Spieler werden hin und her getauscht. Wenn sich das als unmöglich erweist, wird ihm gesagt „Finde noch jemanden, der mitspielen will und der genauso gut ist wie du.“ Das Spiel wird von allen, die Lust dazu haben, gespielt, und solange sie wollen. Es gibt immer bestimmte Leute, die Wert darauf legen, zu gewinnen, aber es gibt kaum Leistungsdruck von der Gruppe. Den meisten ist es egal, wer gewinnt.

Man könnte jetzt den Eindruck gewinnen, daß die Leute nicht sonderlich versuchen, im Spiel gut zu sein, aber das stimmt nicht. Denn das Spiel macht nur Spaß, wenn man sich anstrengt und sich selbst herausfordert. In erster Linie ist das der Grund, warum irgendwann jemand Spiele wie Fußball entwickelt hat. Ohne Grund herumzurennen wird schnell langweilig; aber herumzurennen, um einen Ball zwischen zwei Pfosten zu stoßen, die von Leuten bewacht werden, die versuchen, einen davon abzuhalten – das ist spannend.

Wer Sport so spielt, wie wir es an der SVS tun, lernt viel tiefgründigere Lektionen über das Leben als durch reglementierten, leistungsorientierten Sport gelehrt werden können. Sie lernen Teamwork – nicht die „Wir-gegen-sie"-Art von Teamwork, sondern das Teamwork einer gemischten Gruppe von Leuten mit verschiedenen Talenten, die sich selbst organisieren, um einer gemeinsamen Beschäftigung nachzugehen – das Teamwork des Lebens. Sie lernen Professionalität, nicht die „Ich-bin-ein-Star"-Professionalität, sondern die Art von Professionalität, die entsteht, wenn man sich selbst ein Ziel setzt, und dann sein bestes versucht, um es zu erreichen.

Ich bin 23 Jahre alt, und ich habe eine Menge Fußball gespielt. Es wäre ziemlich lächerlich für mich, wenn ich versuchen würde, besser zu sein als die drei Achtjährigen, die ständig um meine Beine herum laufen, wenn ich versuche, den Ball zu schießen. Ich glaube, daß die Achtjährigen zu sehr damit beschäftigt sind, hinter Kindern herzulaufen, die drei Fuß größer sind als sie, als daß sie sich darum zu kümmern würden, wer der beste Achtjährige ist. In diesem Spiel zählt – wie im realen Leben – nur jenes Ziel, das man sich selbst steckt. Eine der tiefgründigen Erkenntnisse, die man hier gewinnt, ist, daß wir alle so verschieden voneinander sind und daß Druck durch Gleichrangige und Vergleiche des Wertes bedeutungslos sind. Wenn man elf Jahre alt ist und nur mit anderen Elfjährigen spielen darf, ist es sehr schwer, diese tiefgründige Wahrheit, die die wahre Bedeutung von Professionalität eröffnet, erkennen zu können.

Sie lernen Verantwortung und Zurückhaltung. In all den Jahren, in denen hier sehr körperbetonte Spiele wie American Football, Fußball und Basketball gespielt werden, hat es nie eine Verletzung gegeben, die über eine kleine Schnittwunde oder einen blauen Fleck hinausgegangen wäre. Die Leute spielen all diese Sportarten in ihren normalen Sachen, ohne irgendetwas von der Standard-Schutzausrüstung, die normalerweise vorgeschrieben ist. Wie läßt sich das erklären, wenn doch Leute, die Knie- und Armschützer tragen, sich mit besorgniserregender Häufigkeit gegenseitig verletzen? Weil es in einer reglementierten, leistungsorientierten Sichtweise auf Sport (oder auf das Leben) wichtiger wird zu gewinnen als darauf zu achten, daß man niemanden verletzt. Deshalb ist es auch egal, wieviel man von „sportlichem Benehmen" spricht, es werden weiter Leute verletzt. Wenn man Sport (bzw. Leben) als Spaß ansieht – als spannenden Vorgang, als etwas, das man für die pure Freude und Schönheit dieses *Tuns* macht – dann wird es vorrangig, niemanden zu verletzen und die Möglichkeit anderer, sich am gleichen Vorgang zu erfreuen, nicht zu beeinträchtigen.

Die Art, wie sie den Sport an der SVS gestalten, ist nur eine der vielen Arten, wie Kinder die Frage beantworten „Welche Aktivitäten führen zu einem sinnvollen Leben?", oder um es einfacher zu machen: „Was ist der Sinn des Lebens?" Für die Leute an der SVS ist Freiheit nicht nur ein gewaltiges Wunder, sondern auch eine gewaltige Last. Diese Freiheit zu tun, was man will, zwingt einen, sich dafür zu entscheiden, was man will. Sie spielen, weil sie die Freiheit dazu haben, weil sie es wollen und weil sie voller Energie sind. An der Schule sind Sport und körperbezogenes Spiel großartige Ausdrucksweisen derjenigen, die sie betreiben.

Es war eine der tiefgründigsten Erfahrungen in meinem bisherigen Leben, an einer Beschäftigung teilzuhaben, bei der aus dem Aufeinandertreffen ungleicher Körper durch Teamwork, Streben nach persönlicher Professionalität, Verantwortung und Zurückhaltung ein Bund gleichberechtigter Seelen entsteht, die nach einer sinnvollen Erfahrung streben. Ich bin sicher, daß es auf andere Schüler eine ähnliche Wirkung gehabt hat. Das kann jeder leicht verstehen, aber nicht, wenn ich einfach sage, daß ich „an der Schule eine Menge Fußball gespielt" habe.

Als ich acht Jahre alt war und Leute mich fragten, was ich mit meiner Zeit an der SVS tat, sagte ich: „Nichts." Ich begreife jetzt, daß, was ich eigentlich sagen wollte, „alles" war. Bildung ist nicht so sehr eine Angelegenheit des Faktenlernens, sondern es geht eher darum, zu lernen, wie man denkt. Was die SVS lehrt (oder besser gesagt: zu lernen erlaubt), ist, wie man denkt. Sie tut es, indem sie den Schülern erlaubt zu reden, zuzuhören, zu spielen und nachzudenken, wie sie es gerade für angebracht halten. Dieses seltene und wundervolle Privileg ist es, das jede Aktivität bunt macht und ihr einen Sinn gibt.

Die Sprache, die wir benutzen, um unsere Schule zu beschreiben, muß die Einzigartigkeit des Zusammenhangs beachten, in dem die Dinge hier geschehen. Wir müssen die Sprache der Philosophie sprechen. Wir müssen über die Vorgänge reden, die ablaufen, wenn eines der tiefsten Bedürfnisse des menschlichen Geistes, das Bedürfnis nach Freiheit, erfüllt wird: den Vorgang, der abläuft, wenn ein junger Verstand durch diese Freiheit gezwungen wird, Aktivitäten zu finden, die er für sinnvoll erachtet (denn Menschen hassen es, sich zu langweilen); wir müssen über den Vorgang reden, der abläuft, wenn man Dinge tut, weil *man selbst* sie will, nicht weil ein anderer einen dazu bringt. Sudbury Valley ist keine Schule, die man einfach so mit anderen Schulen vergleichen kann. Sie ist eine Art zu denken und zu leben.

Achtung vor allem Leben

Hanna Greenberg

Was mich mit Sudbury Valley und ihrer Philosophie verbunden hält, sind meine Beziehungen mit den Kindern dort. Sie fordern mich heraus, und sie lehren mich, und sie helfen mir, aus den Fesseln herauszuwachsen, die die Pädagogik meiner Kindheit mir angelegt hat. Mir geschieht an der Schule fast jeden Tag etwas schönes, aber die folgende Geschichte ist irgendwie besonders, weil sie sich in Portland (Oregon) an der Cascade Valley School (CVS) ereignete. CVS ist eine neue Schule, die nach dem Modell der SVS gegründet wurde, und obwohl sie geradezu auf der anderen Seite dieses riesigen Landes liegt, sind die beiden Schulen im Geiste verbunden. Die CVS lud mich ein, dort eine Woche zu verbringen und mit ihnen zu teilen, was wir an der SVS über das Betreiben einer freien und demokratischen Schule gelernt haben.

Als eine Extraveranstaltung für mich organisierten die Mitarbeiter der CVS einen Tagesausflug zur Columbia-River-Schlucht, wo viele kleine Flüsse sich in zahlreichen Wasserfällen in den Columbia ergießen. Das Gebiet ist mit viel Regen und Wärme gesegnet, und deshalb gedeihen die Pflanzen reichlich und üppig. Riesige Bäume sind mit Moos bedeckt, und der Waldboden ist grün durch die vielen Pflanzen, Blumen und Farne. Da es Frühling in Oregon war, waren viele Wildblumen auf dem Höhepunkt ihrer Blüte. Ich weiß nicht, wie sie hießen, aber sie waren purpurn, weiß und gelb mit vielen Schattierungen. Bemerkenswert unter den Blumen war die seltene und geschützte Waldlilie. Den Besuchern wird gesagt, sie sollen sie nicht pflücken, um ihr Überleben nicht zu gefährden. Als wir an einigen bezaubernden Wasserfällen vorbeiwanderten, tollten die Kinder in den Tümpeln herum, die sich um sie herum befanden, hoben Steine auf, kletterten und sprangen. Sie erfreuten sich daran von ganzem Herzen. Für mich sah es so aus, als ob sie von der Schönheit der natürlichen Umgebung begeistert waren, aber ich fragte mich, ob ich ihnen nicht meine eigene Auffassung unterstelle. Dann geschah etwas, das mir nicht nur zeigte, daß den Kindern bewußt war, wo sie waren, sondern mir auch eine Lektion über Lehren und Predigen erteilte.

Einer der Jungen, den ich jetzt Saul nennen will, ist etwa acht Jahre alt und spielt immer mit großer Intensität draußen. Er liebt es, über sein Leben im Outback von Australien, wo er geboren wurde, zu erzählen. Ihm zuzuhören ist genauso informativ wie sich eine PBS-Natursendung anzusehen, aber es ist natürlich persönlicher und deshalb absolut faszinierend. Es ist die Art von Unterhaltung, die einfach fließt, von der man aber später wünscht, daß man sie aufgezeichnet hätte, um sie sich besser in Erinnerung rufen zu können. Also, der kleine Saul war die ganze Zeit, die wir in der Schlucht verbrachten, vergnügt. Während wir wanderten, entdeckte er ein paar Waldlilien, die gerade blühten, und zeigte sie mir. Er wollte gerade eine abpflücken, und ich, als ordentliche naturschützende Erwachsene, sagte ihm, er solle das nicht tun. Er fragte mich, warum, und ich erklärte es ihm, und er hörte mir aufmerksam zu. Jedenfalls sah ich später, daß er anderer Meinung war als ich, da er sich einen kleinen Blumenstrauß gemacht hatte, der aus einer Waldlilie, ein paar Farnen und einer Blüte von einer Art Purpur-Lila bestand. Er war reizend. Saul hielt ihn stundenlang in seinen Händen. Ich sah ihm zu, wie er mit den Blumen spielte, sie neu anordnete und sie genau untersuchte. Es war, als ob er diese Blumen liebte. Und dann verstand ich: Saul lernte die Natur lieben und achten gerade dadurch, daß er die Blumen pflückte und sie so nah kennenlernte. Hätte er auf meine Anleitung gehört, so hätte er eine abstrakte Lektion in Naturschutz gelernt, aber die Gelegenheit verpaßt, sich in die Schönheit der Natur zu verlieben. Wer kann sagen, was der Gesellschaft auf lange Sicht mehr nützt? Leute, die uns als Kinder gehorchen und mit einem sterilen Wissen aufwachsen, oder Saul, der Blumen so sehr liebt, daß er aufwachsen wird mit dem Wunsch, sie zu erhalten?

Ich wurde ganz klein angesichts dieser unspektakulären Lektion. Ich lernte, wie tief es in uns verwurzelt ist, zu predigen und sich in das Leben der Kinder einzumischen, ohne daß wir erkennen, daß, selbst wenn wir ihnen eine „wichtige" Lektion beibringen - wie ich es versuchte, als ich Saul sagte, daß er die wilden Blumen nicht abpflücken soll -, die Kosten womöglich höher sind als der Nutzen. Ich denke nicht, daß Erwachsene aufhören sollten zu sagen, was sie denken; ich glaube nur, daß Kinder die Wahl haben sollten, ob sie zuhören, und daß sie ihre eigenen Entscheidungen treffen sollten.

Als ich an diesem Tag von der Columbia-River-Schlucht heimkam, war ich überglücklich über ihre Schönheit, aber noch mehr behielt ich die Lektion, die ich durch Sauls Achtung vor den Blumen lernte - Kinder in meine Achtung vor dem Leben einzuschließen; denn sie sind die Verkörperung des Lebens in seiner vollen Blüte und Unschuld.

Lernen, sich selbst zu vertrauen

Alan White

Das Leben ist eine Reise, und nach einigem Überlegen wird mir klar, daß ich auf meiner Reise versucht habe, das wiederzuerlangen, was ich als kleines Kind besaß.

Die Fortschritte von kleinen Kindern bis zum Alter von fünf Jahren sind beachtlich und schon von vielen vor mir beobachtet worden. Sie lernen u.a. zu sitzen, zu krabbeln, zu stehen, zu laufen und Kontrolle über die Sprache (sogar über mehrere Sprachen) zu erlangen; und da fast alle Babys mit diesen enorm schwierigen Aufgaben fertig werden, sind wir von ihren Fortschritten nicht so sehr beeindruckt, wie wir es sein sollten. Statt anzuerkennen, wie erfolgreich sie damit waren, sich Sachen beizubringen, die für jeden Erwachsenen sehr schwer wären, kamen wir auf die Idee, daß, wenn sie vier oder fünf Jahre alt sind, nun wir ihre Bildung übernehmen und ihnen all die „wichtigen" Dinge beibringen können, die sie einmal wissen müssen, um ein erfolgreicher und produktiver Erwachsener zu sein. Wir wollen teilen, was wir wissen; und so bieten wir ihnen Abkürzungen zu unserem hart erworbenem Wissen an und schützen sie davor, Fehler zu machen. Unabhängig davon, ob unsere Absichten gut waren – was bei weitem nicht als selbstverständlich vorausgesetztwerden kann – würde ich argumentieren, daß es uns nie gelungen ist, für unsere Kinder auch nur annähernd so gut zu entscheiden, wie sie es für sich selbst zu tun vermochten.

1967 kam eine Gruppe zusammen, um ein Bildungsexperiment – die Sudbury Valley School – zu starten, das die beachtlichen Leistungen der frühen Kindheit anerkannte und eine Umgebung schuf, die es Kindern erlaubt, ihr Lernen über die Welt ohne Einmischung fortzusetzen. Da ich die Gelegenheit hatte, die Fortschritte zu beobachten, die die Kinder in dieser ungewöhnlichen Schule machen, habe ich mal wieder eine Lektion schätzen gelernt, die ich immer und immer wieder lernen mußte.

Da das Leben extrem komplex ist, können selbst die begabtesten Beobachter immer nur eine Facette der Realität wahrnehmen. Und selbst dann ist es so, daß einige der Auffassungen den Test der Zeit bestehen, einige abgeändert und einige durch neue ersetzt werden, erarbeitet von fähigen Köpfen, die diesen Auffassungen nachgegangen sind. Das gilt für alle Aspekte des Wissens. Aus dieser Erkenntnis heraus habe ich mich entschlossen, alle Religionen und Denkschulen abzulehnen, die ursprüngliche Beobachtungen festschreiben und nicht erlauben, die Dinge später anders wahrzunehmen.

Vielleicht ist der größte Bärendienst, den Erwachsene Kindern beim Versuch erweisen, ihnen beim Lernen zu helfen, daß sie versuchen, das in den ersten Jahren so erfolgreiche Feedback-System des Kindes durch das Wissen der Erwachsenen zu ersetzen. Es nimmt ihnen Selbstvertrauen und ersetzt es durch „Experten"-Meinung. Das Kind wird oft passiv, verwirrt und verärgert. Von frühester Kindheit an entwickeln Kinder ihre eigenen Kriterien darüber, was funktioniert und was nicht. Ständig testen sie neuen Input an dem Feedback, das sie von ihrem Nervensystem erhalten, korrigieren ihre Kriterien so lange und ändern sie ab, bis sie das Gefühl haben, daß die Dinge – wenigstens für einige Zeit und für ihre konkrete Entwicklungsphase – richtig sind. Zum Beispiel müssen sie vielleicht den Sprachgebrauch, den sie in ihrer Familie verwenden, ändern, wenn sie ihren Kontaktkreis in eine größere Gemeinschaft ausdehnen und versuchen, mit anderen zu kommunizieren. Und das Feedback, das sie mit der Erweiterung des Kreises erhalten, hilft ihnen, ihre Sprache erweitern.

Nimm etwas so grundlegendes wie Essen. Selbst die jüngsten Babys wissen, wann sie Hunger haben, und trinken die Milch ihrer Mutter, bis ihr Hunger gestillt ist. In Experimenten, die vor über 40 Jahren durchgeführt wurden, um herauszufinden, welche Art von Nahrung sich Kleinkinder selbst aussuchen würden, hat man eine große Palette von Speisen angeboten. Ergebnis dieser Untersuchung war, daß – obwohl die Kinder oft bizarre Mahlzeiten zu allen möglichen Gelegenheiten aßen – ihre Ernährung über den Monat verteilt, recht ausgewogen war. Eine Bevölkerung von Erwachsenen, die maßlos übergewichtig ist, die auf Bypass-Operationen zurückgreifen muß, um verstopfte Arterien zu kompensieren, eine Bevölkerung, in der Herzanfälle eine der Hauptursachen für vorzeitigen Tod sind und in der die Beweglichkeit des einzelnen durch Muskelabbau ernsthaft eingeschränkt ist – solch eine Bevölkerung kann anderen wohl kaum vorschreiben, welche Nahrung für irgend jemanden gut ist oder wie man für sich sorgt. Selbst die Minderheit der gesundheitsbewußten Eltern begeht einen Fehler, wenn sie den Kindern die Fähigkeit nimmt, eigene Kriterien für gutes Essen zu entwickeln und dafür, gut für sich zu sorgen. Normale, gesunde Kinder sind nicht selbstzerstörerisch. Sie springen nicht über Klippen oder setzen sich anderen für sie erkennbaren Gefahren aus. Nun, es stimmt, daß sie sich in ihrer Unerfahrenheit einer unbekannten Gefahr aussetzen können; und wir können sie nicht damit experimentieren lassen, Gift zu essen oder vor ein entgegenkommendes Auto zu laufen. Aber es ist die Regel und nicht die Ausnahme, an die man sich halten sollte. Wann immer möglich, sollten wir Kindern erlauben, ihre eigenen Kriterien darüber zu entwickeln, was für sie richtig ist.

Wie viele meiner Zeitgenossen habe ich jahrelang mit dem Problem gekämpft, daß ich zu viel gegessen habe, und mir sind zunehmend die Wurzeln meines Dilemmas bewußt geworden. Ich neigte dazu, zu essen, wenn ich Angst hatte oder ruhelos war. Ich fühlte mich gezwungen aufzuessen, egal was es gab. Ich fühlte mich auch „ausgehungert", wenn meine übliche Essenszeit nahte. Vor einiger Zeit gewann ich den Eindruck, daß all diese Gefühle dem Essen gegenüber nur teilweise mit einem wirklichen Bedürfnis nach Nahrung zu tun haben. Ich weiß auch, daß Leute tage- oder sogar wochenlang fasten können, ohne Kraft zu verlieren oder sich ausgehungert zu fühlen. Erst vor kurzem habe ich angefangen, dieses Problem näher zu betrachten. Ich begann damit, daß ich drei Tage fastete, während ich meinen Hungergefühlen und dem, wie mein Körper reagierte, besondere Aufmerksamkeit widmete. Als ich mich erst einmal entschlossen hatte, daß ich fasten würde, fühlte ich mich zu den Essenszeiten nicht besondern hungrig. Ich glaube deshalb, daß ich wie die Pawlowschen Hunde konditioniert wurde, zu bestimmten Tageszeiten zu essen. Eltern erzählen uns, daß es zu unserem eigenen Vorteil sei, zu vorgeschriebenen Zeiten zu essen, aber es stellt sich heraus, daß es zu ihrem eigenen Vorteil ist. Man sollte auf denjenigen, der das Essen zubereiten muß, Rücksicht nehmen, aber es sollte auch so dargestellt werden und nicht als etwas, das für das Kind gut ist. Wenn uns Menschen täuschen, denen wir vertrauen und von denen wir abhängig sind, lehrt uns das, den Signalen unseres Nervensystems zu mißtrauen. Jetzt, wo ich genau darauf achte, wann ich Hunger habe, merke ich, daß ich viel entspannter bin, langsamer esse, viel weniger esse – und nicht einfach nur esse, weil ich Angst habe oder nervös bin.

Bis zum Alter von 14 Jahren verbrachte ich zusammen mit vielen meiner Cousins jeden Sommer bei meinen Großeltern, die auf einer Farm lebten. Dort gab es Pferde, Kühe, Schweine, Hühner, Katzen und Hunde, neben anderen Farmtieren. Die Geburt neuer Tiere war immer ein aufregendes Ereignis in unserem jungen Leben. Diese jungen Tiere wurden unsere Lieblinge, und wir hielten sie sauber und streichelten sie. Es war ein sehr traumatisches Ereignis, wenn diese Tiere geschlachtet und uns als Teil unserer Mahlzeit präsentiert wurden. Die Antwort meines Großvaters war, daß es notwendig für unser Überleben sei. Hätte man mir die Wahl gelassen, hätte ich nie meine Tiere getötet, aber ich vertraute der Weisheit meines Großvaters und lernte, den Geschmack von Fleisch zu genießen. Später im Leben stellte ich fest, daß es Leute gibt, die kein Fleisch essen und die genauso gut zu überleben scheinen und bei guter Gesundheit sind. Darüber hinaus gibt es viele Warnungen aus der Medizin über die nachteiligen Nebenwirkungen, die Fleischverzehr mit sich bringt. Ich bin jetzt seit 20 Jahren Vegetarier aus freier Entscheidung und finde, daß ich vollkommen gesund bin. Ich habe eine Menge Energie, ich habe den Geschmack an Fleisch verloren, und ich muß nicht mit der Vorstellung leben, daß ich für meinen eigenen Bedarf Tieren das Leben nehme. Hätte ich Vertrauen in meine eigenen Gefühle gehabt, so hätte ich in meiner Jugend ein ernstes Trauma teilweise vermieden, und ich hätte vielleicht nicht während meines ganzen Lebens mit Eßstörungen zu kämpfen gehabt.

Wenn man erst einmal anfängt, die Experten in Frage zu stellen, wird einem klar, daß es kein Gebiet gibt, das man unangefochten lassen kann. Wir alle wissen aus eigener Erfahrung oder durch Erzählungen anderer von den Fehlern, die Ärzte machen. Ich bin dazu gekommen, Ärzte als Informationsquelle anzusehen, aber mich genauso auf meine eigene Intuition und meine Kenntnisse zu verlassen. Vor einigen Jahren hatte ich einen heftigen, stark juckenden Ausschlag am Bein. Je mehr ich kratzte, desto schlimmer wurde die Entzündung und um so mehr breitete sie sich aus. Ich ging zu einem Hautarzt, um mir helfen zu lassen. Er verschrieb eine Salbe, die, wie er sagte, das Problem mildern, aber nicht heilen würde. Er sagte mir, daß ich für den Rest meines Lebens Medikamente werde nehmen müssen. Dieser Gedanke war für mich sehr belastend, und ich war nicht bereit, ihn zu akzeptieren, ohne nach einer Alternative zu suchen. Da mir bewußt war, daß Kratzen das Problem nur verschlimmert, entschloß ich mich, nicht zu kratzen, egal wie sehr meine Haut juckt. Nachdem ich etwa eine Woche lang nicht gekratzt hatte, ging die Reizung und Entzündung zurück und verschwand schließlich. Nachdem mehrere Monate vergangen waren, kratzte ich an meinem Bein, als ich nervös war, um zu sehen, ob die Reaktion wiederkehren würde, und sie tat es, so daß ich mir des Zusammenhangs zwischen meiner Ängstlichkeit und der Hautentzündung an meinem Bein bewußt wurde. Aber ich habe nie die Medizin benutzt, die mir der Arzt verschrieben hatte, und das ist jetzt zehn Jahre her. Diese Lektion lehrte mich, daß ein Arzt nur ein Berater, aber kein Allwissender ist.

Es erforderte große Anstrengung zu versuchen, die Erziehung rückgängig zu machen, die ich „zu meinem eigenen Vorteil" erhalten hatte. Ein Teil von ihr hat den Test der Zeit bestanden, doch es gab viele Fälle, in denen die Erklärungen, die mir als Wahrheit präsentiert wurden, den Test der Zeit nicht bestanden haben. Wenn es um meinen eigenen Körper geht, versuche ich, mich auf die Signale zu verlassen, die ich von meinem Herz, von meiner Lunge und den anderen Organen bekomme. Wenn es um Informationen über die Welt geht, bin ich den Expertenmeinungen gegenüber noch viel skeptischer und frage mich immer, ob diese Ideen nach meiner eigenen Erfahrung überhaupt stimmen können.

Eine große Lektion durch ein kleines Mädchen

Hanna Greenberg

Die junge Mutter eines reizenden fünfjährigen Mädchens erteilte mir kürzlich eine Lektion. Ich machte ihr ein Kompliment über die Intelligenz ihrer Tochter. Die Frau lächelte und sagte zu mir:

„Die Leute sagen mir das oft, aber für mich ist das ohne Bedeutung. Ich akzeptiere sie, wie sie ist, und liebe sie. Daß sie klug ist, hat nichts damit zu tun."

Ich war von der Antwort der Frau zu meiner gut gemeinten Bemerkung etwas überrascht. Wie auch immer, nach einigem Überlegen wurde mir klar, daß sie in Worte gefaßt hatte, woran ich seit Jahren glaube.

Auch ich liebe meine Kinder bedingungslos.

Ich akzeptiere sie unbedingt so, wie sie sind, und habe Freude an ihnen, egal, was sie tun (solange sie nur einigermaßen vernünftige Menschen sind).

Also, warum fühlte sich meine Freundin durch dieses Kompliment gekränkt?

Die Antwort kam mir viele Tage später, und ich erkannte wieder einmal, daß ich – selbst nachdem ich eine Reihe von Jahren Mutter und mehr als 20 Jahre Mitarbeiterin an der SVS bin – immer noch eine Menge darüber, was die Schule wirklich bedeutet, lernen muß.

Alle Eltern sorgen für ihre Kinder und fühlen sich verantwortlich für sie. Kinder aufzuziehen wird zu einer Kunst, wenn Eltern entscheiden müssen, wieviel sie ihren Kindern beibringen sollten, und wann die Kinder ihre eigenen Entscheidungen treffen sollten.

Mit ganz kleinen Kindern beginnen wir recht vernünftig: Babys werden, wenn sie wach sind, ständig behütet, und kein Elternteil fühlt sich verpflichtet, einem von Experten ausgearbeiteten Lehrplan für Entwicklung zu folgen. Wir lassen die Babys entscheiden, wann sie krabbeln, sprechen, laufen und selbständig essen lernen. Und es klappt fantastisch. Sie lernen, all diese wesentlichen Fähigkeiten zu meistern! Wie Dr. Spock uns vor mehr als drei Jahrzehnten sagte, wird sich zu dem Zeitpunkt, an dem das heutige Baby heiratet, niemand dafür interessieren, wann es angefangen hat, Hamburger zu essen.

Warum beginnen wir dann, uns Sorgen zu machen, und drangsalieren unsere Kinder, bis viele ihren angeborenen Glauben an sich selbst verlieren? Unser Lehren und Leiten läßt sie das werden, was wir am meisten fürchten - abhängige, verunsicherte Mitläufer mit geringer Selbstachtung. Und dann wundern wir uns, warum solche ursprünglich intelligenten Kinder sich als so enttäuschend herausstellen. Unsere Kinder sind uns zu wertvoll, um sie so aufzuziehen, wie unsere weisen Herzen es von uns fordern, und deshalb folgen wir dem Diktat unserer Befürchtungen und Ängste. Wir handeln entgegen jeder Vernunft, und angetrieben (manchmal sogar gezwungen) durch gesellschaftliche Moralvorstellungen verlieren wir den Kontakt zu unseren Kindern. Dadurch, daß wir uns in die angeborenen Bestrebungen der Kinder einmischen, ihre Umwelt zu verstehen, ihre Neugier zu befriedigen und ihren eigenen Weg zur Wahrheit zu finden, ersticken wir ihre Lebenskraft. Welch ein Jammer! Was für eine Verschwendung!

Als ich also der jungen Mutter sagte, wie intelligent ihre Tochter sei, erinnerte sie mich daran, daß es nicht unsere Aufgabe ist, das Kind zu bewerten. Das Kind ist, wie immer es auch sein mag, und es ist seine eigene Verantwortung, sich selbst auf eine Art zu entwickeln, die sein Leben gut und sinnvoll macht.

Unsere Aufgabe als Eltern und Lehrer ist es, auf die Bedürfnisse der Kinder einzugehen, ihnen die Gelegenheiten zu verschaffen, die sie zur Verfolgung ihrer Interessen benötigen - und vor allem, sie bedingungslos zu lieben. Um den Rest kümmern sie sich alleine.

Die Kunst, nichts zu tun

Hanna Greenberg

„Wo arbeitest Du?“
„In der Sudbury Valley School.“
„Was tust Du dort?“
„Nichts.“

An Sudbury Valley nichts zu tun erfordert eine Menge Energie und Disziplin, und außerdem langjährige Erfahrung. Im Nichtstun werde ich jedes Jahr besser, und es macht mir Spaß zu sehen, wie meine Kollegen und ich uns mit dem inneren Konflikt herumschlagen, der dabei unvermeidlich in jedem von uns erwächst. Der Konflikt besteht zwischen unserer Neigung, für andere da sein zu wollen, unser Wissen teilen zu wollen, hart erworbene Erkenntnisse vermitteln zu wollen, und dem Anspruch, daß die Kinder unter ihrer eigenen Regie und mit ihrer eigenen Geschwindigkeit lernen können müssen. Sie nehmen uns in Anspruch, wenn sie es wollen – nicht, wenn wir es wollen. Wir müssen zur Stelle sein, wenn wir gefragt werden, nicht, wenn wir uns das nur einbilden.

Kindern etwas beizubringen, sie anzuregen, ihnen Ratschläge zu geben, das sind ganz natürliche Aktivitäten, mit denen Erwachsene aus allen Kulturen und Gegenden der Welt beschäftigt zu sein scheinen. Ohne diese Aktivitäten müßte jede Generation alles neu erfinden, vom Rad bis zu den Zehn Geboten, von der Metallbearbeitung bis zur Landwirtschaft. Die Menschen einer Generation geben ihr Wissen zu Hause, im gesellschaftlichen Umfeld, am Arbeitsplatz und angeblich auch in der Schule an die nächste Generation weiter. Leider schaden die Schulen den Kindern dabei um so mehr, je stärker sie bemüht sind, ihren Schülern individuelle Anleitung zu geben. Diese Aussage ist erläuterungsbedürftig, da sie dem zu widersprechen scheint, was ich zuvor gesagt habe, nämlich, daß Erwachsene Kindern ständig dabei helfen zu lernen, wie man sich in der Welt zurechtfindet und einen nützlichen Platz in ihr einnimmt. In einem sehr langsamen und schmerzvollen Prozeß habe ich über mehrere Jahre hinweg gelernt, daß Kinder wichtige Entscheidungen für ihren Lebensweg für sich selbst auf eine Art und Weise treffen, die kein Erwachsener für sie vorausgeplant oder sich vorgestellt haben könnte.

Man bedenke die einfache Tatsache, daß an der SVS viele Schüler entschieden haben, sich an Algebra zu versuchen. Sie müssen ihre Angst, ihr Gefühl von Unzulänglichkeit und ihre mangelnde Disziplin überwinden. Immer wieder erreichen Schüler, die sich dafür entschieden haben, ihr selbstgestecktes Ziel, und machen einen großen Schritt zur Stärkung ihres Selbstbewußtseins, ihres Vertrauens und ihres Charakters. Aber warum geschieht dies nicht in der High School, wo alle Kinder verpflichtet bzw. aufgefordert werden, Algebra zu wählen? Die Antwort ist einfach. Um eine psychologische Hürde zu überwinden, muß man bereit sein, eine Selbstverpflichtung einzugehen. Solch einen Geisteszustand erreicht man nur durch intensive Betrachtung und Selbstanalyse, er kann weder von anderen verordnet noch für eine Gruppe geschaffen werden. In jedem Fall ist es eine individuelle Auseinandersetzung, und wenn sie gelingt, ist es ein individueller Triumph. Lehrer können nur helfen, wenn sie gefragt werden, und ihr Beitrag ist klein, verglichen mit der Arbeit, die der Schüler leistet.

Das Beispiel mit der Algebra ist leicht zu erfassen, aber es ist nicht so aufschlußreich wie zwei Beispiele, die vor kurzem zwei Schüler in ihrer Präsentation zum Schulabschluß ans Licht brachten. Da war ein Mädchen, das mir sehr nahe stand und das mich leicht dazu verleitet haben könnte, zu glauben, daß ich sie „gelenkt" hätte. Es überraschte mich sehr, als sie es – entgegen meiner „Gewißheit" – sinnvoller fand, ihre Zeit an der Schule dafür zu verwenden, mit ihren Freunden rumzuhängen und sich auf die Organisation von Tänzen zu konzentrieren, statt ihre Schreibfertigkeiten zu verbessern, die sie für ihre angestrebte Karriere als Journalistin brauchen würde. Keiner der Erwachsenen, die mit der Bildung dieser Schülerin zu tun hatten, wäre auf die Idee gekommen, ihr jene Beschäftigung zu raten oder vorzuschlagen, für die sie selbst sich letztendlich so weise entschied, indem sie sich nur auf ihr inneres Wissen und ihren Instinkt verließ. Sie hatte Probleme, die sie erst erkannte und dann auf kreative, persönliche Weise lösen konnte. Dadurch, daß sie die Menschen nicht aus der Ferne beobachte, sondern direkt mit ihnen zu tun hatte, erfuhr sie mehr über sie und kam folglich zu tieferen Einsichten, die wiederum zu besseren Schreibfertigkeiten führten. Hätten ihr Schreibübungen im Englischunterricht mehr geholfen? Ich bezweifle das.

Oder was ist mit der Schülerin, die anfangs sehr gerne las, ihre Freude am Lesen aber nach einiger Zeit auf der SVS verlor? Lange Zeit hatte sie das Gefühl, ihren Ehrgeiz, ihren Intellekt und ihre Freude am Lernen verloren zu haben. Denn das einzige, was sie tat, war, draußen zu spielen. Nach vielen Jahren wurde ihr klar, daß sie sich in den Büchern vergraben hatte, um vor der Welt draußen zu fliehen. Erst als sie in der Lage war, ihre sozialen Probleme zu bewältigen, und erst nachdem sie gelernt hatte, draußen zu sein und körperliche Aktivitäten zu genießen, kehrte sie zu ihren geliebten Büchern zurück. Jetzt sind sie keine Zuflucht mehr, sondern ein Fenster zu Wissen und neuer Erfahrung. Hätte ich oder irgend ein anderer Lehrer sie so weise leiten können, wie sie selbst sich geleitet hat? Ich glaube, nein.

Als ich das hier schrieb, fiel mir ein anderes Beispiel von vor einigen Jahren ein. Es zeigt, wie die übliche Art von Ermutigung und Befruchtung kontraproduktiv und einengend sein kann. Der betreffende Schüler war offensichtlich intelligent, fleißig und lernbegierig. Tests hätten ergeben, daß er ein deutliches Talent in Mathematik hat. In den zehn Jahren, die er an der SVS verbrachte, beschäftigte er sich aber meist mit Sport und Literatur. Später, als Teenager, spielte er dann klassische Musik auf dem Klavier. Algebra lernte er überwiegend alleine, schien der Mathematik aber nur einen kleinen Teil seiner Zeit gewidmet zu haben. Jetzt, im Alter von 24 Jahren, absolviert er einen Aufbaustudiengang in Abstrakter Mathematik und ist äußerst erfolgreich an einer der besten Universitäten. Ich schaudere bei dem Gedanken, was aus ihm geworden wäre, wenn wir ihm all die Jahre „geholfen" hätten, mehr Wissen in Mathe anzuhäufen - auf Kosten jener Aktivitäten, die er bevorzugte. Hätte er als kleiner Junge die innere Kraft gehabt, unserem Loben und Schmeicheln zu widerstehen, und bei seinen Büchern, bei Sport und Musik zu bleiben? Oder hätte er sich dafür entschieden, ein „ausgezeichneter Schüler" in Mathe und den Naturwissenschaften zu sein, und wäre er mit einer auf anderen Gebieten unerfüllten Wissenssehnsucht aufgewachsen? Oder hätte er versucht, all diese Sachen zu tun? Und um welchen Preis?

Als Kontrapunkt zum vorigen Beispiel möchte ich noch einen anderen Fall schildern, der einen weiteren Aspekt unseres Ansatzes veranschaulicht. Vor einigen Jahren sagte mir eine Jugendliche, die seit ihrem fünften Lebensjahr auf der SVS war, ziemlich wütend, daß sie zwei Jahre verschwendet und nichts gelernt habe. Ich teilte ihre Selbsteinschätzung nicht, wollte mich aber auch nicht mit ihr streiten. Also sagte ich einfach: „Wenn Du gelernt hast, wie schlecht es ist, Zeit zu verschwenden, dann hast Du etwas gelernt, das man nicht früh genug lernen kann - eine Lektion, die für den Rest Deines Lebens von Bedeutung sein wird." Diese Antwort beruhigte sie, und ich glaube, der Fall zeigt gut, wie wertvoll es ist, jungen Menschen zu erlauben, Fehler zu machen und daraus zu lernen, statt daß man in der Bemühung, Fehler zu vermeiden, ihr Leben lenkt.

Warum läßt man nicht alle Menschen selbst entscheiden, was sie mit ihrer Zeit anfangen? Dies würde die Wahrscheinlichkeit erhöhen, daß die aufwachsenden Menschen ihr eigenes, einzigartiges Bedürfnis nach Bildung befriedigen können, ohne von uns Erwachsenen - die niemals genug wissen könnten, um sie auf die richtige Art und Weise anzuleiten - irritiert zu werden.

So lehre ich mich selber das Nichtstun, und je mehr ich dazu fähig bin, um so besser ist meine Arbeit. Zieh daraus aber bitte nicht den Schluß, die Mitarbeiter wären überflüssig. Vielleicht sagst du dir, daß die Kinder die Schule praktisch selbst leiten. Warum also soviel Personal, das nur rumsitzt und nichts tut? In Wahrheit brauchen die Schule und die Schüler uns. Wir sind da, um auf die Schule als Institution und auf die Schüler als Individuen aufzupassen und für sie zu sorgen.

Der Prozeß der Selbstbestimmung, seinen eigenen Weg einzuschlagen, tatsächlich sein eigenes Leben zu leben statt nur seine Zeit rumzukriegen - das ist natürlich, jedoch für Kinder, die in unserer Zivilisation aufwachsen, nicht selbstverständlich. Um diesen Geisteszustand zu erreichen, brauchen sie eine Umgebung, die wie eine Familie - größer jedoch als eine Kleinfamilie - ist, trotzdem aber unterstützend und sicher. Dadurch, daß die Mitarbeiter aufmerksam und fürsorgend, gleichzeitig aber nicht lenkend oder störend sind, geben sie den Kindern den Mut und die Kraft, auf ihr eigenes Inneres zu hören. Sie wissen, daß wir genauso kompetent sind, sie zu leiten, wie jeder andere Erwachsene; aber unsere Ablehnung, es zu tun, ist ein pädagogisches Werkzeug, das wir aktiv benutzen, um ihnen beizubringen, nur auf sich selbst zu hören, und nicht auf andere, die - bestenfalls - nur die Hälfte der Fakten über sie wissen.

Daß wir den Schülern nicht sagen, was sie tun sollen, empfinden sie nicht als Mangel oder Leere. Vielmehr nehmen sie es als Impuls, ihren eigenen Weg einzuschlagen - nicht unter unserer Anleitung, sondern unter unserer mitfühlenden und unterstützenden Anteilnahme. Das kann nur in einer lebendigen und komplexen Gemeinschaft gedeihen, nicht im luftleeren Raum; und diese Gemeinschaft muß von den Mitarbeitern unterstützt und aufrechterhalten werden.

Falsche Fragen – Falsche Antworten

Daniel Greenberg

Wohl jeder hat schon einmal den Spruch gehört „Um die richtigen Antworten zu erhalten, muß man die richtigen Fragen stellen". Mit viel Aufwand haben die Menschen versucht, in jedem Bereich herauszufinden, wie man „richtige Fragen" formuliert. Aber nur selten denkt man über den umgekehrten Spruch nach. An Sudbury Valley hat er mehr Bedeutung als das Original.

Egal, wieviel die Leute über die Schule lesen oder hören, egal, wie oft sie schon dabei waren, als ein Schüler seine Schulabschluß-Präsentation hielt, egal, wieviele Absolventen sie treffen, sie kommen unweigerlich zu immer der gleichen alten Frage: „Welche Kurse hast du?" In einer Zeit, die durch die Suche nach einfachen, eindeutigen Lösungen gekennzeichnet ist, werden „Kurse" als etwas verstanden, das Unwissenheit heilt, genau so wie Penizillin die Infektionskrankheiten. Sie sind der Stein der Weisen, das Patentrezept für alle Fälle. In der High School bedeutet eine bestimmte Anzahl von Kursen einen Abschluß. Im College bringt die richtige Mischung einen akademischen Grad. Im Arbeitsleben bedeuten Kursnachweise finanzielles und berufliches Weiterkommen. Man will sein Auto anständig repariert bekommen? Die Fernsehwerbung sagt einem, daß man zu einem Händler gehen soll, dessen Mechaniker Bescheinigungen über absolvierte Kurse an der Wand zu hängen haben. Kurse sind die Voraussetzungen fürs Weiterkommen – überall. Was ihr Inhalt ist, oder ob man ihn sich für längere Zeit merkt, ist im Prinzip egal. (Als ich Physik an der Universität unterrichtete, erinnere ich mich, daß ich mit Kollegen in der Fakultät herumsaß, die lachend zugaben, daß sie nicht einmal annähernd die Kurse bestehen könnten, die ihre Studenten zu absolvieren haben.)

Schüler an Sudbury Valley zu fragen, welche Kurse sie besuchen, heißt, die *falsche Frage* zu stellen. Keine denkbare Antwort wäre passend. Wenn die gefragten Schüler das Thema wechseln, sind sie ausweichend. Wenn sie sagen „keine", dann sind sie beschämend (oder hoffnungslos anti-intellektuell). Wenn sie eine Liste runterrattern, sagen sie nichts bedeutendes. Und sie wissen das.

Was ist denn eigentlich ein „Kurs"? Der Name selbst ist die Antwort. Es ist ein *vorgesehener Pfad* für den Fluß einer ausgewählten Sammlung von Informationen. Der Lehrer, die Person, die den Kurs bestimmt, wählt das Material, die Darstellungsmethode, die Verbindungen und das Tempo aus. Der Weg des Lehrers ist weder der *einzige* Weg, noch gibt es einen Grund anzunehmen, daß es der beste aus einer begrenzten Zahl von möglichen Wegen ist. Man kann nicht einmal sagen, ob es überhaupt einen „besten" gibt. Noch wichtiger: Es ist unmöglich, daß die Wege zweier beliebiger Personen, ein Thema zu organisieren, jemals die gleichen sein könnten. Es gibt keine zwei Menschen, bei denen der Verstand auf genau die gleiche Weise arbeitet.

Ein Kurs ist somit ein flüchtiger Blick in die Art des Lehrers, ein Thema zu organisieren bzw. über es zu denken. Als solches ist ein Kurs eine Rarität. In der überwältigenden Mehrheit der Fälle ist es für die Zuhörer von keinem größeren Wert als ein flüchtiger Blick auf etwas vorüberziehendes. Bestenfalls, in einigen seltenen und glücklichen Fällen, dient er als ein Funke, um Einblick zu bieten, um bei jemandem einen persönlichen Gedankengang auszulösen. Wenn Kurse bereitwilligen Teilnehmern gegeben werden, handelt es sich um eine Form von Unterhaltung - wie ein Film, ein Theaterstück, ein Vortrag, ein Konzert oder eine Show. Wenn Kurse unfreiwilligen Teilnehmern gegeben werden, hinterläßt das Narben von Feindseligkeit, Wut und Apathie.

Die Sudbury Valley School wurde nicht errichtet als noch eine Institution, die Kurse als Heiligtum bewahrt, sondern als das Gegenteil, ein Ort, an dem das innerliche Wachstum und der persönliche

Weg jedes Schülers heilig sind. Die Prozesse, die an Sudbury Valley einen Wert haben, sind die privaten, die in dem Verstand und der Seele jedes Schülers stattfinden. Um den wirklichen Wert von Sudbury Valley herauszufinden, muß man persönliche Fragen stellen; und um das tun zu können, muß man sich erst einmal die Mühe machen, eine Beziehung herzustellen, die es ermöglicht, daß solche Fragen beantwortet werden. Eltern, die enge persönliche Bindungen zu ihren Kindern haben, Freunde, Lehrer, die wirkliche Fürsorge gezeigt haben - diese Leute können an unserer Schule fragen: „Was ist zur Zeit los mit dir?" Sie werden mit einer *wirklichen* Antwort belohnt werden - nicht mit Kurslisten oder mit Schweigen oder mit Wut, sondern mit dem Fluß der Offenlegung des Inneren. Und das ist es, was Wahrheit ausmacht.

Stell' die falschen Fragen - und du erhältst die falschen Antworten.

Lernt man durch Kurse?

Daniel Greenberg

Von der Bildungsgemeinschaft außerhalb der SVS gibt es weiter anhaltenden Druck, um die Schüler Schülern an unserer Schule glauben zu machen, ihre Bildung sei mangelhaft, wenn sie nicht bestimmte formale Kurse in bestimmten Fächern besucht hätten. Dieser Druck zielt auf die Unsicherheit vieler Schüler, die sich fragen: „Kann ich wirklich in einem Fachgebiet tätig werden, wenn ich keine Kurse darin hatte, wenn ich keine formale Ausbildung absolviert, es nicht ‚anständig' gelernt habe?" Es wird ein Gefühl der Verunsicherung erzeugt, daß jemand etwas einfach nicht richtig tun könne, ohne eine „angemessene" Zahl von Kursen besucht darin zu haben. Wenn man zu jemandem geht und sagt: „Ich möchte dies, das oder jenes werden", ist die erste Empfehlung, die man erhält, praktisch automatisch, daß man einen Kurs besuchen und einen formalen Abschluß in dem Fach erwerben soll, weil man so das Wissen erhalte, das man braucht, um die Arbeit zu machen - egal ob es um Laborarbeit, Geschichte, englische Literatur oder irgend etwas anderes geht. Also möchte ich mich dieser Frage zuwenden, da wir oft gefragt werden, ob wir Kurse haben. Es geht mir nicht so sehr darum zu diskutieren, ob wir Kurse haben oder nicht, sondern ich würde mich gern auf die grundlegendere Frage konzentrieren: wie man etwas lernt, und vor allem, welche Beziehung zwischen der Teilnahme an einem Kurs und der Art des Lernens besteht.

Wenn meine Beobachtungen stimmen, gibt es drei Formen des Lernens, die in jedem Menschen vorkommen. Die erste möchte ich „neugieriges Sondieren" nennen. Sie besteht aus oberflächlichem Zugehen auf die Umgebung oder auf irgend ein konkretes Thema. Es ist etwas zufälliges; es geschieht, wenn jemand sich ausstreckt, um Dinge anzugehen, die in der Umgebung geschehen oder die auf einen zukommen. Es ist schnell, es wird von einem Ereignis ausgelöst; es ist nicht das Ergebnis von Nachdenken. Man stößt zufällig auf etwas, und man möchte mehr darüber wissen, also stellt man eine Frage oder geht zur Bibliothek, nimmt sich ein Buch darüber, und denkt eine Weile darüber nach. Der größte Teil dieses neugierigen Sondierens führt nie zu etwas ernsthaftem. Die aufgeschnappten Informationen werden einfach Teil des großen Reservoirs an Unterbewußtem, das später wieder in Erscheinung tritt –als interessante Assoziationen, während man wirklich wichtige Arbeiten macht. Es führt jedenfalls zu keiner keine direkten Weiterverarbeitung.

Ich denke, es ist wichtig zu verstehen, daß die eigentliche Natur des neugierigen Sondierens oberflächlich ist. Das ist in diesem Fall eine wünschenswerte Eigenschaft. Die Tatsache, daß man etwas nicht weiterverfolgt, ist bei dieser Art von Lernen kein Mangel – im Gegenteil, es ist das Wesen dieser Art von Lernen, weil es weit gestreut sein soll; es soll einem von so vielen verschiedenen Dingen und Reizen wie möglich einen ersten Eindruck verschaffen. Unser formales Bildungssystem hat neugieriges Sondieren schrecklich deformiert, da es aus dem Weiterverfolgen eine Tugend gemacht hat und dadurch dem Sondieren seine wesentlichsten Aspekte – nämlich Spontanität und Schnellebigkeit – geraubt hat. Wenn man ein lebendiges Bild von dem, wovon ich rede, haben will, schaue man sich eine beliebige „progressive" Schule an. Diese Schulen brüsten sich damit, daß sie sehr einfühlsam mit den Interessen der Kinder umgehen würden; sie behaupten, daß sie alle Hinweise aufnehmen, die das Kind bietet, und sie dann weiterzutreiben versuchen. Als wirklich guter Lehrer einer progressiven Schule gilt einer, der ein Kind genau beobachtet, der den ersten Schimmer eines Interesses, sagen wir an einem Stein, beobachtet und sich dann sofort hervortut und dem Kind sagt: „Oh, du interessierst dich für Steine. Wir haben eine wundervolle Sammlung von Büchern über Geologie, etc." Diese Herangehensweise nimmt einem die Lust am Neugierigsein. Was das Kind in so einer Umgebung lernt, ist, daß es sich nicht lohnt zu sondieren, und daß man es wie eine kriminelle Handlung verstecken muß, wenn man es doch tut. Denn wenn sie jemanden erwischen, lassen sie ihn nicht mehr in Ruhe. Sie ziehen ihn in einem Umfang in etwas hinein, den er einfach nicht will und den er auch nicht für richtig hält .

Ich persönlich glaube, daß Schulen auf diese Weise, als Teil einer kalkulierten Kampagne des Bildungsestablishments, auf die ursprüngliche Neugier antworten, um Neugier zu töten. Es gibt nämlich zwei Wege, Neugier zu töten – einen effizienten und einen ineffizienten. Der ineffiziente bestand darin, Leuten einfach zu verbieten, Dinge zu tun. Das war ineffizient, weil während der Lehrer aufstand, Vorwürfe machte und versuchte, die Disziplin aufrechtzuerhalten, jemand unter seinem Schulbuch oder unter der Schulbank ein anderes Buch versteckt hatte und neugierig herumsondierte. Also fand der moderne Mensch einen besseren Weg, um Neugier zu töten: sie einfach durch den Ansatz des Weiterverfolgens totzupflegen, sie an sich zu reißen, sie zu „lieben", sie in etwas zu verwandeln, das sie nicht ist. Und man läßt den Lernenden sich dafür schuldig fühlen, daß er die ersten vorsichtigen Untersuchungen nicht weiterverfolgt. Ich denke, daß dem modernen Schüler, der in einer „progressiven" Umgebung steckt, seine Neugier schnell ausgetrieben wird. Er lernt: Wenn er sich irgend eine interessante Sache ansieht, wird er genötigt, sich auf sie zu stürzen. Das hat zur Folge, daß die sondierende Neugier völlig ihre Funktion als Form des Lernens verliert.

Wenden wir uns nun einer zweiten Ebene des Lernens zu. Wenn ich sie als „zweite" bezeichne, meine ich damit nicht, daß sie sich in irgend einer Weise „zwischen" der ersten und der dritten befindet. Sie ist eine *andere* Art von Lernen und zufällig Nummer zwei auf meiner Liste. Diese Art von Lernen nenne ich den „Unterhaltungs-Typ". Das vorrangige Ziel von Unterhaltung ist es, eine schöne Zeit zu haben. Das ist ein vollkommen legitimes Hauptziel: Wir alle ziehen gerne los und haben eine schöne Zeit. Die zweite Art von Lernen ist eine, die als Nebenprodukt von „eine schöne Zeit haben" entsteht. Jeder weiß, daß man bei einem Ausflug nach Coney Island eine Menge lernt; dort geschehen alle möglichen Dinge, es ist eine fantastische Erfahrung.

Oder nehmen wir einen Film: man sieht einen Film, und man lernt vielleicht eine moralische Botschaft oder ein paar kleine Belanglosigkeiten über Kameraführung oder irgend etwas anderes. Wir wissen: Während man eine schöne Zeit hat, kann man als Nebenprodukt alles mögliche lernen, aufschnappen. Das ist unbeschwertes Lernen. Es gehört in eine eigene Kategorie, weil man es nicht mit dem Lernen als Hauptziel durcheinanderbringen darf. Ich bin vollkommen dafür, daß Leute eine schöne Zeit haben, aber wenn das Hauptgewicht auf der Unterhaltung liegt, und Lernen nur das Nebenprodukt ist, dann ist das eindeutig keine effiziente Methode, sich ein Wissensgebiet anzueignen. Man kann nebenher eine Menge Nebenprodukte erhalten, aber Lernen ist dabei nicht das vorrangige Ziel. Andererseits ist es angenehm, unterhalten zu werden. Die Leute mögen es, sie suchen es. Und es ist eine Tatsache, daß im Laufe der Geschichte Leute, die mit der Unterhaltungsbranche zu tun haben, immer versucht haben, nebenbei etwas zu lehren. Zum Beispiel haben politische Bewegungen die Unterhaltungsmedien immer als einen Weg angesehen, ihr Programm durch ideologische Literatur, ideologisches Theater, Gedichte, Musik usw. vorzustellen. Die Idee ist, den Wunsch der Menschen jeden Alters, eine gewisse Menge an Spaß zu haben, aufzugreifen und auch für andere Absichten zu nutzen.

Die dritte Kategorie von Lernen, die ich unterscheiden möchte, ist Lernen, um eine Sache zu beherrschen, um einen Bereich, ein Gebiet, ein Thema zu fassen zu bekommen. Diese Art von Lernen ist das Gegenteil des neugierigen Sondierens. Aus irgend einem Grund fühlt sich jemand sehr konzentriert; der Sucher hat angehalten und ist auf eine bestimmte Szene scharf eingestellt, von der er unbedingt ein klares Bild erhalten will. Viele Eigenschaften dieser dritten Art von Lernen sind es wert, besonders erwähnt zu werden. Eigenschaft Nummer eins ist, es ist *unaufhaltbar.* Es ist etwas, das in jemandem aufkommt und zu einem Hauptgegenstand wird. Das ist es wohl, was es bedeutet, „sich ganz in etwas zu vertiefen". Es wird die einzige Sache, die man tun möchte, das, wovon man besessen ist, dem man vollkommen verpflichtet und mit dem man ganz und gar beschäftigt ist. Es ist unglaublich schwer, jemandem, der sich wirklich auf etwas konzentriert und der fest entschlossen ist, wirksam den Weg zu versperren. Man kann ihn mit keinem der gewöhnlichen Argumente entmutigen wie: „Das ist zu schwer für dich, das ist zu teuer, du wirst zu lange dafür brauchen, das ist zu dies und zu das". Nichts davon wird funktionieren, weil derjenige ein so außergewöhnliches Maß an Hartnäckigkeit bei der Verfolgung seines Ziels zeigt. Das ist etwas, das in der Sudbury Valley School die ganze Zeit passiert. Als wir die Schule eröffneten, hatten wir lange Diskussionen darüber, wie wir wissen könnten, wann ein Schüler sich wirklich für etwas interessiert. Uns wurde schließlich klar, daß es eigentlich überhaupt kein Problem gibt. Wenn sich jemand wirklich für etwas interessiert, kann man ihn nicht aufhalten. Wenn du es also wirklich herausfinden willst, versuche es, und halte ihn auf. Natürlich hat man gewöhnlich gar keinen Bedarf, das herauszufinden, also läßt man ihn einfach für eine Weile in Ruhe, und sein Interesse wird in jedem Fall offensichtlich. Man kann das in der ganzen Bandbreite von Aktivitäten, die an der Schule geschehen, sehen. Die Biographie eines beliebigen Menschen, dessen Leistungen wir schätzen, wird diesen Punkt gewöhnlich bestätigen: Er hatte eine Idee, er hielt daran fest, und nichts konnte ihn aufhalten. Jede dieser Biographien ist so eine Geschichte darüber, wie Menschen ein Hindernis nach dem anderen überwanden, um ihre Ziele zu erreichen. Das Kennzeichen des „Lernens, um etwas ganz zu beherrschen" ist der enorme Drang, der nichts und niemandem nachgibt. Selbst normale, alltägliche Triebe treten in den Hintergrund. Man ißt tagelang nicht richtig, man schläft nicht genug, man denkt nicht an Unterhaltung, man denkt nicht an Sex – man denkt nur an die Sache, die man tun will, und man ist vollkommen davon in Anspruch genommen, sie zu Ende zu bringen.

Aus diesen Beobachtungen folgt eine zweite wichtige Eigenschaft: Man kann diesen Drang nicht ein- oder ausschalten. Zeit spielt eine sehr wichtige Rolle: in einem Sinne, daß man nicht loslassen kann. Niemand kann einem sagen: „Naja, es ist sehr schön, daß du dich dafür interessiert, aber wenn du jeden Morgen um 9 Uhr hereinkommst, gebe ich dir 15 Minuten, oder eine Stunde." Das kommt einfach nicht in Frage. Man möchte es *jetzt* wissen. Man ist bereit, sich hinzusetzen, und 20 Stunden am Stück zu reden, und vielleicht würde einen das zufriedenstellen – aber es auf mehrere Monate auszuwalzen, kommt nicht in Frage. Man will *jetzt* in die Bibliothek gehen und jedes Buch, das zu dem Thema im Regal steht, lesen.

Ein dritter Punkt beim Lernen, um eine Sache zu beherrschen, ist, daß es seine eigenen Kriterien von Selbsteinschätzung in sich trägt. Es ist eine von Natur aus selbstauswertende Art von Lernen. Denn wenn man sich das Ziel setzt, ein bestimmtes Wissensgebiet zu erobern, wird man erst dann aufhören, wenn man selbst davon überzeugt ist, daß man sein Ziel erreicht hat. Kein anderer kann einen überzeugen, daß man es erreicht habe, wenn man es nicht hat; und wenn man denkt, man hat es erreicht, kann niemand einen davon überzeugen, daß man es nicht habe. Wie oft hast du jemanden gesehen, der zu einem Kind herübergeht und sagt: „Es ist OK, du mußt nicht weitermachen, geh jetzt schlafen" oder „Es ist Zeit, sich etwas anderem zuzuwenden. Es ist für dich nicht gut, nichts als das zu tun. Du hast genug in dieser Richtung getan. Du bist gut genug darin." Das Kind – und jeder andere Mensch – wird darauf bestehen, weiterzumachen, bis er innerlich überzeugt ist, daß sein Streben zu Ende ist.

Wenn ich von Selbstbeurteilung rede, meine ich, daß Menschen sich ihre eigenen Ziele setzen, und selber festlegen, ob sie wirklich zufrieden sind. Im Laufe ihrer Tätigkeiten werden sie sich fast immer für Bestätigung und Anleitung an andere wenden. Sie werden fragen, wie man dies tut, wie man diese oder jene Fertigkeit zu beherrschen lernt, ob dieses gut gelungen ist und jenes. Sie werden um eine Menge Input – Meinungen und Daten – von anderen Leuten bitten. Aber die endgültige Entscheidung darüber, ob sie zufrieden sind oder nicht, ist ihre und nur ihre. Wir wissen, daß das bei Situationen so war, die Geschichte geschrieben haben. Zum Beispiel bei all den Leuten, die mit neuen Theorien angekommen sind. Wir wissen ganz genau, daß die Reaktionen immer ablehnend sind, wenn jemand mit etwas neuem ankommt. Die Standardreaktion der ganzen Welt ist: Das ist nicht gut, es ist falsch, es ist neu, es ist anders als das, was wir schon immer getan haben und was richtig ist. Vordenker nutzen diese Reaktionen, um ihre Argumente zu schärfen, aber sie nehmen sie nie als Ersatz für ihre eigene Gewißheit, daß das, was sie tun, *ihrem* Gefühl nach richtig ist.

Nachdem wir die drei Typen von Lernen betrachtet haben, können wir zu der im Titel aufgeworfenen Frage zurückkehren: Lernt man durch Kurse? Wenn man sich die drei grundlegenden Kategorien von Lernen, die ich eben umrissen habe, noch einmal ansieht, kann man die Frage ziemlich schnell beantworten. Kurse können keine sehr bedeutende Rolle beim Bestreben nach Aneignung eines Wissensgebietes spielen. Das Wort „Kurs" selbst sagt aus, was das Wesen eines Kurses ist: etwas, das geordnet, Block für Block entlang eines vorgegebenen Weges, über einen gewissen Zeitraum ausgebreitet ist. Ein Kurs steht von Natur aus im Widerspruch zur Unverzüglichkeit des Dranges, eine Sache zu beherrschen. Ein Kurs wird es einfach nicht bringen, weil er von Natur aus auf von außen kommender Meinung, auf von außen kommender Beurteilung und Autorität basiert.

Nun, jeder akzeptiert diesen Standpunkt für Leute, die älter als 25 sind; und das nur ein weiteres Beispiel dafür, wie unsere Kultur Leute verschiedenen Alters unterschiedlich behandelt. Denke einmal über die folgende Behauptung nach: Wenn ein reifer Erwachsener – sagen wir ein Akademiker – daherkommt und sagt: „Ich möchte das Fachgebiet wechseln. Ich habe beschlossen, daß ich nicht weiter in der Physik arbeiten will – ich werde zu Geschichte wechseln.", werden seine Kollegen denken, daß er vorhat, sich in Geschichte I einzuschreiben, dann ein Jahr lang Geschichte II zu besuchen, danach ein Jahr Geschichte III, vielleicht ein Bachelor in Geschichte zu erwerben und schließlich vielleicht ein Jahr später einen Master? Natürlich denken sie das nicht. Sie denken: „Der alte Professor Soundso wechselt zu Geschichte – das bedeutet, er wird sich jetzt in das Gebiet der Geschichte einarbeiten." Wie er es im einzelnen tut, interessiert sie nicht, aber niemand wird annehmen, daß Kurse eine Rolle spielen werden; sie wären unsinnig. Man denkt nicht, daß einem reifen Professor ein Kurs irgendwie nutzen würde. Der Professor hat offensichtlich vor, den Stoff direkt in Angriff zu nehmen.

Die Rolle von Kursen für das „neugierige Sondieren" wurde schon diskutiert, und dem ist wirklich nichts hinzuzufügen. Kurse haben einfach keine Beziehung zum „neugierigen Sondieren". Also bleibt uns nur noch die Rolle von Kursen im Unterhaltungslernen, wo sie, denke ich, eine wichtige Funktion haben. Kurse sind das Pendant zu einer Seifenoper, einer Magazinreihe oder etwas ähnlichem. Sie sind eine ausgedehnte Form von Unterhaltung. Letzten Endes müssen wir die Kinder in unseren Schulen acht bis zehn Monate lang unterhalten, also ähnelt die Lösung natürlich jener, die die Fernsehsender verwenden. Sie müssen die Zuschauer den ganzen Tag lang, Monat für Monat, unterhalten, und es würde ihnen nichts bringen, wenn sie jeden Tag eine komplette Show liefern würden; statt dessen ziehen sie die Story über Wochen und Monate hin. Auf die gleiche Art denken sich Schulen ein weitschweifiges Unterhaltungsprogramm aus, damit ihre „Besucher" sich unterhalten fühlen. Die gesamte Wissenschaft der Pädagogik von A bis Z, von der Primar- über die Sekundarstufe bis hin zur College-Ebene, ist die Wissenschaft, Schüler zu unterhalten – mit der Hoffnung auf Bildung als ein Nebenprodukt. Ein Kurs ist ein Weg, um sicherzustellen, daß die Unterhaltung einen gewissen Zeitraum lang andauert.

Ich möchte betonen, daß ich Unterhaltung als einen Wert an sich nicht als etwas schlechtes ansehe. Aber es ist unsinnig, Unterhaltung mit dem Lernen, um eine Sache zu beherrschen, durcheinanderzubringen. Und da beginnen die Probleme. Ich glaube zum Beispiel nicht, daß es in der Sudbury Valley School jemals jemanden gegeben hat, der Kurse ablehnt, wenn man sie als das ansieht, was sie sind – ebensowenig wie es jemand ablehnt, Filme zu zeigen. Aber wir haben nie den Fehler gemacht, diese zwei Funktionen durcheinanderzubringen.

Ich möchte noch etwas zu einem damit zusammenhängenden Punkt sagen. Es gibt eine Art von Vorlesungsreihe, die in deutlichem Gegensatz zu all den anderen Arten steht. Sie ist aber auch relativ selten. Ich meine Kurs, die vor allem dem Referenten und weniger den Zuhörern dienen. Manchmal kommt jemand mit neuen Ideen an, die er dem Rest der Welt vorstellen möchte. Deshalb hält er vielleicht eine Reihe von Vorträgen oder gibt einen Kurs, oder wählt irgend eine andere Form, sich mit anderen Leuten auszutauschen. In diesem

Fall dient der Kurs dazu, eine Arbeit erstmals der Welt zu präsentieren. Er ist für den Urheber von entscheidender Bedeutung. Er hilft ihm, Ideen zu ordnen, er bringt Reaktionen, usw. Die einzige Frage ist, was es dem Zuhörer bringt. Und das ist wirklich eine schwierige Frage. Wenn der Zuhörer gerade zufällig vollkommen von dem Thema ergriffen ist, was sehr selten vorkommt, dann findet eine beinahe unglaubliche Sache statt: Hier ist ein glücklicher Zuhörer, der sich für das gegebene Thema absolut interessiert, und auf einmal ist zufällig jemand in der Nähe, der gerade auf ein paar neue Gedanken zu genau diesem Thema gekommen ist. Es ist eine überwältigende Erfahrung, aber leider eine recht seltene. Andererseits sind solche Vorträge für den Großteil der Zuhörer bloß eine außergewöhnliche Form von Unterhaltung – außergewöhnlich, weil zusätzlich zum gewöhnlichen Unterhaltungswert das aufregende Erlebnis dazukommt, unter den ersten zu sein, die die Ideen hören, die da geäußert werden. Ich erinnere mich an viele solcher Ereignisse in den Fünfziger und frühen Sechziger Jahren auf dem Gebiet der Physik. Jemand kam mit einer neuen Theorie an, und als die ersten Vorträge gehalten wurden, war der Saal wie elektrisiert. Die Zuhörer waren ergriffen von einem Ausbruch von Kreativität, obwohl der Stoff an sich ihnen völlig egal war.

In einer Schule wie unserer ist Platz für diese Art von Vorlesungsreihe, nicht weil sie für die Schüler unmittelbar wichtig für ein Thema wäre – das ist ein seltener Zufall –, sondern weil sie wichtig ist, um eine dynamische intellektuelle Atmosphäre an der Schule aufrechtzuerhalten. Es sollte eigentlich bekannt sein, daß wir Leute stets willkommen heißen, die bereit sind, die ersten Früchte ihrer kreativen Gedanken mit uns zu teilen.

Ein Moment der Einsicht

Hanna Greenberg

Wenn ich mal wieder in Erzählungen schwelge, wie Kinder das meiste dessen, was sie wissen müssen, selbständig lernen, ist von den Fragen, die man mir dann stellt, eine der lästigsten: „Angenommen, das stimmt, was du sagst; warum sollen die Kinder dann überhaupt auf die SVS gehen? Was tut ihr dort als Mitarbeiter für sie?"

Was soll ich sagen? Daß ich da bin, um ans Telefon zu gehen, zu Zoos, Museen, Computerläden, Angelstellen usw. zu fahren, und manchmal etwas Mathe zu lehren oder eine Frage zu Rechtschreibung, Zoologie oder was auch immer zu beantworten?

Die Wahrheit ist, daß wir als Mitarbeiter viele Dinge tun, und man möchte glauben, daß wir uns nach all diesen Jahren keine Sorgen mehr darüber machen müssen, daß Schüler und Eltern nicht mitbekommen, worum es geht. Wie dem auch sei, einige Schüler verbringen an der SVS einige Jahre, ohne jemals einen gewöhnlichen Unterricht zu besuchen. Sie scheinen aus ihren Schuljahren allerdings genauso viel mitzunehmen wie jene, die des öfteren Unterrichtskurse besuchen. Ich habe mich daher oft über das tatsächliche Lehren, das die Mitarbeiter leisten, gewundert. Wie, wann und warum nutzen uns einige Kinder als Lehrer, während andere uns nicht in dieser Rolle zu brauchen oder zu wollen scheinen?

Vor kurzem erhielt ich während eines Urlaubs ein wenig Einsicht zu dieser Frage. Und das kam so:

Joan Rubin und ich machen seit etwa 15 Jahren Skilanglauf. Wir hatten beide von Freunden gehört, was für einen Spaß das macht, also kauften wir Skier, Stöcke und Schuhe, und als der Schnee fiel, zogen wir los. Wir hatten riesigen Spaß, aber wir waren schreckliche

Skiläufer. Wir schienen nie zu lernen, wie man bergauf oder bergab fährt. Der Schnee mußte für uns einfach perfekt sein, nicht zu weich und nicht verharscht. Wir zogen immer fünf bis zehn Mal im Jahr los, aber wir machten nie wirkliche Fortschritte. Dann, während der Ferien, gingen wir eines schönen Tages raus - um auf dem ziemlich vereisten Schnee hinzufallen, zu gleiten und auszurutschen. Spontan entschieden wir uns dafür, eine Unterrichtsstunde bei einem erfahrenen Lehrer zu nehmen. Nach ganzen zwei Stunden hatten wir soviel gelernt, daß Hügel, die uns verängstigt hatten, unsere Lieblinge wurden, und Stellen, die wir um jeden Preis zu meiden versucht hatten, nun unsere Tummelplätze waren. Unnötig zu sagen, daß wir beide begeistert waren.

Als ich über dieses Erlebnis nachdachte, wurde mir klar, daß hier ein paar Antworten auf die Fragen lagen, die ich über Lehren und Lernen an der SVS gestellt hatte. Es stimmt, viele Leute können ganz alleine herausfinden, wie man Ski läuft (oder Algebra macht oder liest) - aber bei mir war es nicht so. Es ist auch wahr, daß viele Leute gut von Lehrern lernen, wie ich es beim Skilaufen tat. Es scheint mir, daß Leute, die wahrhaft an einem bestimmten Thema oder einer bestimmten Aktivität interessiert sind, daran arbeiten werden, bis sie es beherrschen, egal ob andere ihnen dabei helfen oder nicht. Jedenfalls gibt es einige Dinge, die Leute wissen möchten oder müssen, ohne daß sie dafür größere Anstrengungen unternehmen wollen. In solchen Fällen können sie von einem Experten profitieren, weil sie nicht gewillt sind, die Zeit zu investieren, die sie bräuchten, um das Problem aus eigener Kraft zu lösen. Es scheint mir also, daß Schüler, die verrückt nach Algebra sind, sich mit einem Buch hinsetzen und es selbst durchgehen werden. Andere, die es als eine Herausforderung lernen wollen (oder um die SATs zu bestehen), neigen dazu, uns zu bitten, sie zu lehren. Beide Kategorien von Schülern sollten die Wahl haben, wie sie ihrem Lernen nachgehen - ob alleine oder mit einem Lehrer. Oft lernen Schüler einige Themen ohne fremde Hilfe und ersuchen für andere einen Lehrer. Ich bin froh, daß sie an der SVS beides tun können und dadurch in jedem Fall den besten Weg finden, ihre eigenen Lernbedürfnisse zu befriedigen.

Wann nutzt man seine Zeit sinnvoll?

Daniel Greenberg

Obwohl im Zusammenhang mit der Sudbury Valley School eine Menge von Problemen in Bezug auf Bildung aufgeworfen werden, ist mit jedem Jahr, das vergeht, meine Überzeugung größer geworden, daß das grundlegende Problem, das die Leute mit unserer Schule haben, in der Frage besteht, ob die Schüler hier ihre Zeit sinnvoll nutzen werden. Das ist es, was die Leute wirklich beunruhigt – ganz egal, ob es sich um Eltern, Besucher, Schulkritiker oder sogar potentielle Schüler handelt. „Angenommen, ich schicke euch meine Tochter, und sie verbringt ein Jahr oder so an der Schule. Was wird sie mit sich anfangen? Wird sie dort ihre Zeit verschwenden?" Aus diesem Grund halten wir es für notwendig, eine philosophische Diskussion darüber zu beginnen, was eine Verschwendung und was eine sinnvolle Zeitnutzung ist.

Auch wenn in Bezug auf die Schule eine Menge anderer Zweifel geäußert werden, die mehr mit Lerntheorie zu tun haben, denke ich, Lernen ist nicht das hauptsächliche Problem. Mittlerweile schauen sich die Leute um und sehen, daß Schüler, die hier mehrere Jahre verbracht haben, voller Leben sind und leuchtende Augen haben; daß letztendlich alle sich auf die eine oder andere Weise selbst beibringen, wie man liest; daß alle, die es wollen, in der Lage sind, aufs College zu kommen; daß sie genug Mathe lernen, um es anzuwenden, wenn sie es brauchen, und so weiter. Aber selbst wenn Leute einräumen, daß mit dem Lernen alles in Ordnung ist und der berufliche Aufstieg nicht behindert wird, gibt es immer noch etwas, das sie stört, und das ist der Umgang mit Zeit: Werden Schüler ihre Zeit gut nutzen, während sie hier zur Schule gehen?

Hinter dieser Sorge stecken alle möglichen merkwürdigen Ängste. Manche Eltern haben das Gefühl, daß, selbst wenn das Kind alles lernt, was sie wollen, und alles tut, was sie wollen, das ganze doch eine Geldverschwendung gewesen ist, wenn das Kind „seine Zeit nicht gut genutzt hat".

Oft sagen wir als Erwiderung, daß man die Kinder respektieren und ihnen vertrauen muß und daß, egal wie sie ihre Zeit nutzen, es ihre Angelegenheit ist. Die Antwort ist zwar richtig, aber sie löst das Problem nur teilweise. Sie geht nicht wirklich auf die Sorge ein. Es ist gewissermaßen eine moralische oder politische Antwort: „Was ich mit meiner Zeit mache, ist meine Sache, und es ist ein Eingriff in meine Privatsphäre, wenn Du danach fragst." Das beantwortet nicht das wirkliche Anliegen der Eltern, die vielleicht sogar bereit sind, uns in der politischen Frage rechtzugeben, aber immer noch besorgt sind: „O.K., ich habe also Vertrauen in mein Kind, und ich werde in sein Leben nicht eingreifen, aber wird es seine Sache gut machen?" Also denke ich, die Zeit ist gekommen, um die Frage direkt anzupacken.

Die Antwort ist nicht einfach. Eigentlich gibt es so viele mögliche Antworten, daß man von Anfang an weiß, daß man ein Problem hat. Es gibt Leute, sagen, man sollte sich nie Gedanken über Zeit machen; Zeit ist nur eine schreckliche Last, man sollte sie einfach lockerer nehmen, man sollte einem Menschen alle Zeit der Welt geben. Diese Leute haben ein vollkommen entspanntes Verhältnis zu Zeit. Das Problem ist, daß diese Leute in eine große Sackgasse laufen: wenn man jemals in ein Land gefahren ist, in dem die gesamte Bevölkerung diese Haltung zu Zeit hat, dann wird man verrückt. Es ist ja ganz nett zu sagen: „Laß die Leute ihre Zeit nutzen, wie auch immer sie es wünschen", bis man z.B. die Karibik besucht, wo das gesamte Leben so läuft. Jeder spürt, daß dort nie Hochbetrieb herrscht. Und die meisten Amerikaner werden nach einer Weile verrückt. Für einen Urlaub ist das angenehm; aber nichts, was man wirklich erledigt haben will, wird auch erledigt. Wenn man sich das einfachste Haus selbst bauen will, sich selbst einkleiden oder irgend etwas benutzen will, stellt man fest, daß der Lieferant gerade schläft, das Schiff nicht eingetroffen oder jemand wichtiges auf eine andere Insel gefahren ist, und bald wird einem klar, daß reichlich wenig überhaupt vollendet wird. Sachen, von denen man annimmt, daß sie ein oder zwei Monate dauern, dauern mitunter ein oder zwei Jahre oder werden nie vollendet. Nachdem man dieser Art von allgemeiner Zeitauffassung erlebt hat, erlangt Zeit eine große Bedeutung für einen. Die einfache, lockere Antwort, die uns so viele Leute geben wollen, ist also überhaupt nicht befriedigend.

Andererseits ist die neurotische Haltung, mit der wir es in unserer Kultur zu tun haben, wohl genauso wenig die Antwort. „Man muß immer etwas sinnvolles zu tun finden. Man muß jede Minute des Tages produktiv nutzen. Wenn man am Abend zu Bett geht und sich nicht wirklich sagen kann, daß man jede Minute seiner Zeit produktiv genutzt hat, dann ist ein Teil des Lebens einfach so verflogen und kommt nie wieder zurück. Man hat die Zeit einfach verschwendet." Diese Herangehensweise mag effektiv sein, um alle möglichen Ergebnisse hervorzubringen, aber das Problem daran ist, daß es eine Unmenge Gegenbeispiele von all den großartigen Dingen gibt, die wir an unserer Kultur bewundern und die Ergebnis einer entspannten Einstellung sind. Die hektische Herangehensweise hat nie etwas erschaffen, das der Mühe wert gewesen wäre. Bedeutende Physiker beispielsweise verbringen, um auf ihre Ideen zu kommen, jede Menge Zeit mit Bergsteigen, oder segeln mit ihren Yachten.

Als ich auf der Suche nach so etwas wie einem verständlichen Bild war, kam ich zu der Schlußfolgerung, daß es vor allem darum geht, die einzigartige Mischung zu verstehen, die die westliche Kultur ausmacht. Nur vor diesem Hintergrund hat irgend eine Nutzung von Zeit Sinn. Das einzigartige an der westlichen Kultur ist ihre feine und kunstvolle Kombination von Technologie und Kreativität. Mit Technologie meine ich all die Aspekte der Kultur, die methodisch und routiniert sind und nach festen Regeln ablaufen. Diese sind das Rückgrat solcher Sachen wie dem Ingenieurwesen. Der technologische Aspekt der Kultur ist der Teil, der sehr genau innerhalb eines streng logischen Rahmens festgelegt ist.

Jede Kultur hat eine technologische Seite. Sie ist untrennbar damit verbunden, die eigene Umwelt zur kontrollieren: man entdeckt bestimmte feste Beziehungen, die es einem ermöglichen, seine Umgebung zu kontrollieren. Egal, wo man lebt - ob im unentwickeltsten Teil der Welt oder im fortgeschrittensten -, um etwas Ordnung in sein Leben zu bringen, schafft man es immer, sich ein paar feste Verhältnisse auszudenken, die als Orientierungspunkte dienen. In unserer Kultur wurde dieser Trend im alten Griechenland sehr weit entwickelt. Es gibt geschichtliche Aufzeichnungen von jedem Schritt dieser Entwicklung. Die Griechen griffen diesen Teil der Kultur auf, förderten ihn, und machten aus ihm eine große Kunst. Vor allem entwickelten sie die Wissenschaft der Logik bis auf einen extrem fortgeschrittenen Stand. Später taten die Römer das gleiche mit dem Ingenieurwesen.

Die Schlüsselfrage bei Technologie ist der notwendigerweise sehr genaue Aspekt an ihr. Man baut eine Brücke auf der Grundlage von Beziehungen, von denen man weiß, daß sie gültig sind. Wenn die Brücke zusammenbricht, wirft man nicht seine Hände in die Luft und sagt: „Oh, das ist wohl ein Akt Gottes." Statt dessen startet man eine Untersuchung, um herauszufinden, ob jemand den Zement verändert hat. Denn man weiß, daß es beim Brückenbau Ursache und Wirkung gibt, und daß die Brücke standgehalten hätte, wenn es richtig gemacht worden wäre. Der technologische Aspekt der Gesellschaft ist unumstößlich, linear und einzigartig; man hat mit einer Routine zu tun, einer Vorschrift, einem bekannten Weg, Dinge zu tun. Das ist die Grundlage für all unsere industrielle Technologie. Die technologische Seite einer Kultur kann - wenn auch sicherlich mit erheblichem Aufwand - zu Reihen von sehr sorgsam definierten Routineoperationen reduziert werden. In dem Maße, wie das möglich ist, können wir schließlich die gesamte Technologie auf ein vollkommen automatisiertes, mechanisiertes, Verfahren reduzieren.

Während der letzten zweihundert Jahre wurden die Leute immer stärker von der Technologie bestimmt, besonders in der industriellen Massenproduktion. Die gegenwärtige Entwicklung von Computern bedeutet, daß die Leute nach und nach aus dem technologischen

Prozeß ausscheiden werden, sobald Maschinen ihn übernehmen. Worauf ich jetzt hier hinaus will, ist, daß die Größe der westlichen Kultur stark von der Technologie abhängt. Selbst jene, die von einer „Rückkehr zur Natur" reden, sind sehr abhängig von der Technologie, wenn sie ihre Träume am Leben erhalten wollen.

Sehen wir uns kurz die andere Schiene der Kultur an. Kreativität ist eine dem Menschen innewohnende Eigenschaft und kommt selbstverständlich in jeder Kultur vor. Aber ich denke wieder einmal, daß ihr in der westlichen Kultur ein Betätigungsfeld gegeben wird, das sie in anderen Kulturen nicht hat. Denken wir nur einmal daran, wie wir die Medien nutzen. Wenn in den alten Tagen (oder in anderen Gesellschaftsformen) eine Frau großartige Poesie verfaßte, bekamen es vielleicht nur ihre Nachbarn zu hören, oder vielleicht reduzierte es jemand auf die Schrift, und es wurde unter einer kleinen Zahl von Lesern herumgereicht. In unserer Kultur sind wir nicht nur in der Lage, etwas zu drucken, wir haben auch einen *Hang* dazu, wir *wollen* literarische Kreationen verbreiten, wir wollen, daß sie weit und breit bekannt werden. Es gibt in dieser Kultur eine positive Einstellung zur Verbreitung der Früchte der Kreativität. Es reicht nicht zu sagen, daß die Druckerpresse es für Menschen möglich machte, großartige Poesie zu lesen, oder daß der Plattenspieler jedem Zugang zu guter Musik verschaffte. Sicher, die Druckerpresse machte es möglich, aber es war die positive Einstellung in der Gesellschaft, die es auch geschehen ließ, denn eine Druckerpresse könnte auch nichts als Unsinn drucken und Plattenspieler könnten nichts als Müll spielen. Die Kultur selbst hat eine hohe Belohnung für ihre schöpferisch tätigen Mitglieder ausgesetzt. Sie hat alles getan, um Helden aus ihnen zu machen und die Produkte ihrer Kreativität zu verbreiten. Irgendwie hatte die westliche Kultur die Selbstsicherheit, Vielfalt und Innovationen stärker zu fördern als jede andere Kultur. Die meisten anderen Kulturen ließen sich nach einem anfänglichen Ausbruch von Kreativität in einer Form nieder, die nach ein paar Jahrhunderten ziemlich ausgebrannt ist. Es ist ein einzigartiges Merkmal von uns, daß wir nicht aufhören, eine Belohnung auf Kreativität auszusetzen; eine Generation nach der anderen, schon Tausende von Jahren, hören wir nicht auf, Innovationen willkommen zu heißen: wir blühen auf bei Veränderung.

Das reicht als Hintergrund, um uns mit dem Problem der Zeit zu befassen. Eine „gute Nutzung" von Zeit ist abhängig davon, wofür man sie verwendet. Es hängt davon ab, auf welche der beiden Schienen unserer Kultur man sich bei der Beantwortung der Frage konzentriert. Jemand, der auf irgend eine Weise mit dem technologischen Aspekt der Kultur zu tun hat, nutzt seine Zeit sinnvoll, wenn er Zeit sorgfältig und knallhart auf die technologischen Erfordernisse, die von ihm verlangt werden, zuschneidet. Das ist die Grundlage für unsere ganze Haltung gegenüber Effizienz, gegenüber Fristen, gegenüber dem Bewerkstelligen von Dingen. Wenn man sich auf die technologische Seite begibt, muß man auch seine Zeit technologisch nutzen. In dieser Frage unterscheiden wir uns von den Bewohnern der Karibischen Inseln. Denn selbst wenn sie sich mit Technologie befassen, lassen sie sich Zeit. Selbst wenn sie eine Straße bauen, schauen sie nicht auf die Uhr. Nun, wenn man vorhat, eine Straße zu bauen, wenn man vorhat, eine Meile pro Woche fertigzustellen, wird jeder eine bestimmte Menge Arbeit in einer bestimmten Zeit verrichten müssen; das ist die technologische Anforderung, die gestellt wird. Man sagt nicht: „Setzen wir uns hin und erschaffen wir neue Transport-Ideen!", sondern: „Laßt uns ein Stück Asphaltstraße bauen, das eine Meile lang ist."; und es gibt genau festgelegte Wege, das zu tun. Es ist nichts unbekanntes; es ist kein Kreativitätswettbewerb. Es ist etwas bekanntes, genau feststehendes und logisches; es gibt klare Vorgaben, die zu erfüllen sind. Man nutzt seine Zeit sinnvoll, wenn man diese technologischen Bestimmungen erfüllt.

Wenn hingegen die eigenen Ansprüche im kreativen Bereich, jenseits ausgetretener Pfade, liegen, dann nutzt man seine Zeit sinnvoll, wenn man seine Zeitnutzung keinen technologischen Beschränkungen unterwirft. Es geht um Freiheit. Man befindet sich per Definition im Bereich des Unbekannten. Und wenn man die Antworten auf die Fragen, mit denen man sich befaßt, nicht kennt, weiß man selbstverständlich auch nicht die Antwort darauf, wie lange man für sie brauchen wird, oder wie man seine Zeit am besten nutzen kann, um zur

Lösung zu kommen. Wenn also in einer kreativen Umgebung technologische Anforderungen an Zeit gestellt werden, ist das schrecklich. In unserem Bildungssystem tun wir das in einem absurden Ausmaß. Wir haben sogar „Kreativitäts-Tests". Sie sind zu einem Standardelement des Bildungstest-Repertoires geworden.

Mit dem Doppelkonzept von Zeit können wir, denke ich, anfangen, uns mit den Ängsten zu befassen, die Eltern und Schüler bezüglich der Zeitnutzung in der Schule haben. Der Punkt ist folgender: Wenn jemand in der Schule etwas tun will, das bekannt und genau definiert ist, sollte dies zügig erledigt werden. Wir haben immer dafür gestanden. Denke z.B. nur einmal an die Art, wie die Schule geleitet wird. Wir haben nie zugelassen, daß die Schule in einer gleichgültigen Art geleitet wird. Wir haben nie gesagt: „Irgend jemand wird irgendwann mit einem Weg ankommen, wie wir die Post beantworten; laßt sie uns stapeln, bis das geschieht." Wir holen die Post ab und beantworten sie jeden Tag. Dabei benutzen wir eine bestimmte, von der Schulversammlung und dem Bürozuständigen entworfene Prozedur – und sie wird einfach abgearbeitet. Es gibt eine bestimmte Art, ans Telefon zu gehen, eine bestimmte Art, die Schule zu reinigen und sich um das Grundstück zu kümmern. Soweit die Schule mit bekannten Dingen zu tun hat, haben wir immer dafür gestanden, sich in einer technologischen Zeitnutzung mit ihnen zu befassen. Das gleiche ist immer Teil unserer Haltung den Schülern gegenüber gewesen. Wenn irgend jemand sagt, daß er technisches Training in der Benutzung eines Hilfsmittels haben will, z.B. lernen will, wie man mit der Schreibmaschine schreibt, setzen wir ihn nicht vor eine Schreibmaschine und sagen ihm, daß er kreativ sein soll. Es ist interessant, festzustellen, wie sich der neue „kreative" Ansatz von unserem unterscheidet. Was tun „progressive Pädagogen" mit Kindern und Schreibmaschinen? Sie setzen sie vor die Maschinen und spielen herum, damit die Kinder schließlich eine „positive" Haltung dem Maschinenschreiben gegenüber entwickeln, und irgendwie, ab einem bestimmten Punkt, wird jemand heimlich Lektionen im Maschinenschreiben beimischen. Wenn in unserer Schule jemand sagt, daß er Maschinenschreiben lernen will, werfen wir mit einer Maschinenschreib-Anleitung nach ihm und sagen: „Setz dich hin und übe!“ Es gibt einen Weg zu tippen, das 10-Finger-Tastschreiben, und man übt es mehrere Monate hindurch 15 Minuten täglich, bis man schnell genug ist und es automatisch geht. Pause. Das ist die eine Hälfte der Antwort. Jemand von den Eltern kommt an und fragt: „Wird mein Kind seine Zeit gut nutzen?“ Die halbe Antwort ist: „Wenn deine Kinder vorhaben, ihre Zeit technologisch zu nutzen, dann werden sie merken, daß die Herangehensweise der Schule technologisch sein wird.“ Unsere Haltung wird sein, daß sie es effizient tun sollten. Wir werden nicht versuchen, sie dazu zu verleiten, ihre Zeit damit zu verschwenden und es auf einem Umweg zu tun.

Die andere Hälfte der Antwort jedoch ist ganz anders. Wenn die Schüler ein nicht-technologisches Ziel haben - wenn sie z.B. sagen, daß sie zusammenkommen wollen, um herauszufinden, was sie im Leben tun wollen, daß sie herausarbeiten wollen, was ihre Beziehung zu sich selbst, zu ihren Eltern, zur Gesellschaft ist - dann geht es um die nicht-technologischen Aspekte des Lebens, und für die gibt es nur eine gute Zeitnutzung: eine nicht-technologische. Man kann zu jemandem in dieser Lage nicht sagen: „Wir geben dir drei Monate, um deine Haltung zum Leben herauszufinden“ oder „Wir lassen dich ein Jahr hierher kommen, und wenn du dich nach einem Jahr aufraffen kannst, lassen wir dich weiterhin bei uns sein; wenn nicht, ist es eine Zeit- und Geldverschwendung gewesen.“

Es sollte klar sein, daß es Fristen nur in technologischen Situationen geben kann. Wenn jemand hierher kommt, um Holzbearbeitung zu erlernen, und wenn wir wissen, daß eine normale Lehre in Holzbearbeitung ein Jahr dauert, dann können wir daran gemessen werden. Und wenn es jemand nicht zu einem Holzarbeiter bringt, weil wir absichtlich langsam oder ineffektiv sind und die Hilfsmittel oder Unterweisungen nicht zur Verfügung stellen, dann haben wir versagt. Auf gleiche Weise müssen wir klar machen, daß, wenn der Schüler eine Frage aufwirft, die keinen technologischen Charakter hat, die Antwort auch nicht technologischer Art sein wird. In diesem Fall ist die einzig mögliche gute Zeitnutzung, Zeit in dem Prozeß überhaupt nicht zu beachten.

Zusammenfassend glaube ich, daß irgendwie klar geworden ist, daß wir in dieser Schule die zwei Seiten der Kultur anerkennen. Wir respektieren sie beide. Wir verachten die technologische Seite von Zeit nicht, wenn sie sich auf technologische Anwendungen bezieht. Andererseits stellen wir keine technologischen Anforderungen im Bereich kreativer Arbeiten; Eltern dürfen das nicht, und Schüler selbst dürfen das auch nicht. Nur wenn wir diese Zweiseitigkeit anerkennen, nur wenn wir beiden Aspekten der Zeit gerecht werden, werden wir in der Lage sein, eine klare Antwort auf die Frage zu geben: „Wann nutzt man seine Zeit an der Schule sinnvoll?“

An der Schule „nichts" tun – Eine Lektion aus der Geschichte

Daniel Greenberg

Es gibt immer noch viele Eltern von Sudbury-Valley-Schülern, die sich bei der Vorstellung unwohl fühlen, daß ihre Kinder die Zeit an der Schule nicht damit verbringen, „Kurse zu belegen", welche die gleichen akademischen Themen abdecken, die andere Kinder in anderen Schulen lernen.

Es gibt sogar mehrere SVS-Schüler, meist Kinder solcher Eltern, die sich schuldig dafür fühlen, daß sie an der SVS nicht die gleichen Sachen tun wie ihre Altersgenossen an anderen Schulen.

Trotz der mehr als 20 Jahre Erfahrung mit unserem Programm und trotz der außergewöhnlichen Erfolgs- und Erfahrungsgeschichte unserer früheren Schüler und trotz einer Menge Literatur, die die Bildungsphilosophie der Schule und den sozioökonomischen Hintergrund dessen, was wir tun, erklärt – trotz all dieser Sachen bleibt die gleiche alte Sorge, anscheinend für jede Form der Beruhigung unzugänglich, bestehen, wie ein hartnäckiges Virus, das keiner Medizin nachgibt.

Warum?

Ich quäle mich damit jetzt schon eine ganze Weile, und ich komme immer zu der gleichen Antwort: Ich weiß es einfach nicht. Außer, daß es unter Historikern nichts neues ist, daß bedeutende Veränderungen immer eine Menge Zeit brauchen, um Anklang zu finden. Und, noch wichtiger, daß es unendlich lange dauert, bis die Leute erfassen, daß die Zukunft schon da ist, und daß sie in der Vergangenheit gelebt haben.

Das ist natürlich. Zu jedem beliebigen Zeitpunkt in unserem Erwachsenenleben können wir zur Orientierung nur zurück in die Vergangenheit schauen. Solange sich die Welt ruhig um ihre Achse dreht und Veränderungen sehr sacht und langsam geschehen, unterscheidet sich die Vergangenheit kaum von der Gegenwart und der Zukunft. In solchen Zeiten – wohl für den größten Teil der Geschichte – gibt es keine Notwendigkeit, sich auf plötzliche, unerwartete Veränderungen einzustellen.

Für uns, die wir in der zweiten Hälfte des 20. Jahrhunderts leben, ist die Situation jedenfalls nicht so gemütlich. Unsere Zeit ist eine von offensichtlichen Umwälzungen, von größeren revolutionären Veränderungen überall, in jedem Aspekt des Lebens. Wir tappen gewissermaßen im dunkeln, und viele von uns suchen Zuflucht in der Vergangenheit, da sie nicht wissen, wie sie mit den erstaunlichen, ungewohnten Tendenzen umgehen sollen, die unsere Zukunft bestimmen werden.

Jene, die darauf bestehen, die Vergangenheit als sichere Anleitung zu benutzen, werden nicht aufhören, über alles radikal neue verunsichert zu sein: Computer, Atomwaffen, revolutionäre Bewegungen, weltweite Bündnisse, persönliche Bindungslosigkeit, materieller Überfluß, Plünderung des Planeten – und Schulen wie Sudbury Valley. Jene, die auf alte Formen zurückblicken, um zu lernen, wie man mit neuen Gegebenheiten umgeht, werden verwirrt bleiben und von dem anhaltenden Versagen, sie zu bewältigen, aus der Fassung gebracht werden. Sie werden nicht aufhören, sich zu wundern, warum die herkömmlichen Kommunikationswege veraltet sind, warum konventionelle Kriege nicht funktionieren (wie die USA in Vietnam und die Russen in Afghanistan lernen mußten, und wer weiß wieviele Generäle es wieder und wieder werden lernen müssen), warum offene Repression Extremismus nicht bezwingt, und so weiter und so fort. Und sie werden auch weiterhin nicht wissen, wie sie herausfinden sollen, warum konventionelle Schulen – trotz der ständig steigenden Gelder, die in sie gesteckt werden – keine Leute hervorbringen, die darauf vorbereitet sind, sich der neuen Welt zu stellen, in die sie hineingeboren wurden.

Ich weiß nicht, wie man Menschen helfen kann, sich von der Vergangenheit zu lösen, aber vor kurzem wurde mir klar, daß für Schulen eine Analogie existiert, die hilfreich sein könnte. Es ist eine historische Lektion aus der relativ nahen Vergangenheit; und auch wenn es den Anschein hat, daß die Lektionen der Geschichte nicht einfacher zu lernen sind als irgendwelche anderen Lektionen, könnte diese Analogie dazu dienen, den Punkt vor Augen zu führen, daß die Art von Aktivitäten, die an Sudbury Valley stattfinden, wirklich rückhaltlos durch die Familie und Freunde unterstützt und nicht durch Fragen und Zweifel untergraben werden sollte.

Hier ist die Analogie.

In der ersten Hälfte des 19. Jahrhunderts vollzogen die USA ihren Übergang von einer präindustriellen zu einer industriellen Gesellschaft. (Ich habe darüber ausführlich in dem Buch *„A New Look at Schools"* geschrieben, das von SVS Press veröffentlicht wurde.) Zu dieser Zeit, während des größten Teils des Jahrhunderts, wuchsen Kinder auf Farmen oder in der Wildnis auf, und ihre Bildung bestand hauptsächlich aus dem, was sie durch eine Lehre bei den Älteren lernten. Von früher Kindheit an, gewöhnlich ab vier oder fünf Jahren, bis in ihre späten Teenagerjahre wurden sie Könner der vielen komplexen und intellektuellen Fertigkeiten, die man zum Überleben braucht, wenn man sich von der Natur ernährt. Daß dieser Prozeß der Bildung durch Lebenserfahrung gut funktionierte, ist offensichtlich, da er die Besiedlung unseres Kontinents und den Wohlstand unserer Nation möglich machte.

Jene wenigen Leute, denen klar wurde, daß das präindustrielle Zeitalter in Amerika einem schnellen Ende entgegenging und eine neue – industrielle – Realität Gestalt annahm, wußten, daß ein erfolgreicher Übergang nur stattfinden konnte, wenn Kinder aufwuchsen, die über jene Fertigkeiten verfügten, die die neue Ära erforderte. All die ehrwürdigen Künste der Landwirtschaft und des Überlebens im abgelegensten Waldgebiet waren in der kommenden industriellen Welt von geringem praktischen Nutzen. Wichtiger noch, das industrielle Zeitalter verringerte die Zahl der auf den Farmen benötigten Menschen radikal, so daß Kinder, die mit den vorindustriellen Fertigkeiten aufwuchsen, in der neuen Wirtschaft im wesentlichen nutzlos sein würden, es sei denn, man würde sie richtig trainieren.

Kluge Analytiker verstanden damals, daß das sich industrialisierende Amerika ein Massen-Bildungssystem für Kinder brauchte, das in dem frühesten praktikablen Alter (etwa sechs Jahre) begann und so lange wie nötig dauerte (bis zwölf für jeden, wesentlich länger für jene, die weitergehen konnten). Das System mußte eine Masse an erfolgreichen Abgängern garantieren, die die industrielle Wirtschaft erfolgreich bedienen konnten, und die deshalb – du wirst es erraten – Lesen, Schreiben und Rechnen können mußten. Also wurden überall Schulen eingerichtet, und die Pädagogen unternahmen große Anstrengungen, um die Eltern zur Zusammenarbeit zu bewegen, damit sie ihre Kinder für eine moderne Bildung des 19. Jahrhunderts hinschickten.

Und hier beginnt die Analogie zur SVS und zum heutigen Übergang. Wenn man die Literatur von vor anderthalb Jahrhunderten studiert, sieht man, daß die verbreitetste Klage von Eltern, die bedrängt wurden, ihre Kinder zur Schule zu schicken, war, *daß Schule eine vollkommene Zeitverschwendung sei, da die Kinder nichts nützliches täten, sondern statt dessen rumsäßen und den ganzen Tag mit Märchenbüchern und Zahlen und Buchstabenmalen und ähnlichem Unsinn herumspielten.* Es war für diese Eltern allzu offensichtlich, daß die Kinder, die zur Schule gingen, nichts wirklich produktives lernten, und daß, wenn sie abgingen, die Kinder nicht fit für den Umgang mit Vieh waren, oder für den Anbau von Getreide, den Häuserbau, die Jagd oder das Fallenstellen – oder für irgend etwas nützliches! Das Ressentiment gegen die neuen Schulen war gewaltig, und es war fast ausschließlich auf dem Gefühl begründet, daß Kinder in diesen Schulen der industriellen Ära ermutigt würden, faul zu sein, und folglich nicht für das wirkliche harte Leben im Landesinneren von Amerika vorbereitet sein würden.

Ich denke, die beste Zusammenfassung dessen, was Eltern den neuen Schulen gegenüber fühlten, wurde von einem bedeutenden Anführer der amerikanischen Ureinwohner damals im späten 18. Jahrhundert ausgesprochen, als ihnen von vorausschauenden europäischen Kolonisten eine moderne Bildung für ihre Kinder angeboten wurde. Benjamin Franklin hielt ihre Antwort fest:

> *... unsere Ideen der (industriezeitlichen) Bildung sind zufällig nicht die gleichen wie eure. Wir hatten etwas Erfahrung damit; mehrere unserer jungen Leute waren zuvor auf die Colleges der nördlichen Provinzen gebracht worden; man hat sie in all euren Wissenschaften unterrichtet; aber als sie zu uns zurückkamen, waren sie unfähige Leute, wußten nichts über irgendwelche Mittel des Lebens in den Wäldern, waren unfähig, Kälte und Hunger zu ertragen, wußten weder, wie man eine Hütte baut, einen Hirsch erlegt noch wie man einen Feind tötet, sprachen unsere Sprache mangelhaft, waren deshalb weder als Jäger oder Krieger noch als Berater geeignet; sie waren zu überhaupt nichts zu gebrauchen. Wir sind euch aber für euer freundliches Angebot trotzdem zu Dank verpflichtet, auch wenn wir es ablehnen; und, um euch unseren dankbaren Sinn dafür zu zeigen, werden wir, wenn die Gentlemen von Virginia uns ein Dutzend ihrer Söhne schicken, uns sehr um ihre Bildung kümmern, sie in allem, was wir wissen, unterrichten, und Männer aus ihnen machen.*

Bietet das etwas Einblick in unsere heutige Situation? Ich hoffe es. Die verbreitetste Klage über Sudbury Valley ist, daß die Kinder den ganzen Tag „nichts" tun, sondern nur spielen und „rumsitzen". Was die Schüler hier wirklich tun, ist nicht durch die gleichen Standards meßbar, die in den Schulen des industriellen Zeitalters verwendet werden - also in all den anderen Schulen um uns herum. Genauso wie das, was die Kinder in den neuen industriellen Schulen taten, nicht mit den gleichen Standards meßbar war, die in der vorindustriellen Kindererziehung benutzt wurden. Das sollte bei einer Menge Eltern und Schülern an der SVS eine Menge Glocken zum Läuten bringen. Zumindest sollte es uns daran erinnern, daß wir Aktivitäten, die für die Zukunft geeignet sind, nicht mit den Maßstäben beurteilen können, die in der Vergangenheit herrschten. Wir *müssen* fähig sein, uns von den alten Formen zu trennen, selbst wenn wir unfähig sind, die

Nützlichkeit oder Gültigkeit der neuen zu schätzen; selbst wenn die neuen unproduktiv erscheinen, als faule Spielerei ...

Wenn du also das nächste Mal deine Kinder drängst, etwas normalen akademischen Unterricht an der SVS „einfach zu versuchen“, halte für einen Augenblick inne und frage dich selbst, ob du das wirklich tun solltest; frage dich selbst, ob du vor 150 Jahren dagestanden haben könntest und deine Kinder gebeten hättest, „einfach zu versuchen“, etwas von dem „Wirkliches-Farmleben-Training“ zu machen, statt all jene vergeblichen Stunden in den neumodischen Schulen zu verbringen und mit Buchstaben und Zahlen zu spielen.

Dann, wenn du dir diese Frage gestellt hast, halte dich davon ab, deine Kinder in irgend einer Form weiter um „nützliche Arbeit“ an der SVS zu bitten.

Es ist schwer, das zu tun, aber das war in erster Linie der Grund, sie an der SVS einzuschreiben, stimmt's? Ging es nicht darum, sie in eine Umgebung zu bringen, die nach vorne, direkt auf die Zukunft, schaut?

Schnappschüsse

Hanna Greenberg

Ich werde oft gefragt, warum ich es liebe, meine Zeit an der Sudbury Valley School zu verbringen. Hier sind drei Portraits, die gute Beispiele für die Art von Beziehungen sind, die Erwachsene und Kinder im Laufe der Jahre entwickeln.

(1) Es geschah vor langer Zeit, ist aber noch frisch in meiner Erinnerung. Der betreffende Schüler, etwa 10 Jahre alt, wurde nach Schulschluß für ein von ihm begangenes Unrecht bestraft. Es war ihm verboten worden, nach 17 Uhr im Haus zu bleiben, und so war er genötigt, draußen auf seine Heimfahrt zu warten. An dem Tag des Vorfalls schloß ich die Schule ab und kümmerte mich um den Müll. Um 17 Uhr bat er mich um eine Sonderregelung. Er wollte drinnen bleiben, weil es regnete. Da ich sowohl pragmatisch als auch weichherzig war, sagte ich: „Du kannst drinnen bleiben, wenn du mir mit dem Müll hilfst." Er erwiderte: „Ich würde dir mit dem Müll helfen, aber ich halte nichts von Bestechung, also warte ich draußen."

(2) Ich sprach mit drei kleinen, etwa fünf Jahre alten Kindern. Eines sagte: „Oh, Hanna, du bist so nett, du bist meine Lieblingsmitarbeiterin." Dann sagte ein anderes „Meine nicht. Ich liebe Joan am meisten." Nach einem kurzen Schreck fühlte ich mich sehr geschmeichelt, daß das Kind sich sorgenfrei genug fühlte, mir die Wahrheit zu sagen. Also wagte ich es, sie zu fragen: „Ich dachte, du magst Marj sehr doll?" Sie antwortete: „Oh ja, ich mag Marj auch lieber als dich, aber Joan ist meine liebste."

(3) Eine Jugendliche bat mich, einen Algebra-Kurs zu geben. Ich antwortete, daß ich noch nie zuvor Algebra unterrichtet hatte und

nicht sicher sei, ob ich es gut unterrichten könnte. Sie sagte zu mir: „Ich denke, daß du es machen solltest. Auf diese Weise wirst du es lernen, und beim nächsten Mal wirst du wissen, wie man es macht. Wirst du dich dann nicht gut fühlen?" Natürlich unterrichte ich jetzt Algebra, und wir alle haben viel Freude daran.

Ich mag es, meine Tage mit Leuten zu verbringen, die ehrlich und lebendig, und deren Herzen voll Liebe und Optimismus sind.

Eine der Seiten, die ich an der Arbeit an der SVS am meisten genieße, sind die Gespräche, die ich mit Schülern und manchmal mit Eltern führe. Manchmal drückt ein Kind in zwei Sätzen aus, was ich seit Jahren zu formulieren versucht habe und über das ich stundenlang geredet habe.

Ein Mädchen, etwa 10 Jahre alt, hatte eine schwere Zeit, sich in die Schule einzugewöhnen. Sie wollte hier sein, aber für uns und für ihre Eltern war klar, daß es schwer für sie war. Wir, die Erwachsenen, dachten, daß sie ihre alten Freunde vermißt oder sich vielleicht schüchtern fühlt. Es stellte sich heraus, daß es nichts dergleichen war.

Und das war, was sie sagte: „In meiner anderen Schule zeigten sie einem Sachen, und man tat sie, aber hier bekommt man eine leere Leinwand, und man muß sie selbst mit seinem Leben füllen."

Nun, ich habe seit Jahren versucht zu erklären, daß wir das Gefühl haben, daß jedes Kind auf eine andere Art lernt, daß jedes unterschiedliche Bedürfnisse hat, über unterschiedliche Talente verfügt usw. Aber dieses kleine Mädchen sagte es besser, als ich es je tat – und ich bin froh, berichten zu können, daß sie ihre Leinwand sehr schön füllt.

Sudbury Valleys Geheimwaffe: Aufhebung der Alterstrennung

Daniel Greenberg

Ich war schon lange der festen Überzeugung, daß Altersmischung nicht nur eines der auffallendsten Merkmale von Sudbury Valley ist, sondern auch einer der wichtigsten Bestandteile der Bildung an der Schule ist. (Außerdem erfordern auch die demokratischen Prinzipien der Schule die Altersmischung.) Aber wenn ich das zu erklären versuchte, konnte ich nie in Worte fassen, warum ich fand, daß sie von so zentraler Bedeutung dafür ist, wie Kinder lernen und sich entwickeln. Jedenfalls hatte ich ein Erlebnis, das für mich das ganze Konzept schlagartig abrundete. Nicht daß die Begebenheit an sich besonders einzigartig gewesen wäre, aber sie hatte – wie ich gleich erzählen werde – einige Aspekte, die für mich auf einmal all die Teile zusammenfügten. Vielleicht ist es das beste, wenn ich zunächst mein Erlebnis schildere und dann noch mal zurückkomme, um meine Gedanken von Anfang an nachzuzeichnen.

Was geschah, war einfach, daß ich miterlebte, wie für Kinder von etwa drei Jahren eine Spielgruppe organisiert wurde. Eine Menge Dreijähriger spielte innerhalb und außerhalb des Hauses von einem Elternpaar, und mein Dreijähriger war einer von ihnen.

Ich sah dort eine Menge Betriebsamkeit, aber fast alle beschäftigten sich nur mir ihrer eigenen Sache. Die Kinder spielten scheinbar zusammen, aber wenn man genau hinsah, erkannte man, daß sie in Wirklichkeit nur ihre gegenseitige Anwesenheit genossen und daran interessiert waren, zusammenzusein, aber: sie spielten *getrennt* zusammen. Jeder fuhr mit seinem Tretauto oder Dreirad, machte eine

Menge Lärm und blickte die anderen an, aber sie unternahmen nichts gemeinsames, es fand nichts statt, an dem sie als Team zusammengearbeitet hätten. Und noch etwas anderes fiel mir auf, das in Kindergärten weit verbreitet ist, auch wenn nur sehr wenige Beobachter es erwähnen: Ein Großteil der Aktivitäten wiederholte sich auffallend monoton. Einer fuhr vorwärts und rückwärts, vorwärts und rückwärts, mit einem großen Lächeln; ein anderer sang für eine recht lange Zeit immer wieder das selbe. Interessanterweise waren die Beschäftigungen sich am stärksten wiederholend, wenn die Kinder sie in Gegenwart der anderen Kinder unternahmen. Wohingegen ein Kind, das sich vielleicht vollkommen allein in einem anderen Teil des Hauses aufhielt, etwas originelles und abwechslungsreiches unternahm. All diese Beschäftigungen sind in allen derartigen Gruppen üblich; aus irgend einem Grund jedoch lösten die Ereignisse dieses konkreten Tages in meinem Kopf einen Gedankengang aus, in dessen Folge viele Dinge begannen, einen Sinn für mich zu ergeben. Laß mich also mit einigen allgemeineren Betrachtungen fortfahren.

Wenn man sich in der Gesellschaft wie auch in ihren Teilbereichen umsieht, kann einem nicht entgehen, daß die Trennung nach Alter, Wissen oder Fähigkeit nicht sehr weit verbreitet ist. Erwachsene achten sehr wenig auf diese Faktoren, wenn sie es mit anderen Erwachsenen zu tun haben. Ob man ein Unternehmen, ein Kaufhaus, eine Universität oder was auch immer betrachtet, die erwachsene Bevölkerung ist höchst verschieden: Es gibt einige Leute an der Schwelle zum Ruhestand, einige in ihren Vierzigern, und einige sind in ihren Zwanzigern und fangen gerade erst an – aber sie alle sind Teil des selben Unternehmens.

Mir ist kein Unternehmen bekannt, das seine Mitarbeiter so trennen würde, wie es an Schulen üblich ist.

Wenn man über diesen Punkt nachdenkt, der ja für die Gesellschaft insgesamt gilt, gewinnt man einige Einsichten darüber, was in Bildungseinrichtungen passiert. Für ganz normale Institutionen, in denen sich Erwachsenen aufhalten, wird allgemein anerkannt, daß vielfältige Kontakte und Austausch zwischen Leuten mit unterschiedlichen Lebens- und Arbeitserfahrungen gut ist. Es ist positiv für das Unternehmen. Es ist etwas nützliches. Wenn man der Meinung wäre, solche Vermischungen sollten besser nicht stattfinden, würde man sie verhindern.

Nun, ich vermute, die meisten Leute sehen das als Selbstverständlichkeit an, weil sie es gewohnt sind; und sehr wenige Betreiber von Geschäften oder Unternehmen irgend einer Art überlegen, warum sie die Leute sich frei mischen lassen; es war schon immer so, und so ist es auch jetzt. Aber, egal ob man weiß, warum es gut ist, es ist üblich in unserer ziemlich erfolgreichen Gesellschaft; und auf diese Tatsache möchte ich später zurückkommen.

Kommen wir zum zentralen Punkt: Was genau geht vor sich, wenn ein Kind aufwächst und lernt, in der Welt zurechtzukommen? Ich denke, es besteht ziemlich weitgehende Einigkeit, was der Kern dieses Reifungsprozesses ist: Daß das Kind die Fähigkeit entwickelt, sich ein Bild von der Welt zu machen; daß es anfängt, sich mit der Welt zu befassen; daß es Probleme löst; daß es gewissermaßen einen Platz in der Welt findet, genug Identitätsgefühl entwickelt, um mit der Welt in Beziehung treten zu können. Man kann es auf viele Arten ausdrücken. Im Grunde bedeutet Aufwachsen, daß ein junger Mensch sich die Fähigkeit aneignet, mit der Umgebung zurechtzukommen – aber nicht, daß er eine Sammlung statischer Fähigkeiten erwirbt, die dann ein Leben lang ausreichen. Moderne Denker neigen dazu, das Leben als ständige Wechselbeziehung zwischen einem Organismus und der ihn umgebenden Welt zu sehen. Das Leben ist nicht etwas, das, sobald man erwachsen ist, eine feste Form annimmt und dann einfach einem vorgegebenen Plan folgt; diese Sichtweise ist eher typisch für die Vergangenheit. Leben wird jetzt eher als Prozeß angesehen. Reife zu erreichen bedeutet, daß man letztendlich mehr oder weniger die Fähigkeit erlangt, Tag für Tag, Jahr für Jahr, mit der sich ständig verändernden Welt, die einen umgibt, auf kreative, erfolgreiche, phantasievolle Weise zurechtzukommen.

Der Unterschied zwischen einem reifen und einem unreifen Menschen ist, daß dem unreifen noch viel von dieser Fähigkeit fehlt, er noch Schwierigkeiten hat, die Dinge in Griff zu kriegen. Der Reife hat gelernt, Wege zu finden, mit der ihn umgebenden Welt umzugehen, die Probleme zu lösen, die sie stellt, und den Rahmen abzustecken, in dem er handeln kann.

Da Erwachsensein ein andauernder Prozeß ist, sich mit der Welt zu befassen, können Lernen und Entwicklung als Aneignung der Fähigkeiten angesehen werden, die erforderlich sind, um ein Erwachsener zu sein. Das entscheidende ist daher, erfolgreich Probleme zu lösen und Modellen der Wirklichkeit zu erbauen. Ein erfolgreicher Erwachsener ist jemand, der das kann, der ein Problem angehen kann, darüber nachdenkt, es analysiert, und sich irgendwie eine Lösung einfallen läßt, die innerhalb seines Modells der Wirklichkeit gültig ist. Um im Leben gut zurechtzukommen, muß man die Fähigkeit haben, Modelle aufzustellen, die die Wirklichkeit erklären.

Diese Sicht auf den Prozeß des Lebens vorausgesetzt, lautet die Frage der Bildung – oder der Kindheit allgemein: Wie entwickelt ein Kind die Fähigkeit, diese Dinge zu tun, und was ist die beste Umgebung dafür? Wie wird man ein guter Problemlöser? Wie wird man ein guter Modellbauer?

Einer der Wege besteht darin, sich anzusehen, wie andere vorgegangen sind, die sich in ähnlichen Situationen befanden wie man selbst. Man lernt nicht nur, indem man alles von Grund auf neu erfindet, sondern auch, indem man sich umsieht und beobachtet und studiert, und darüber nachdenkt, wie andere mit der Welt zurechtkommen. An dieser Stelle kommt die Altersmischung ins Spiel. Jemand, der vollkommen allein in einer völlig abgeschotteten Umgebung aufwächst, wird als Erwachsener sicherlich vollkommen anders leben, als jemand, der zwischen vielen anderen Menschen aufgewachsen ist. Schließlich ist es eine der Aufgaben des Zusammenlebens in einer Gesellschaft, ihren Mitgliedern unterschiedliche Lebensmodelle zu bieten, die sie ständig studieren können.

Nun, als Erwachsener weiß man das. Man sieht sich ständig bei seinen Kollegen, Freunden, Nachbarn usw. um. Ich spreche nicht von „Mitläufern“ oder Autoritätsgläubigen. Selbst – oder vor allem – die originellsten und kreativsten Erwachsenen sehen sich ständig bei anderen Leuten um und fragen sich, wie sie die Dinge angehen, oder was sie im Leben sehen; und sie sind ständig bestrebt, von diesen anderen Modellen zu lernen, sie in ihr Weltbild zu integrieren, um sie irgendwie zu ihrem Vorteil zu nutzen.

Was für Erwachsene gilt, gilt für Kinder erst recht. Ein Kind, das noch nicht die Fähigkeiten hat, alleine klarzukommen, sieht sich nach unterschiedlichen Modellen um, die es umgeben – nicht nur, um sich diese Modelle anzusehen, sondern auch um sich die Mechanismen des Modellbauens an sich anzueignen.

Das ist ein ziemlich kompliziertes Konzept zweiter Ordnung. Mal sehen, ob ich es mit einigen Beispielen deutlicher machen kann. Sagen wir, ich bin ein Physiker. Als praktizierender Physiker bin ich daran interessiert, was andere Physiker tun, weil ich verstehen will, welche Art von Theorien sie verwenden, welche Art von Formeln sie auf einen gegebenen Sachverhalt anwenden, welche Art von Experimenten sie entwerfen und so weiter. Aber wenn ein Kind sich für ein physikalisches Problem interessiert und jemandem zusieht, geht es ihm nicht darum, welche Arten von Theorien und Formeln er in einem bestimmten Fall verwendet. Das Kind will erfahren, *welche Art von Denkprozessen* in der Physik eine Rolle spielen. Was für eine Art von Problemlösung ist Physik? Hier liegt ein wirklicher Unterschied. Der Unterschied besteht zwischen einerseits dem *Wissen*, um was es in der Physik geht (und sich dann umzusehen, um herauszufinden, welche Art von Physik andere Leute betreiben), und andererseits dem *Versuch, erst einmal herauszufinden*, um was es bei Physik überhaupt geht.

Dies ist bloß ein Beispiel für das, was sich bei einem sich entwickelnden Kind ständig abspielt. Leider kommt diese Unterscheidung in der Bildungsliteratur überhaupt nicht vor, selbst bei Leuten nicht, die über Verfahrensmethodik und Problemlösung schreiben. Das Kind ist noch nicht bereit zu lernen, wie man Probleme löst. Es muß erst das Grundgerüst kennenlernen, in dem die Art von Problemlösung, die Erwachsene praktizieren, stattfindet. Was ist das Wesen der Physik? Was ist das Wesen biologischen Denkens? Was ist das Wesen der Geschichtsanalyse? Wenn ein sich entwickelndes Kind anfängt, sich für Politik zu interessieren, geht es ihm zunächst in erster Linie nicht darum zu unterscheiden, wie verschiedene Politiker mit bestimmten Problemen umgehen. Das ist das Interesse von Erwachsenen. Das Kind hingegen versucht gerade erst zu verstehen, wie Politiker überhaupt an Probleme herangehen. Was ist das Wesen des Politischen Denkens? Solange man kein Verständnis davon hat, was zu politischen Entscheidungen führt, kann man nicht darüber nachdenken, ob A eine bessere Lösung als B ist.

Dieser feine Unterschied ist der Schlüssel zu allem. Das Kind versucht, die Natur des Modellbauens, die Natur des Problemlösens, die Natur des Prozesses „Leben“ zu verstehen. Es befaßt sich nicht einfach damit, unterschiedliche Modelle und Ansätze abzuwägen. Das Problem des Kindes ist eines zweiter Ordnung. Darin liegt der Schlüssel zum Verständnis dessen, was falsch daran ist, wie unsere gegenwärtigen Schulen die Kinder nach Alter oder Fähigkeit trennen.

Ein Kind kann sich in zwei möglichen extremen Situationen befinden, die beide schlecht für das Lernen sind. Beim einen Extrem wird das Kind darauf beschränkt, nur mit Erwachsenen zusammenzusein. Zum Beispiel das Mark-Hopkins-Ideal: je ein Kind und ein Erwachsener zusammen. Hier hat man eine mächtige Generationenkluft: Der Erwachsene ist bereits ein Erwachsener, jemand, der eine große Vielfalt an Problemlösungstechniken, Weltbildern erkundet hat und so weiter. Und wenn er wirklich reif, intelligent, gut entwickelt ist, wird er wirklich gut darin sein, und ständig Alternativen abwägen und auf kreative neue Ideen kommen. Das Kind hingegen hat, wie ich schon sagte, eine sehr schwach ausgeprägte Vorstellung davon, wie man diese Prozesse angeht. Hier ist also das Kind, das einen erwachsenen Partner am Hals hat; und dort der Erwachsene, der nicht erkennt, warum das Kind es so schwer hat. Der Erwachsene mag wirklich an dem Kind interessiert sein und ständig zu erklären versuchen, was er gerade tut. Je mehr er aber dem Kind erklärt, desto weniger versteht es. Denn dem Kind fehlt das Erfahrungsspektrum des Erwachsenen. Die beiden sprechen nicht auf einer Ebene.

Jeder Erwachsene, der viel Zeit damit verbracht hat, mit Kindern zu reden, kennt wohl diese Frustrationen. Das ist das Hauptproblem, wenn man irgend ein Thema lehren will. Man bekommt zum Beispiel eine Menge Erstsemester-Physikstudenten, setzt ihnen einen College-Professor vor, und der College-Professor kann noch so geduldig sein und den gleichen Stoff 58mal erklären – es klappt nicht. Das liegt aber nicht etwa daran, daß die Studenten die Wörter nicht verstehen würden oder Schwierigkeiten hätten, sie mitzuschreiben. Sondern daran, daß der Anfänger nicht versteht, was der Weg des Physikers ist, an die Welt heranzugehen. Egal, wie oft der Lehrer eine bestimmte physikalische Theorie wiederholt, ihr fehlt jede Grundlage in der Weltsicht des Schülers. Also gibt es keine Kommunikation; im Kopf des Schülers kommt nichts an. Das ist ein so verbreitetes Phänomen, daß es mitleiderregend ist. Es ist keine Generationskluft auf Grund des Alters; es ist eine Frage des Sprechens von zwei verschiedenen Ebenen aus. Selbst der beste Pädagoge der Welt wird es nie wirklich schaffen, auch wenn er jeden erdenklichen Trick probiert. Das Kind wird schließlich einfach aufwachsen und sich seine eigene Vorstellung davon erschaffen, was der Physiker da tut. Manchmal kommen dabei sehr absurde Vorstellungen heraus. Letztendlich hat man Leute mit den seltsamsten Auffassungen darüber, worum es in Geschichte oder Physik oder Philosophie oder irgend einem anderen Thema geht. Wenn man ein bißchen genauer hinsieht, findet man meist heraus, daß sie solch absurde Auffassungen haben, weil es während ihrer ganzen Jugend genau diese Kluft zwischen ihnen und ihren Mentoren gab. Das geschieht tatsächlich sehr oft bei Kindern, die bei hochintellektuellen Eltern aufwachsen. Die Kinder entwickeln oft die seltsamsten Auffassungen, gerade weil die Eltern „wundervolle" Eltern gewesen sind, die die Sachen Jahr für Jahr erklärt – die Kinder es aber nie wirklich kapiert haben.

Das andere Extrem, das genauso schädlich für eine normale geistige Entwicklung ist, besteht darin, Kinder zu sortieren, z.B. nach dem Alter. Das bedeutet im wesentlichen, alle Kinder zusammenzustecken, die auf der gleichen Entwicklungsstufe sind. Heutzutage wird das in den Schulen wie besessen getan; Pädagogen sind nicht einmal mehr mit Klassenstufen, die nach dem Alter sortiert werden, zufrieden. Wenn man Klassen einfach nach dem Alter bestimmt, erreicht man nicht wirklich, daß Kinder entsprechend ihres Entwicklungsstandes gruppiert werden. Deshalb verfügen die meisten modernen Pädagogen über eine ganze Reihe von Tests, die es ihnen ermöglichen sollen, alle, die den gleichen Entwicklungsstand haben, zusammenzustecken. Und sie sehen das als großen Schritt nach vorn an.

Das ist sogar noch grausamer einem Kind gegenüber, weil hier jeder in der gleichen Klemme steckt und niemand dem anderen heraushelfen kann. Sie haben noch nicht mal den Nutzen eines erfolgreichen Modells in ihrer Umgebung. Sie müssen versuchen, selbst herauszufinden, wie man die Fähigkeit und das Wissen, das Grundgerüst und die Methodik entwickelt, mit der Welt zurechtzukommen. Sie sind doppelt im Nachteil.

Nun, was die Regelschulen tun, ist, diese zwei grausamen Extreme zu kombinieren. Von allein entsteht keines der beiden Extreme sonderlich oft, aber in den Schulen machen wir die Kombination dieser Extreme zur Regel. Mit anderen Worten: Das Bildungssystem dieser Gesellschaft beruht darauf, einen Haufen Kinder zu nehmen, die auf der gleichen Entwicklungsstufe stehen, und sie dann mit einem Erwachsenen in einen Raum zu sperren. Das kombiniert die schlimmsten Merkmale beider Situationen. Einerseits ist jeder verloren, denn er bekommt nur den Erwachsenen zu sehen, und von dem lernt er nichts über den Prozeß zweiter Ordnung. Und auf der anderen Seite, wenn die Schüler sich umdrehen und versuchen, Hilfe von ihren Nachbarn zu erhalten, bringt das nichts, denn der Nachbar sitzt in der gleichen Patsche wie sie. Also ist es die frustrierendstmögliche Situation. Und das ist für mich der Schlüssel, der Ausdruck "die frustrierendstmögliche Situation".

Die psychischen Symptome, die in Schulen, Spielgruppen oder was auch immer auftreten, sind fast immer Frustrations-Symptome wie aus dem Bilderbuch. Was geschieht, wenn man schrecklich frustriert ist? Zum einen wird man wütend. Jeder, der irgend eine Schule betritt, fühlt sofort eine Woge unspezifischer Wut und Feindseligkeit. Dabei ist die unspezifische Natur dieser Feindseligkeit entscheidend. Man ist nicht auf ein gesellschaftliches Unrecht wütend; es ist keine rationale Wut, weil irgend etwas konkretes geschehen wäre, das einen empört. Man ist vielmehr von einer unspezifischen Wut überwältigt, die sich in einer weit gestreuten Weise nach außen richtet.

Diese Wut wird von ebenso unspezifischer Angst begleitet. Nicht Angst, weil z.B. die eigene Mutter weggegangen ist und man nicht weiß, wann sie zurückkommt; das wäre eine spezifische Angst und rational begründet. Bei einer unspezifischen Angst hat man Angst, weiß aber nicht warum. Frustration ist genau das, woraus unspezifische Angst entsteht. Wenn sich die Frustration auf das Problemlösen richtet, ist man auf der tiefsten Ebene seiner geistigen Tätigkeit frustriert. Man kommt einfach nicht mit dem zurecht, was der Verstand am allermeisten tun will, nämlich Probleme lösen und Modelle bauen. Man schafft es einfach nicht, Hilfe erhält man weder von seinen Mitschülern (die im gleichen Boot sitzen) noch von seinen Lehrern (die einen nicht erreichen können). Man ist einfach vollkommen frustriert darüber, nicht vorwärtszukommen.

Unspezifische Feindseligkeit. Unspezifische Angst. Es gibt noch ein drittes Symptom; ich möchte es beginnenden Autismus nennen. Damit meine ich den Beginn des Rückzugs in die innere Welt, den Aufbau einer Schranke, Entfremdung vom Rest der Welt. Am Anfang offenbart sich dieses Verhalten als eingefahren, routinemäßig, sich wiederholend; es folgt immer wieder einem festen Muster. Der Unterschied zwischen den Kindheitsjahren und den späteren Entwicklungsperioden ist, daß in der Kindheit die motorischen Reflexe noch nicht unterdrückt werden. Also zeigt sich der frühe beginnende Autismus oft durch routinemäßige körperliche Bewegungen. Später, wenn es der Gesellschaft gelingt, diese Art von Verhalten zu kontrollieren, wird es stillgelegt. „Schrei nicht rum!", „Renn nicht rum!", „Mach nicht soviel Lärm!". Wenn wir ein etwas höheres Alter erreicht haben, wird aus genau dieser Art von Verhalten ein stumpfsinniges Abschalten.

Ich behaupte, daß diese drei Eigenschaften in nach Alter oder Entwicklungsstand getrennten Gruppen sehr weit verbreitet sind. Alle drei entstehen aus der Frustration darüber, Dinge nicht in den Griff zu kriegen.

Kinder, die das Gefühl haben, mit ihrer Umgebung umgehen zu können, zeigen diese Art von Verhalten einfach nicht. Man sieht genau das Gegenteil - ausgelassene Aktivität, den Eifer, mit einer Aufgabe voranzukommen, Eifer, sich der nächsten Sache zuzuwenden. Das bringt mich direkt zum Kern der ganzen Angelegenheit. Nachdem wir über die zwei schlechten Extreme und ihre Kombination, die man derzeit in Regelschulen vorfindet, geredet haben, ist wohl klar, warum ich freie Altersmischung für einen so entscheidenden Faktor an Sudbury Valley halte. Es ist der Schlüssel zu allem anderen. Freie Altersmischung ermöglicht den freien Fluß des Zusammenspiels zwischen Leuten, die sich an unterschiedlichen Punkten ihres Reifungsprozesses befinden. Durch Altersmischung kann man immer jemanden in *beiden* Richtungen finden, während man sich in Richtung Erwachsensein entwickelt. Man kann jemanden finden, der beim Lernen, wie man mit der Umgebung zurechtkommt, nur ein paar Schritte *voraus* ist (nur *ein paar* Schritte, und nicht etwa so weit voraus, daß er nicht mehr auf eine Menge gleicher Probleme träfe). Jemanden, der noch die gleiche Sprache spricht, der noch viele der gleichen Fehler macht. Aber gleichzeitig hat derjenige ein paar von den Sachen erreicht hat, die man selbst auch erreichen möchte. Und da man über 80 Prozent der Probleme ziemlich leicht reden kann (weil man da im gleichen Boot sitzt), werden die anderen 20 Prozent ein gewaltiges Stück leichter zu verstehen. Andererseits ist es genauso wichtig, sich umdrehen zu können und jemanden ein kleines Stück hinter sich zu finden. Denn indem man jemandem, der einen fragt, etwas erklärt, erklärt und noch mal erklärt, verbessert man die eigene Leistung, die eigenen Fähigkeiten. Dies ist die wahre Bedeutung des bekannten Spruches, Lehren und Lernen seien zwei Seiten der selben Medaille. Sie sind es wirklich. Ein Problem gelöst zu haben ist genauso wichtig wie die Lösung in Worte fassen zu können und sie an jemandem zu schärfen, der einen ausfragt und es einem schwer damit macht. Und genau das erhält man, wenn man auf die eine Seite schauen kann und da jemanden findet, der ein oder zwei Jahre älter als man selbst ist, und dann auf die andere Seite schauen kann und jemanden findet, der ein oder zwei Jahren jünger ist.

Tatsächlich würde eine Studie der altersübergreifenden Kontakte an Sudbury Valley die klassische glockenförmige Statistik-Kurve ergeben, sie stellt die Verteilung der Kontakte zwischen Leuten verschiedener Entwicklungsstufen dar. Wahrscheinlich werden die Kinder größtenteils mit anderen zu tun haben, die sich in einer engen Spanne auf beiden Seiten von ihnen befinden, und zunehmend weniger Zeit - aber doch *einige* Zeit - mit Leuten verbringen, die immer weiter von ihnen - in beiden Richtungen - entfernt sind. Die fernen Kontakte existieren nachgewiesenermaßen, und sie dienen dazu, den normalen Entwicklungsprozeß zu beschleunigen. Gelegentlich kann jemand sehr einfach einen großen Schritt nach vorn machen. Die kleinen Schritte nehmen den größten Teil der Zeit ein, aber Altersmischung erlaubt einem auch, eine Menge sehr überraschender und unvorhersehbarer großer Schritte zu machen. Wir beobachten, daß dies ständig passiert. Plötzlich kommt ein Kind glänzend mit jemandem aus, der fünf oder sechs Jahre älter oder jünger ist. Früher waren wir sehr überrascht davon, z.B. wenn ein Teenager auf einmal wirkliche Befriedigung in einer inneren Beziehung zu sehr jungen Kindern fand. Das hat nichts mit Mutter- oder Vaterinstinkten zu tun. Es hat vielmehr damit zu tun, daß sie einen großen Wert darin sehen, über große Unterschiede hinweg einen großen Schritt zu vollziehen. Und genauso oft macht ein junges Kind auf einem Gebiet einen Sprung und findet eine gemeinsame Sprache mit jemandem, der in seiner Entwicklung in einem bestimmten Gebiet weit voraus ist.

Vielen ist schon aufgefallen, daß es an Sudbury Valley keine nennenswerten Cliquen gibt. Es gibt Freundschaften, es gibt Grüppchen, wirkliche Cliquen aber nur sehr selten. Das ist um so bemerkenswerter, als Cliquen typisch für die Situation an gewöhnlichen Schulen sind. Und warum ist das bei uns so? Die Antwort ist einfach: Auch wenn man eine Gruppe von Freunden hat, mit denen man den größten Teil seiner Zeit verbringen möchte, gibt es immer noch jemanden außerhalb dieser Gruppe, mit dem man auch einen Teil seiner Zeit verbringen möchte. Es gibt immer jemanden, mit dem man noch auf einem anderen Gebiet das eine oder andere Interesse teilt. Deshalb begeben sich die Kinder, auch immer mal aus ihrem unmittelbarsten

Freundeskreis heraus, um sich auf einem Gebiet zu entwickeln, das sie mit den anderen nicht gemein haben. Folglich gibt es keine festen Cliquen.

Eine weitere Sache, die ich an der Sudbury Valley School bemerkenswert finde und die direkt mit freier Altersmischung zu tun hat, ist das auffällige Fehlen von Eingebildetsein und Angeberei. Natürlich behaupte ich nicht, daß sie gar nicht vorkämen; schließlich wird einem in unserer Gesellschaft praktisch eingeimpft, anzugeben. Aber wenn man sich die Schule ansieht, fällt unweigerlich auf, daß bei den meisten Begegnungen Angeberei oder gar Neid keine bedeutende Rolle spielen. Warum ist das so?

Die Antwort hat direkt mit der Altersmischung zu tun. Ist man in einer engen Altersgruppe gefangen, zwingen sich Angeberei und Neid praktisch auf; es geht darum, eine Hackordnung in der Gruppe einzurichten. Sie sitzen alle im selben Boot, und so bleibt ihnen nur, miteinander zu kämpfen, um eine physische oder psychische Vormachtstellung zu erlangen. Sudbury Valleys Konzept hat einen großen Teil dieses Problems beseitigt. Ich meine: Vor wem soll man denn angeben? Was will man mit Angeberei erreichen? Ich meine hier nicht den moralischen Aspekt, sondern die tatsächlichen Interaktionen beim Lernen. Jeder hier weiß und erkennt schnell an, daß niemand sich für Angeberei interessiert. Was z.B. wäre die Absicht eines Kindes, das damit angibt, daß es gut lesen kann? Es weiß ja, daß es nicht so gut lesen kann wie jemand, der drei oder vier Jahre älter ist. Altersmischung beseitigt die Notwendigkeit anzugeben, denn Altersmischung entspricht der gesunden menschlichen Motivation, von jeder verfügbaren Quelle zu lernen. Ein gesunder Mensch wird stets von jedem lernen wollen, der in der Nähe ist und etwas lehren kann, das ihm bei seiner Entwicklung behilflich ist. Und Befriedigung erhält man, in dem man es erreicht, nicht durch eingebildet sein.

Ich würde gern damit enden, den Faden vom Anfang wieder aufzugreifen. Alles, was ich über Kinder im Schulalter gesagt habe, wird überaus lebendig, wenn man es bei Dreijährigen sieht. Dreijährige sind in der Entwicklung ihrer grundlegenden Kommunikationsfähigkeiten noch in einem nicht sehr ausgeprägten Stadium. Wenn sie nun nicht einmal mit einem anderen erfolgreich kommunizieren können, verdoppelt sich die Frustration. Denn es sitzen nicht nur alle im selben Boot, sondern sie können noch nicht einmal mit all den anderen in diesem Boot reden. Man hat also einen Haufen von Kindern, die einander nicht einmal ausdrücken können, daß sie die Dinge tun wollen, die sie zusammen zu unternehmen fähig sind; sie können einander nicht einmal mitteilen, daß sie Dinge auf ihrem eigenen Niveau tun wollen. Sie wissen, was sie tun wollen, sie haben ein Bild davon, aber sie können sich nicht verständlich machen. Wenn also nur Dreijährige zusammen sind, ohne eine Menge anderer Kinder, die ihnen helfen könnten, dann gibt es keine Brücken für Kommunikation zwischen ihnen.

Da saßen wir nun zusammen: ein Haufen Dreijähriger und ein Haufen Erwachsener. Die Erwachsenen konnten die Kommunikations-Kluft nicht überwinden – wie gesagt, es gibt keinen Weg, wie ich mich erfolgreich mit einem Dreijährigen unterhalten könnte, dem ich nie zuvor begegnet bin. Er vertraut mir nicht. Er kennt mich nicht. Ich verstehe ihn nicht. Er versteht mich nicht. Es war unerträglich. Wie auch immer, wären auch ein paar Vier- oder Fünfjährige dabeigewesen, wäre es eine ganz andere Situation gewesen. Es hätte diese Probleme nicht gegeben. Die Dreijährigen hätten mit den Vier- oder Fünfjährigen kommunizieren können. Die Vierjährigen wären dic Brücke gewesen. Jeder weiß wohl aus Erfahrung, daß ältere Kinder die perfekte Kommunikationsbrücke sowohl unter kleinen Kindern als auch zwischen kleinen Kindern und Erwachsenen sind.

Die freie Altersmischung an der Sudbury Valley School muß den Leuten irgendwie erklärt werden, wenn sie herkommen, um sich anzusehen, was wir tun. Ich befürchte, das ist eine sehr schwierige Aufgabe, denn das allgemeine Bildungssystem strebt genau das Gegenteil an. Aber es ist eine wichtige Aufgabe, da Altersmischung – unter dem Gesichtspunkt der Bildung – äußerst nützlich ist. Altersmischung fördert die Reifung und Entwicklung der Kinder, die in unserer Schule sind – besonders jener, die schon früh zu uns kommen.

In gewisser Hinsicht fällt das auch vielen unserer Besucher auf. Sie bemerken die Ergebnisse, ohne die Ursachen zu verstehen. Sie stellen fest, wie erstaunlich reif und entwickelt unsere Zehn-, Elf-, Zwölf- und Dreizehnjährigen sind. Erwachsene können mit ihnen kommunizieren – das bedeutet, sie sind in ihrem Prozeß, in ihren Modellbau- und Problemlösungsfähigkeiten vergleichbar mit Erwachsenen zu werden, viel weiter sind als Zehn-, Elf- oder Zwölfjährige in der sonstigen Gesellschaft. Meiner Meinung nach ist das ein unmittelbares Ergebnis dessen, daß wir die Kinder nicht nach dem Alter trennen.

Der Buchenbaum

Hanna Greenberg

An einem herrlichen Morgen im Herbst „sah" ich den Buchenbaum zum ersten Mal. Das scheint eine unglaubliche Aussage zu sein, wenn sie von jemanden stammt, der seit so vielen Jahren an der SVS ist – unglaublich, aber wahr. Wie jeder andere habe ich den Baum im Herbst gesehen, wenn seine Blätter sich rot färben und dann abfallen, er den ganzen Winter hindurch seine Äste ihre prachtvolle Architektur zeigen läßt. Ich habe auch neues Wachstum im Frühjahr miterlebt, wenn die sprießenden Blätter dem Baum einen pinkfarbenen Lichthof geben, und dann langsam ihre tiefgrüne Farbe annehmen. Ich habe auch eine Generation von kleinen Kindern nach der anderen gesehen, wie sie lernten, auf den mächtigen Baum zu klettern, sich höher und höher zu wagen, manchmal seine Krone zu erreichen und für Stunden obenauf zu sitzen. Aber vor kurzem erst „sah" ich den Baum wirklich, verstand ihn wirklich. Da ich eine Erwachsene bin, wußte ich nicht, wie ich den Baum wirklich kennenlernen sollte, bis ein kleines Mädchen es mir beibrachte. Es geschah folgendermaßen:

Eines Tages teilte mir Naomi mit strahlendem Gesicht mit (wie viele Kleine vor ihr), daß sie endlich in der Lage sei, ganz alleine in den Buchenbaum zu klettern. Sie sagte, Alison habe ihr gezeigt, wie man das tut, und nun werde sie es mir zeigen. Ich ging mit ihr hinaus, weil ich ihre Freude teilen wollte und es ein so großartiger Morgen mit leuchtenden Farben war, üppiges Sonnenlicht durch den Tau auf den roten und gelben Blättern schimmerte. Naomi zeigte mir, wie sie kletterte, und kam wieder herunter, und dann sagte sie mir, ich solle dasselbe tun. Nun, ich hatte zig Kindern hinauf-, und vielen mehr

heruntergeholfen, wenn sie das Gefühl hatten, daß sie festsaßen; aber ich hatte nie versucht, selbst auf den Baum zu steigen. Naomi akzeptierte nicht ohne weiteres ein „Nein", und ich wußte, daß ich es tun mußte, wenn ich ihre Achtung nicht verlieren wollte. Sie zeigte mir sehr geduldig und deutlich, Schritt für Schritt, wie man hoch und wie man runter klettert, und ich tat es, zum allerersten Mal.

Als ich auf der ersten Ebene ankam, war ich von der Schönheit dieser Aussichtsplattform beeindruckt. Ich vermag die mächtigen Äste, den gemütlichen Raum und die Gefühle von Ehrfurcht, die mich überkamen, nicht zu beschreiben. Es genügt zu sagen, daß mir klar wurde: Nun hatte ich den Baum zum ersten Mal „gesehen". Wir Erwachsenen halten uns für sachkundig, unsere Kinder aber für bedürftig, zu lernen und unterrichtet zu werden; in diesem Fall jedoch würde ich wetten, daß jedes Kind an der SVS erstaunt wäre über unsere Unwissenheit und Unempfänglichkeit gegenüber der Großartigkeit, die uns umgibt, die von uns ungesehen und unbeachtet bleibt. Naomi war eine gute Lehrerin, und ich werde immer dankbar für das sein, was sie mir zeigte.

Wie die Schule geleitet wird – Wen interessiert das?

Daniel Greenberg

Ich dachte, vielleicht interessiert es dich ja, wie die Schule geleitet wird.

Aber wenn du wie die meisten Leute bist, wirst du es wahrscheinlich gar nicht wissen wollen. Diese nüchterne Tatsache wurde uns vor vielen Jahren als so etwas wie eine Enttäuschung klar, nachdem wir über einen Zeitraum von mehreren Jahren unzählige Stunden allein, in verschiedenen Gruppen, mit Rechtsanwälten usw. verbracht hatten – alles für den noblen Zweck, ein Regierungssystem zu erarbeiten, das unseren hohen Idealen und politischen Prinzipien gerecht wird. Wir wurden nie müde, unsere Ideen zu verfeinern, und wir tun das immer noch. Am Anfang dachten wir, jeder andere würde genauso an diesen Dingen interessiert sein. Wir brauchten nicht lange, um herauszufinden, daß dem nicht so ist.

Jedenfalls ist es, wenn man darüber nachdenkt, gar nicht so erstaunlich. Praktisch jeder in diesem Land fühlt sich mit den Grundprinzipien, auf denen unsere Nation gegründet wurde, stark verbunden, da er diese Prinzipien versteht. Aber wieviele Bürger haben auch nur die leiseste Ahnung von den Details des Regierungssystems? Kennst du die verschiedenen Aufgaben der Stadtverwaltung, der Gemeindeausschüsse, der Stadtverordneten, der Bezirksregierung, der Schulbezirke, der Regierungsinstanzen und -behörden, der Gerichte der verschiedenen Instanzen, der Seegerichte, der Finanzgerichte, des Bundesverfassungsgerichts usw. usf.? Den größten Teil unseres

Lebens kommen wir sehr gut ohne jede Vorstellung davon aus, was all diese Zweige des Staatswesens tun. Wenn wir gelegentlich aus Versehen mit ihnen in Konflikt kommen oder sie brauchen, bekommen wir eine kurze Erklärung.

Naja, ich dachte, du wärst vielleicht neugierig auf die Schule. Wenn nicht, lies einfach nicht weiter! Wenn doch, zeige ich dir eine kurze Skizze der Funktionsweise von Sudbury Valley.

Die Schule als Rechtsperson ist eine Massachusetts Corporation, „The Sudbury Valley School, Inc." Da es eine gemeinnützige Vereinigung ist, gibt es keine Aktionäre. Statt dessen besteht die Corporation aus der Versammlung aller an der Schule Beteiligten (School Assembly). Gemäß der Satzung sind dies alle Schüler, Mitarbeiter und Eltern, der Beirat und besondere öffentliche Mitglieder*, über deren Aufnahme jedoch abgestimmt werden muß. (Eine Kopie der Satzung ist auf Nachfrage im Büro der Schule erhältlich.) Die Assembly trifft sich regelmäßig an zwei Tagen im Jahr, im Spätfrühling, und legt alle grundlegenden Richtlinien der Schule fest: den Jahreshaushalt, die Höhe der Gehälter und des Schulgelds; sie entscheidet über die Verleihung von Abschlüssen und wählt die Vorstandsmitglieder und den Beirat. Die Tagesordnung der Assembly wird im Voraus bekanntgegeben und an alle Mitglieder verschickt. Jedes Assembly-Mitglied kann einen Punkt auf die Tagesordnung setzen, indem es ihn über das Büro der Schule an den Schriftführer der Corporation schickt; Tagesordnungspunkte können (mit einigen Ausnahmen) auch während der Sitzung eingebracht und dann diskutiert und abgestimmt werden.

Der Vorstand der Corporation besteht aus dem Vorsitzenden, der bei Treffen der Assembly und des Beirats den Vorsitz führt, und dessen wichtigste Befugnis darin besteht, Sonder-Treffen einzuberufen, wenn er es für angebracht hält; ferner aus einem Schatzmeister und einem Schriftführer.

Jedes Jahr wählt die Assembly auch einen Beirat (Board of Trustees), der – anders als in praktisch allen anderen Schulen und Körper-

*Anm. d. Übers.: z.B. engagierte Sympathisanten

schaften – bei uns überhaupt keine Macht hat. Der Beirat ist vielmehr unser beratendes Gremium, das die verschiedenen Fragen, die ihm von der Assembly überwiesen werden, so gut es kann bearbeitet, und dann der Assembly Bericht erstattet, sobald es ihm möglich ist. Die Anzahl der Beiratsmitglieder ist derzeit durch die Satzung auf maximal 20 begrenzt. Aus Tradition dürfen alle Assembly-Mitglieder bei den Treffen des Beirats anwesend sein, und soweit das möglich ist, wird ihnen das Thema, das diskutiert werden soll, vorher mitgeteilt.

Das Alltagsleben an der Schule wird von der Schulversammlung (School Meeting) geleitet, sowohl unmittelbar als auch durch seine verschiedenen Vertreter.

Die Schulversammlung besteht aus allen, die an der Schule ihren Tag verbringen – also allen Schülern und Mitarbeitern; jeder hat eine Stimme. Für die Praxis bedeutet das, daß die Schüler den Mitarbeitern zahlenmäßig weit überlegen sind. So müssen die Mitarbeiter immer auf alles gefaßt sein. Jeder Mitarbeiter, der einen bestimmten Plan einbringen will, muß sorgfältig die Fakten und Argumente ausgefeilt haben, wenn er eine Mehrheit der Anwesenden und Abstimmenden – die meisten von ihnen sind gewöhnlich Schüler – überzeugen will; das gleiche gilt für jeden Schüler. Die Schulversammlung trifft sich jeden Donnerstag um 13 Uhr. Die Treffen verlaufen effizient und nach einer verbindlichen Geschäftsordnung, mit einer festen Tagesordnung. Die Tagesordnung wird „Schulversammlungs-Protokoll" genannt und immer im voraus veröffentlicht.

Die Schulversammlung hat volle Handlungsbefugnis für die Leitung der Schule und ist nur an die von der Assembly bekanntgegebenen Richtlinien gebunden. Die Schulversammlung ist für alles zuständig: Sie entscheidet, wofür Geld ausgegeben wird, stellt Mitarbeiter ein (oder entläßt sie), beschließt all die Schulregeln (die dauerhaften Regeln sind im Gesetzbuch der Schulversammlung, das im Büro erhältlich ist, niedergeschrieben), überwacht die Bestrafungen und richtet alle möglichen Verwaltungsorgane ein, damit die Dinge reibungslos ablaufen. Die Versammlung wird vom Vorsitzenden der Schulversammlung geleitet, der praktisch das Oberhaupt der Schule ist. In den frühen Jahren war der Vorsitzende immer ein Mitarbeiter, aber seit 1973 hatten auch Schüler diesen Posten inne. Auch die Schulversammlung wählt einen Schriftführer, der die Protokolle schreibt.

Die Schulversammlung tagt öffentlich (außer zu seltenen Anlässen; sie finden z.B. dann unter Ausschluß der Öffentlichkeit statt, wenn es um persönliche Dinge eines konkreten Schülers geht). Man sollte wirklich mal eine erlebt haben – sie ist das Herz der Schule und eine sehr interessant zu beobachtende Institution.

Damit all die unzähligen Aktivitäten der Schule reibungslos ablaufen, richtet die Schulversammlung Komitees und School Corporations ein bzw. benennt Zuständige. (Diese sind alle detailliert im Gesetzbuch und in einem Verwaltungshandbuch, das im Büro aufbewahrt wird, festgelegt.)

Zuständige sind im wesentlichen Verwaltungsleute. Es gibt z.B. einen Anwesenheits-Zuständigen, der die Anwesenheitslisten, die Nutzung des Gebäudes nach Schulschluß und die Schlüssel kontrolliert. Es gibt einen Grundstückspflege-Zuständigen, der sich um das Grundstück kümmert, einen Gebäudeerhaltungs-Zuständigen und so weiter. Wenn die Schulversammlung einen Zuständigenposten einrichtet, legt sie genau die Rechte und Pflichten des Zuständigen fest, und überträgt ihm innerhalb dieses festgelegten Rahmens die Befugnisse.

Komitees kümmern sich um umfangreichere Aufgaben. Das Ästhetik-Komitee z.B. kümmert sich um alle Angelegenheiten, die mit dem Aussehen der Schule zu tun haben, also innere und äußere Gestaltung, Einrichtung, Ausstellungen und künstlerische Arbeiten sowie Sauberkeit.

School Corporations sind Gruppen, in denen sich die an einem bestimmten Gebiet Interessierten zusammenschließen; diese Gruppen erhalten einen offiziellen Status. Sie sind Sudbury Valleys Entsprechung zu Fachbereichen (Departments) an anderen Schulen. Es gibt zum Beispiel eine Holzarbeiten-Corporation, eine Fotolabor-Corporation, und so weiter.* Corporations werden für bestimmte Zwecke durch die Schulversammlung eingerichtet und mit bestimmten Be-

*Anm. d. Übers.: Corporations sind also so etwas ähnliches wie Arbeitsgemeinschaften

fugnissen ausgestattet. Durch die Corporations werden Gelder kanalisiert, um die jeweiligen Bildungs-Aktivitäten zu unterstützen. Der große Vorteil, den School Corporations gegenüber Departments haben, besteht darin, daß erstere entsprechend den Bedürfnissen und Interessen der Schüler gegründet und aufgelöst werden können, während Departments kein Verfallsdatum haben und, einmal eingerichtet, bis ans Ende aller Zeiten fortbestehen. (Ich hatte mal an einem renommierten Frauen-College mit einem Physik-Department zu tun, das eine halbe Etage eines vierstöckigen Gebäudes belegte, obwohl es gar *keine* Physik-Studiengänge mehr gab – es war einfach ein Überbleibsel von vor fünfzig Jahren!)

Verhaltensprobleme an der Schule werden im Rahmen des von der Schulversammlung eingerichteten Justizsystems behandelt. (Die der Justiz der Schule zugrundeliegenden Prinzipien werden im Kapitel „Über Recht und Ordnung“ dieses Buches ausführlich vorgestellt.) Auch für dieses System sind die Einzelheiten im Gesetzbuch genau festgelegt.

Obwohl an der Schule die Aktivitäten so vielfältig sind, die Interessen und Rechte des Einzelnen so umfassende Beachtung und Entfaltungsmöglichkeit finden, läuft die Schule extrem reibungslos. Und trotz der Tatsache, daß sich seit der Zeit der Gründung der Schule die Lebenshaltungskosten vervielfacht haben, sind die Kosten für den Schulbetrieb real nicht gestiegen, dank der unglaublichen – und ich meine *unglaublichen* – Klugheit und Sparsamkeit der Schulversammlung.

Das ist also der kurze Überblick, den ich versprochen habe. Wenn du bis hierher gelesen hast, kennst du die Grundzüge, wie die Schule arbeitet. Alles weitere zu Details und philosophischen Grundlagen läßt sich nur klären, indem du uns deine Fragen stellst; wir werden sie gern beantworten.

Was geht dir durch den Kopf, wenn du an die Schulversammlung denkst? (Antwort einer früheren Schülerin)

Laura Ransom

Die Schulversammlung hatte eine herausragende Eigenschaft, die mir in Erinnerung bleibt: Sie war eine der wenigen Umgebungen in meinem Leben, in denen meine Ideen ohne Rücksicht auf mein Alter, Geschlecht, bisherige Erfahrung oder Status in der Gruppe beachtet wurden. Der Grundsatz der Schulversammlung war, „seine Äußerungen an den Vorsitzenden zu richten" – sie zu depersonalisieren, sich auf den Inhalt zu konzentrieren. Auch wenn einige dies als Mangel an Wärme empfanden, bedeutete es, daß die Ideen ohne Sexismus und ohne Herablassung diskutiert wurden. Ich hatte nur selten das Gefühl, wie ein kleines Mädchen behandelt zu werden, was ich als junge Frau so oft erlebt hatte. Die Struktur verlangte, daß die Ideen, Anträge und Probleme ohne Ansehen der beteiligten Personen behandelt wurden – eine Trennung, die die Entwicklung echter politischer Gleichrangigkeit ermöglichte. Wie schon oft angemerkt wurde, bedeutete dies nicht, daß wir alle gleich gut vorbereitet oder gebildet oder mit dem gleichen Einfluß aufeinander zu den Treffen kamen. Wir waren, Gott sei Dank, alle unterschiedlich: Einige vernünftiger und einige alberner, einige mit Kenntnissen über die Geschichte und einige, die nur für den Augenblick leben wollten. Einigen wurde große Anerkennung geschenkt, wodurch sie ihre Auffassungen unbegründet präsentieren und eine Abstimmung lenken konnten, ohne ihren Standpunkt begründen zu müssen; und einige kamen mit sorgfältig begründeten Argumenten und scheiterten, weil es ihnen nicht gelang, eine Mehrheit für ihre Sache zu gewinnen. Politische Gleichrangigkeit und eine faire Leitung der Versammlung waren keine Garantie dafür, daß wir alle gleichermaßen vernünftig oder gleichermaßen erfolgreich darin sein würden, die Schulversammlung zu überzeugen, unseren Antrag zu beschließen. Aber wir bekamen ganz eindeutig die gleiche Chance, die gleiche Gelegenheit.

Der zweite Punkt, und für mich persönlich der wichtigere, war, daß wir den anderen die selbe Möglichkeit geben mußten. Einige Mitglieder der Versammlung sprachen mit Redegewandtheit und Einfühlungsvermögen, andere waren langweilig, unausstehlich und unhöflich. Wir mußten auch ihnen zuhören, wenn wir Ruhe wollten, während wir sprachen. Gelegentlich stellten Mitglieder den selben Antrag wieder und wieder, brachten Ideen ein, die bereits mit überwältigender Mehrheit abgelehnt worden waren, und entfachten scheinbar endlose Debatten. Sie hatten ein Recht auf die Diskussion und auf die Abstimmung über ihre Ideen. Ein ernsteres Problem war jedoch, daß einige Schüler (und hin und wieder auch Mitarbeiter) offensichtliche, direkte Machtkämpfe führten und damit die Autorität der Schulversammlung herausforderten. Diesen Herausforderungen mußte entgegengetreten werden. Wir mußten versuchen, unseren Ärger über verschwendete Versammlungs-Zeit und unseren Eindruck, hinter einer bestimmten Herausforderung stehe eine feindliche Absicht, beiseite schieben; wir mußten versuchen, uns nur mit der Sachfrage zu befassen. Persönliche Bemerkungen zu machen oder sich direkt an andere zu wenden, war gegen die Regeln.

Ich persönlich habe diese Dinge auf beiden Seiten miterlebt, als Mitglied der Schulversammlung, und ein Jahr lang als Vorsitzende. Das war eine wichtige Erfahrung für mich. Jedenfalls kann ich sagen, daß mir die außergewöhnliche Situation, in der ich mich befand, damals kaum bewußt war. Erst jetzt erkenne ich, daß mir weder zuvor noch seitdem diese Art von Gleichberechtigung, Stärke und Achtung begegnet ist. Damals war ich mir hauptsächlich der Mühe bewußt, für die Schule und für mein Aufgabengebiet in der Gemeinschaft verantwortlich zu sein. Jetzt weiß ich, daß mein Einsatz kein zu hoher

Preis war für die seltene Gelegenheit, an einer Gemeinschaft teilzuhaben, die in ihrer Verwaltung und in ihrem Alltag Gleichberechtigung lebt.

Fünf Mythen über Demokratie

Daniel Greenberg

Unter „Demokratie“ scheint jeder etwas anderes zu verstehen. Für die Regimes in Osteuropa bezeichnete sie lange Zeit eine autokratische Einparteienherrschaft, die im vorgeblichen Interesse der Massen handelte; für die Neuengländer bedeutete sie allgemeines Stimmrecht in einer offenen Stadtversammlung (Town Meeting); für die Gründerväter unseres Landes bezeichnete sie ein komplexes System der Repräsentation, der gegenseitigen Kontrolle und des Machtausgleichs zwischen Präsident und Parlament. Und so weiter. Als wir die Sudbury Valley School als eine „demokratische Schule“ gründeten, dachten wir naiverweise, es gebe eine allgemeine Übereinkunft darüber, was das bedeutet. Es stellte sich jedoch heraus, daß verschiedene Leute ziemlich verschiedene Vorstellungen davon hatten, was für eine Art von Einrichtung eine „demokratische Schule“ ist, und selbst die Mitglieder der Schulgemeinschaft waren in dieser Frage ganz unterschiedlicher Auffassung.

Bedeutet das, daß das Wort „Demokratie“ eigentlich inhaltsleer ist, man es in Alltagsgesprächen oder in Briefen nicht verwenden kann, wenn man eine klare Bedeutung vermitteln will? Ich denke, nein. Ich denke, dieses Wort hat tatsächlich für alle, die unsere Sprache mit Überlegung verwenden, eine Kernbedeutung, und Schwierigkeiten entstehen vor allem durch Nachlässigkeit (oder gelegentlich bewußt, durch Betrug). Ich denke, unsere Probleme an der Schule mit diesem Wort entstehen größtenteils aus unserem Versagen, seine tiefere Bedeutung zu ergründen. Wir haben uns wohl zu oft mit vagen Definitionen zufriedengegeben, die die wahre Bedeutung verfehlten und nur zu Streit führten.

Statt zu versuchen, noch genauer darzulegen, was wir unter Demokratie verstehen und eine neue Definition anzubieten, werde ich mich hier lieber darauf konzentrieren, was Demokratie *nicht* bedeutet. Im Laufe der Jahre konnten wir eine Reihe von immer wiederkehrenden Fehlern entdecken, die sowohl den an der Schule Beteiligten als auch Außenstehenden unterlaufen, wenn sie sich das Funktionieren unserer Schule ansehen oder sich an philosophischen Diskussionen beteiligen. Ich werde kurz fünf dieser Fehler vorstellen, weil ich hoffe, daß es uns einen Schritt näher an die von uns angestrebte Klarheit bringt, wenn diese Fehler ausgeräumt werden.

1. „In einer wirklich demokratischen Schule wird sich jeder am Entscheidungsfindungsprozeß beteiligen."

Man fragt uns: „Wieviele Teilnehmer erscheinen zur wöchentlichen Schulversammlung?", als ob der Anwesenheitsgrad ein wichtiges Kriterium wäre. Das ist die Wahlbeteiligungs-Mentalität, der zufolge eine Demokratie vollzählige Teilnahme am Abstimmungsprozeß erfordert. In vielen Ländern gibt es Gesetze, die die Leute verpflichten, wählen zu gehen. Dahinter scheinen zwei Gedanken zu stehen: „Wenn keiner wählen geht, funktioniert die Demokratie nicht"; und „Nur wer wählt, ist ein guter Bürger."

Beide Ansätze sind falsch. Demokratie basiert auf allgemeinem Wahl*recht*, nicht auf allgemeiner Teilnahme. Entscheidend ist, daß jeder Mensch *Zugang* zur vollen Teilhabe an der Entscheidungsfindung hat. Ob er diesen Zugang nutzt oder nicht, ist eine persönliche Angelegenheit, die von einer Vielzahl von Faktoren abhängt. Solange es wirklichen allgemeinen Zugang gibt, ist es wirkliche Demokratie.

Jedem sollte selbst überlassen sein, ob er sich an einer konkreten Entscheidung tatsächlich beteiligt. Sobald die Gemeinschaft jemanden zur Teilnahme zwingt, ist dies nur ein weiterer Akt der „Weltverbesserei" – genauso, wie jeden zu zwingen, Mathe zu lernen, oder einmal am Tag zu beten, oder jeden Tag eine gute Tat zu vollbringen. Volle Beteiligung zu erzwingen, ist eine grobe Verletzung der

Privatsphäre der Stimmberechtigten: Es bedeutet, die Gemeinschaft weigert sich anzuerkennen, daß jemand nicht an der Abstimmung teilnehmen möchte.

Es gibt viele Gründe, warum sich jemand dafür entscheiden kann, nicht abzustimmen, und alle sind *grundsätzlich* genau so berechtigt wie die Entscheidung, doch abzustimmen. Jemand fühlt sich vielleicht nicht gut genug informiert, um über das jeweilige Thema mitzuentscheiden; in diesem Fall würde sich die Gemeinschaft offenkundig einen schlechten Dienst erweisen, ihn zum Abstimmen zu zwingen. Ein anderer hat vielleicht gerade anderswo dringenderes zu tun. Ein dritter interessiert sich vielleicht gerade viel mehr für etwas vollkommen anderes. Wer sind wir denn, daß wir sagen könnten, daß die Verfolgung dieses anderen Interesses für die Gemeinschaft von einem geringeren Wert sein wird, als wenn derjenige bei der Versammlung bzw. der Abstimmung dabei ist? Vielleicht möchte jemand auch einfach in einer konkreten Fragestellung den anderen die Einschätzung überlassen – ihnen also eine Art Vollmacht zu erteilen, sicherlich ein legitimes Verhalten.

Ich brauche diese Aufzählung der Möglichkeiten nicht weiter in die Länge zu ziehen. Die Grundidee ist einfach: Wahre Demokratie bedeutet *allgemeines* Stimm*recht*, allgemeiner Zugang zum Entscheidungsfindungsprozeß; ob jemand diesen Zugang nutzt oder nicht, ist ausschließlich seine Angelegenheit; das sollte sich dem Druck durch Gesellschaft oder öffentliche Meinung entziehen.

2. „In einer wirklich demokratischen Schule wird sich jeder in vollem Umfang an den Alltagsaufgaben beteiligen."

Man schaut auf die Verteilung der Verwaltungsaufgaben an der Schule und fragt uns: „Wieviele Mitglieder der Schulgemeinschaft beteiligen sich aktiv an der Leitung der Schule und übernehmen entsprechende Aufgaben?", als ob der entscheidende Faktor die Anzahl der Leute wäre, die Verwaltungsarbeiten erledigen. Das ist die „Bürgerpflicht"-Mentalität, der zufolge jeder bei der Erfüllung einer bestimmten Liste von Routine-Aufgaben „seinen Teil" für die Gemeinschaft leisten soll.

Auch diese Haltung verfehlt völlig den Punkt. Demokratische Prinzipien erfordern, daß jeder die *gleichen Möglichkeiten* erhält, an der Erledigung der Gemeinschaftsaufgaben teilzunehmen. Es darf keine Beschränkungen aufgrund des Geschlechts, der Rasse, des Alters oder anderer derart willkürlicher Eigenschaften geben. Für jeden Posten sollten die nötigen Qualifikationen und zu erwartenden Aufgaben genau bekanntgegeben werden. Und jedes Amt sollte all jenen, die über die Qualifikationen verfügen und die Verpflichtung erfüllen wollen, gleichermaßen offen stehen. Das ist die Grundlage des demokratischen Wahlvorganges, bei dem jeder kandidieren kann, der dies will. Natürlich hat Sudbury Valley immer auf diese Weise gearbeitet.

Ob jemand sich an der alltäglichen Verwaltungsarbeit beteiligen möchte, ist seine eigene Entscheidung, die auf vielen persönlichen Überlegungen beruht, welche die Gemeinschaft zu respektieren hat. Leute zu zwingen, Aufgaben zu übernehmen, die sie nicht wollen, ist ein schwerwiegender Eingriff in die Privatsphäre, der nur in Fällen absoluter Unvermeidbarkeit oder erwiesenen Notfällen begangen werden sollte. (Ein solches Beispiel ist an unserer Schule das Justizkomitee, und die Begründung für diese Ausnahme ist ein spannendes Kapitel in der Geschichte unserer Schule.)

Die Tatsache, daß in jeder Gemeinschaft immer nur wenige Mitglieder bereit sind, administrative Aufgaben in ihr zu übernehmen, sollte kein Grund zur Sorge sein. Jene, die sich entscheiden, der Verwaltung fernzubleiben, haben dafür vielleicht viele gute Gründe. Möglicherweise sind sie nicht gut in dieser Arbeit – sie dazu zu zwingen, würde der Schule mehr schaden als nützen. Vielleicht konzentrieren sie sich auf andere Dinge, und nützen damit der Schule und der Gemeinschaft viel mehr als mit widerwillig ausgeführter Verwaltungsarbeit. Verwaltungstätigkeiten finden sie womöglich abstoßend oder widerlich. Sie zur Arbeit zu zwingen, wäre dann ein ernsthafter Angriff auf ihre privaten Angelegenheiten; es würde bedeuten, daß die Gemeinschaft ein Recht hätte, Leute zu zwingen, ihre privaten Abneigungen zu überwinden. Ich glaube z.B., daß im Kontext des gegenwärtigen sozialen Umfeldes die meisten Teenager Verwaltungsaufgaben noch eine zeitlang als unangenehm empfinden und sie um jeden Preis vermeiden werden, da diese Aufgaben sie an die Art von Diensten erinnern, zu deren Erledigung sie im außerschulischen Bereich gegen ihren Willen gezwungen worden sind. Infolgedessen haben sie angefangen, diese Aufgaben zu hassen, und werden sie auch dann meiden, wenn sie nicht mit Zwang verbunden sind. Ausnahmen gibt es natürlich immer, und hoffentlich werden sie in nicht allzu ferner Zukunft zur Regel.

Ich nehme nicht an, daß sich jemals einer großer Prozentsatz der Leute an der Verwaltung der Schule beteiligen wollen wird, genauso wie es nie einen großen Anteil von Leuten geben wird, die Musik, Kunst, Latein oder Physik studieren wollen. Daran etwas falsch zu finden, heißt, sich auf den Standpunkt zu begeben, gewisse Interessen seien „wirklich gut" und sie zu verfolgen für jeden wichtig, was der Philosophie unser Schule vollkommen fremd ist. Was *tatsächlich* wichtig ist - und an der Schule sorgfältig geschützt wird - ist der offene Zugang zu allen Aufgabenbereichen und Tätigkeiten, und daß regelmäßig Wahlen dazu stattfinden.

3. *„In einer wirklich demokratischen Schule, in der alle als gleichberechtigt behandelt werden, fühlen sich auch alle gleichberechtigt."*

Man fragt: „Warum hat es den Anschein, daß sich bestimmte Teile der Schulgemeinschaft anderen gegenüber als minderwertig fühlen, oder ihnen gegenüber verschüchtert sind?" Zunächst einmal ist diese Frage selbst eine ungerechtfertigte Einmischung in die Privatsphäre und dringt in Bereiche ein, die wir an der Schule immer mit großer Anstrengung vor Zugriff geschützt haben. Was unsere demokratischen Prinzipien angeht, mußten wir sicherstellen, daß jeder jederzeit und in jeder Situation gleich behandelt wird - ohne eine Spur von Befangenheit oder Vorurteil irgend einer Art. Das ist ein unbedingtes Prinzip, nach dem wir jederzeit unser Leben auszurichten versuchen.

Wir sind nie in die Psyche von Schülern oder Mitarbeitern eingedrungen, und ich hoffe, daß wir das auch niemals tun werden. Man braucht keine Fachkenntnisse in Psychologie, um zu wissen, daß Gefühle von Unzulänglichkeit, Mangel an Selbstvertrauen, Angst, Minderwertigkeit und dergleichen keine leicht zu verstehenden Angelegenheiten sind, und daß sie ihren Ursprung in der vollen Bandbreite von Erfahrungen haben, die ab dem Moment der Geburt auf einen Menschen eingewirkt haben. Die Vollkommenheit der Demokratie einer Schule - oder einer Stadt - anhand des persönlichen Seelenzustandes ihrer Mitglieder zu beurteilen, heißt, das Private völlig mit dem Öffentlichen zu verwechseln.

Menschen, die unter psychischen Problemen leiden, müssen selbst dafür verantwortlich sein, nach Abhilfe zu suchen. Die Alternative ist, daß sich die Gemeinschaft dafür verantwortlich fühlt, die psychische Gesundheit jedes einzelnen zu bewerten und seine Angelegenheiten zu regeln. Ich empfinde diese Alternative als vollständigen Verlust der Privatsphäre, und ich habe das Gefühl, daß unser Land schon viel zu weit in diese Richtung gegangen ist. Hoffentlich wird sich Sudbury Valley nie für diesen Weg entscheiden, sondern sich damit zufrieden geben, sich ständig neu selbst zu überprüfen, um sicherzugehen, daß die Schule nicht beginnt, eine Funktionsweise zu entwickeln, durch die einige Menschen auf irgend eine Weise ungleich behandelt werden.

4. „In einer wirklich demokratischen Schule, in der alle Meinungen offen geäußert und diskutiert werden, werden Entscheidungen letztendlich durch Konsens getroffen."

Man fragt: „Ist es nicht ein Mangel eurer Schule, daß ihr oft tief gespalten seid und häufig zu Entscheidungen durch hart umkämpfte Abstimmungen gelangt?" Diese Haltung spiegelt eine seit der Aufklärung beliebte Ansicht wider, nämlich, daß in einer Umgebung freien Ideenaustauschs Vernunft uns immer zur besten Lösung führen müßte. Auf die Schule bezogen, lautet das Argument dieser Kritiker folgendermaßen: „Wenn die Schule wirklich so demokratisch wäre, wie sie von sich behauptet, dann würden in allen Streitfragen die unterschiedlichen Meinungen gründlich, umfassend und sachlich diskutiert werden, und am Ende würde sich die Ansicht mit dem besten sachlichen Gehalt durchsetzen - im Konsens. Die Tatsache, daß die

Schule oft beharrlich gespalten ist, und Entscheidungen mit einem knappen Votum entschieden werden müssen, zeigt, daß es irgend einen Defekt im demokratischen Prozeß gibt, so daß in der Schule nicht die Meinungen frei geäußert werden, sondern bloß ein Machtkampf zwischen Fraktionen stattfindet."

Diese Haltung, auch wenn sie in einer Zeit von Konsens, Liebe, Begegnungsgruppen, Teamgeist usw. besonders populär ist, macht dennoch einen erheblichen Fehler in ihrer Grundannahme, sachliches Argumentieren würde zur besten Lösung für jedes Problem führen. In Wirklichkeit gibt es nur bei einer recht kleinen Zahl von – im wesentlichen technischen – Problemen genau eine beste Lösung. Die komplexeren Probleme des Alltagslebens haben einen Haufen Lösungen, von denen viele gleich gut geeignet sind und für die gleich gute Argumente sprechen. Persönlichkeiten von Redlichkeit, hoher Intelligenz und gesundem Verstand haben zu ein und der selben Fragestellung oft völlig gegensätzliche Auffassungen, welcher der Vorschläge umgesetzt werden sollte.

Das Kennzeichen der Demokratie ist ja gerade die *Abwesenheit* von Konsens. Die demokratische Verfahrensweise bedeutet, daß alle konkurrierenden Vorschläge umfassend und ohne Unterschied angehört werden, und daß sie respektiert werden und fortbestehen dürfen, selbst wenn ihre Befürworter in der Minderheit sind. In einer Demokratie ist Konsens ein seltener und kurzlebiger Zufall, wie dieses Land in den 60er Jahren herausfand. Wiederholter Konsens ist immer ein Anzeichen mächtigen Gruppendrucks, der die Minderheit, welche eine andere Meinung vertritt, zwingt, ihre Position aufzugeben und sich der vorherrschenden Sicht anzuschließen.

Ich selbst bin immer sehr erleichtert, wenn eine heiß umstrittene Sache in die Schulversammlung oder die Assembly kommt, weil ich schon in dem Vorhandensein solcher Fragen eine Bestätigung unserer Verwurzelung in demokratischen Verfahrensweisen sehe.

5. *„In einer wirklich demokratischen Schule wird sich jeder für die Verteidigung der Grundsätze und Rechte, auf denen die Schule aufgebaut ist, einsetzen."*

Man sagt: „Wenn eure Schule wirklich demokratisch wäre, würde sich jedes Mitglied der Schulgemeinschaft eifrig für ihr Fortbestehen einsetzen. Das Fehlen dieser allgemeinen Verbundenheit ist ein Zeichen dafür, daß die Schule auf Kosten der Mehrheit einige wenige begünstigt." Das ist die missionarische Sichtweise, nämlich daß jemand, der einen Vorteil erhält, sich der Sache vollkommen verpflichtet fühlen muß.

Diese Haltung läßt die Erfahrungen sowohl der Geschichte als auch der Psychologie außer acht. Es hat in der Geschichte nie eine Situation gegeben, in der alle – oder auch nur ein großer Anteil von denen –, die von etwas profitiert haben, sich dessen Erhaltung verpflichtet gefühlt hätten. Im Gegenteil (und unsere Geschichtsbücher sind eine lange Chronik des Gegenteils): Zu jeder Zeit, in jeder Gruppe, hat sich nur ein kleiner Bruchteil dem Beschützen, Erhalten und Weiterentwickeln der guten Dinge verschrieben, deren sich die Massen erfreuten.

Warum das so ist, ist eine von Sozialwissenschaftlern zu klärende Frage, und es ist etwas, das zu verstehen sie noch nicht einmal angefangen haben. Es ist sogar fraglich, ob wir jemals wollen würden, daß es anders wäre. Wenn wir zufällig auf eine Gemeinschaft mit einer relativ großen Zahl von Leuten stoßen, die sich für den Erhalt ihrer Lebensart engagieren – z.B. die homogenen Religionsgemeinschaften der Vergangenheit und Gegenwart –, haben wir oft das Gefühl, daß sie nicht den Charakter haben, den wir in unserer Umgebung gerne vorfinden würden. Man kann sagen, daß das Vorhandensein einer großen Masse zufriedener Bürger, die sich nicht vollkommen dem Streben verpflichtet fühlen, das vorhandene zu stärken, ein *notwendiges Gegengewicht* zu der kleinen Zahl Engagierter ist. Vielleicht sind die zufriedenen, aber scheinbar gleichgültigen Massen eine gesunde Erinnerung an alle Beteiligten, daß es im Leben noch andere wichtige Dinge gibt als die Ideale, für die sich die wenigen verausgaben. Auf diese Weise verliert man trotz allen Engagements die schönen Dinge des Lebens nicht aus den Augen.

Fünf Mythen - und es gibt viele weitere. Wenn wir damit anfangen, die Fehler dieser fünf zu erkennen, denen so viele von uns hin und wieder selbst zum Opfer gefallen sind, werden wir besser vorbereitet sein, uns erfolgreich mit anderen, ähnlichen Fehlern zu beschäftigen, die uns gewöhnlich verwirren.

Feinheiten einer demokratischen Schule

Daniel Greenberg

Im Handeln der Schule entwickelten sich im Laufe der Jahre Feinheiten, die sich als wesentlich für das Selbstverständnis unserer Schule erwiesen haben. Vor einiger Zeit gab mir jemand ein Buch über eine Alternativschule zu lesen, die ihm als Sudbury Valley sehr ähnlich erschien. Ich las es, und meine erste Reaktion war Entsetzen, denn für mich war die in dem Buch beschriebene Schule so anders als unsere, daß ich mir nicht vorstellen konnte, wie er nur darauf gekommen ist, sie sei uns ähnlich. Entschlossen, der Sache auf den Grund zu gehen, las ich das Buch noch einmal, und dann fand ich die Antwort. So viel von der Wortwahl ähnelte der unseren, daß man sich leicht täuschen, sie für uns ähnlich halten kann, wenn man die Feinheiten unserer Schule nicht kennt. Der Stil war ähnlich, das Vokabular war ähnlich. Zu erkennen, wie grundverschieden die beiden Schulen sind, erforderte sehr genaues Lesen. Je mehr ich darüber nachdachte, desto stärker wurde ich davon überzeugt, daß diese Frage auch Auswirkungen darauf hat, wer sich an der Schule einschreibt. Je genauer wir als das wahrgenommen werden, was wir sind, desto wahrscheinlicher werden sich bei uns nur jene einschreiben, die wirklich wollen, was wir anbieten.

Eine der entscheidenden Stärken unserer Schule ist ihre sehr tiefe Verbundenheit mit der amerikanischen Tradition und Erfahrung. In „*The Crisis in American Education*" (Sudbury Valley School Press; Framingham, MA) reden wir darüber auf der allgemeinen Ebene, aber ich denke, es gibt über dieses Thema eine Menge mehr zu sagen. Diese Schule richtet sich feinsinnig an den Grundwerten des amerikanischen Geistes aus. Das ist eine Quelle wirklicher Stärke für uns, weil es uns eng mit dem Schicksal und der Zukunft des Landes als einem Ganzen verbindet.

Ich habe fünf Punkte, die ich besprechen möchte. Jeden werde ich definieren, darlegen, warum ich denke, daß er für unsere Schule wichtig ist, und unsere Situation mit der an anderen Schulen vergleichen.

Politische Neutralität

Sudbury Valley ist eine unpolitische Schule. Sie ist eine Schule, in der wir bewußt nicht auf die politischen Ansichten der Leute achten, die Mitglied der Gemeinschaft werden, wobei ich die gängige weitgefaßte Bedeutung von „politisch" meine. Wir fragen nicht nach Parteizugehörigkeit, Weltanschauung, Klassenzugehörigkeit oder irgend einem der Merkmale, die politische Gruppen in einer Gesellschaft trennen. Weder fragen wir nach diesen Dingen, noch prüfen wir sie indirekt. Und wir gestatten keine politische Betätigung auf dem Schulgelände. Im Klartext: Wir erlauben nicht, daß die Schule auf irgend eine Art in politische Dinge der Allgemeinheit verwickelt wird.

Unsere strenge politische Neutralität ist oft auf die Probe gestellt worden. Am Anfang etwas, als wir die Schule gerade eröffnet hatten, nahmen Mitglieder der sogenannten „Bewegung"* einfach an, wir seien eine weitere Institution dieser „Bewegung". Wenn wir zufällig jemanden trafen, der an der Bewegung beteiligt war, wurden wir als „Brüder" gegrüßt. Sie fragten solche Dinge wie: „Wann soll eure nächste Kundgebung sein?" Oder fragten an, ob wir das Gebäude für die Unterstützung eines Wahlkampfes bereitstellen würden. Sie gingen davon aus, daß jeder beliebige „Bruder" aus jedem Teil des Landes herkommen und auf dem Schulgelände zelten könnte. Diese Annahme war weitverbreitet. Als deutlich wurde, daß unabhängig

*Anm. d. Übers.: Mit „Bewegung" ist hier wohl die Friedens- und die Bürgerrechtsbewegung gemeint

von unseren persönlichen politischen Ansichten die Schule selbst aber strikte politische Neutralität wahren würde – und das wurde sehr schnell klar – hielt man uns immer mehr für Feinde der Bewegung, und verriß uns in ihrer Literatur voll Spott und Verachtung für unser nicht-politisches Verhalten. Letztendlich wurden wir einfach aus ihren Veröffentlichungen gestrichen. Leider hat sich diese Einstellung der Bewegung auf die Gesellschaft insgesamt übertragen. Ich glaube, viele Eltern hatten 1968 durch politische Verbindungen von der Schule gehört und gingen von den gleichen Annahmen aus. Ich denke, das trug zu einigen unserer Probleme in jenem Jahr bei, als sie herausfanden, daß wir nicht das waren, was sie erwarteten.

Unsere politische Neutralität wurde weiter auf die Probe gestellt. Öfter kam es vor, daß Schüler (es waren vor allem Schüler, denn die Mitarbeiter sind von der neutralen Haltung der Schule überzeugt) meinten, wir sollten an den Friedenskundgebungen '68 teilnehmen, denn sie dachten, die Schule sollte sich daran beteiligen. Später, im Oktober 1969, gab es den „Moratorium Day". Wir diskutierten, ob die Schule geschlossen werden sollte, da jeder zumachte. Und da war es lehrreich zu sehen, wie schnell das Konzept der politischen Neutralität hier akzeptiert wurde. Es war wirklich äußerst interessant, wie die energischsten Aktivisten, diejenigen, die am stärksten von ihren Ansichten überzeugt waren, einfach jeden Versuch fallenließen, die Schule zu politisieren – ohne daß sie jemand dazu gezwungen hätte. Sie akzeptierten es wirklich, sobald man es ihnen erklärt hatte.

Warum ist das so wichtig? Und warum wurde ihnen klar, daß es wichtig ist? Die Antwort liegt tief im politischen Geist Amerikas: in der Vorstellung, daß Leute mit abweichenden politischen und gesellschaftlichen Ansichten in einem gemeinsamen Unternehmen zusammenarbeiten können, in dem sie gemeinsame Ziele haben, die andere als politische sind. Das ist eine tiefe und einzigartige amerikanische Idee. Man muß nicht mit all seinen Mitarbeitern gleicher Meinung sein, um ein erfolgreiches Unternehmen zu haben. Sicher, wo es um politische Themen geht, kann man sich seine politischen Freunde aussuchen und seine politischen Feinde bekämpfen. Aber wenn es um andere Dinge geht, die nicht unbedingt politischer Natur sind, ist es eine äußerst wichtige Tradition in diesem Land, nicht auf politische Unterschiede zu achten; jeder kann sich an einem solchen Unternehmen beteiligen. Dieses Merkmal wurde in unser öffentliches Schulsystem eingebaut, ein Bildungssystem, das zu den original amerikanischen Konzepten gehört. Eines der Hauptmerkmale unserer öffentlichen Schulen war, daß alle Leute - aus allen Religionen, mit allen möglichen politischen Ansichten, aus allen Gesellschaftsklassen - für das Unternehmen „Bildung" zusammenkommen. Im wesentlichen war Bildung eine Suche nach Wissen und Fertigkeiten, und jede Ansicht sollte genau untersucht werden.

Das ist das Ideal. Es ist in der Praxis vielleicht nicht immer erreicht worden. Aber für den Zweck dieser Diskussion scheint mir nicht sonderlich wichtig, die Fehler der Praxis des amerikanischen öffentlichen Schulsystems zu beleuchten. Ich denke, das *Ideal* ist klar; es wird in der amerikanischen Literatur über öffentliche Schulen immer und immer wieder dargelegt. Die Tradition des öffentlichen Bildungswesens ist, daß für einen guten Zweck wie der Suche nach Wissen, Wahrheit und Aufklärung alle zusammenarbeiten können.

Ich bin der festen Überzeugung, daß dies ein wichtiges Merkmal unserer Schule ist. Wer einige der Leute an der Schule persönlich kennt, weiß, welch außergewöhnlich großes Spektrum politischer Ansichten die Schulgemeinschaft abdeckt, und daß das bisher nie ein Hindernis für Zusammenarbeit war. Der Hauptpunkt ist, daß sich niemand an der Schule unwohl zu fühlen braucht, egal was seine politischen Ansichten sind. Jeder hat die volle Freiheit, seine Ansichten zu äußern und andere zu hören, und niemandem wird jemals das Gefühl gegeben, ein Außenseiter zu sein; und niemand braucht sich unwohl zu fühlen, weil er Ansichten vertritt, die in der politischen Landschaft vielleicht in der Minderheit sind.

Wie ich gerade sagte, am nächsten in dieser Hinsicht ist uns das öffentliche Schulsystem. Hingegen identifizieren sich praktisch alle Alternativschulen mit bestimmten politischen Bewegungen. Jede Alternativschule, von der ich weiß, betont das politische Wesen ihres Programms. Manchmal ist das vielleicht durch ihren Sprachgebrauch nicht offensichtlich. „Politik" ist zu einem unanständigen

Wort geworden, und so ist es sehr in Mode gekommen, die Tatsache zu verbergen, daß das, was sie tun, politisch ist. Sie bevorzugen es, sich als nicht-politisch zu bezeichnen, auch wenn sie politische Dinge tun, und so wird es schwer, die Politik in ihrer Literatur ausfindig zu machen.

Ich denke, man wird immer und immer wieder herausfinden, daß Gruppen die politische Natur ihrer Handlungen zu verstecken versuchen, indem sie ihre Arbeit in moralischen Begriffen formulieren, sich auf größere, übergreifende Ziele berufen, die ihren wirklichen - politischen - Charakter verbergen. Deshalb muß man, wenn man die Veröffentlichungen einer Alternativschule liest, sehr sorgfältig hinschauen.

Man findet vielleicht einen Schulkatalog, der kein einziges Wort über Politik enthält, aber man stellt fest: Die Dinge, die sie betonen, sind Ökologie, biologisches Essen, eine bestimmte Haltung zum Körper, eine bestimmte Haltung zu den Geschlechtern, zum Familienleben - all die Dinge, die eigentlich ein politisches Programm für die Organisation einer Gemeinschaft und einer Lebensweise ausmachen. Ihre kleinen Broschüren können drei Seiten lang sein, aber das ist lang genug, um herauszufinden, daß ihre Schule von einer Gruppe errichtet wurde, die ein sehr auf Politik konzentriertes Programm verfolgt - auch wenn das Wort „Politik“ nie vorkommt. Und natürlich wissen das die „Insider“; nur die zufälligen Leser werden reingelegt. Es ist wie ein Code. Oft kommt sojemand zu einem Besuchertag her, und eine der ersten Fragen ist: „Wieviele Leute bringt ihr dazu, Ökologie zu studieren?“ Das ist ein Code-Wort - sie sind eigentlich nicht an unserem Lehrplan interessiert, sondern wollen gleich herausfinden, ob wir „dabei“ sind oder nicht.

Einige Schulen sind offener und sagen direkt, daß sie daran interessiert sind, daß die Leute bestimmte politische Ansichten haben, und daß sie ihre Bewerber und Mitarbeiter sorgfältig darauf überprüfen, um sicherzugehen, nur politisch „einwandfreie“ in ihre Gemeinschaft zu bekommen. Sie haben so viele Wörter dafür. Aber größtenteils tarnen es die Alternativschulen in ihren Veröffentlichungen ziemlich gut, und man merkt es nur, wenn man sehr sorgfältig liest und sich selbst fragt: „Ist das so ein Code oder nicht?" Stelle unsere Veröffentlichungen auf diese Probe, und du wirst sehen, sie sind politisch vollkommen neutral. Sie enthalten einfach keine solchen Codes.

Der wahrscheinlich offenkundigste Unterschied zwischen unserer Schule und den meisten anderen Alternativschulen ist, daß die anderen praktisch alle mit irgend einer politischen Bewegung verbunden sind. Damit will ich nichts gegen andere Alternativschulen sagen. Ich versuche einfach, einen Unterschied aufzuzeigen. Ich denke, für jede Gruppierung ist es vollkommen legitim, eine eigene Bildungseinrichtung aufzumachen, wenn sie will. Gegen diese Vorstellung habe ich überhaupt nichts; genau gesagt glaube ich, sie ist Teil unserer pluralistischen Landschaft. Ich denke, politisch ausgerichtete Schulen haben für politische Bewegungen die gleiche Rolle wie konfessionelle Schulen für die Religionen. Es ist nichts falsches an der Idee, daß Leute, die starke religiöse Überzeugungen haben, eine Schule gründen möchten, in der ihre Überzeugungen vorherrschen. Ich habe nichts gegen eine Gruppe - sei sie nun rechts, links oder Mitte -, die sagt, sie hätte gern eine politisch „reine" Schule, weil sie ihr Ideal in einer „reinen" Umgebung pflegen möchte. Mir geht es allein darum, ob für Interessenten erkennbar wird, um was es sich handelt, damit sie nicht denken, sie erhielten eine Sache, wenn sie eigentlich eine andere erhalten. Wir wollen nicht, daß jemand, der zu unserer Schule kommt, denkt, es wäre eine Schule der „Bewegung" - und dann enttäuscht ist, daß wir all diese „rechten Arschlöcher" reinlassen. Und ich will nicht, daß Leute in eine Alternativschule gehen und dabei denken, sie wären in einer unpolitischen Umgebung, wenn sie eigentlich - und ich meine, das ist oft der Fall - indoktriniert werden.

Es gibt eine Geschäftsordnung

Wir haben es immer für wichtig gehalten, die offiziellen Meetings jeder Gruppe in der Schule nach einem klaren Regelwerk mit festgelegten Verfahrensweisen abzuhalten. Ich schreibe „Robert's Rules of Order"* keine besondere Bedeutung zu. Egal, ob Robert's Rules, Congressional Rules, Sudbury-Valley-Regeln oder irgend ein anderes

Regelwerk – wichtig ist, daß wir unsere Meetings immer nach einer genauen Geschäftsordnung abhalten.

Das hebt sich ab von der üblichen Art, bei der jemand das Meeting leitet; sie nenne ich das autoritäre Modell und denke, sie das vorherrschende Modell. Jemand legt fest, was diskutiert werden soll, wer wann redet, wann die Diskussion beendet und wie die Entscheidung getroffen wird – wenn er die Entscheidung nicht selber trifft. Das ist das übliche Muster von Fakultäts-Meetings, religiösen Gruppen und so weiter. Es gibt jemanden, der Macht hat und die Dinge so behandeln läßt, wie er es für richtig hält. Hin und wieder beschwert sich vielleicht jemand, und es werden ein paar Kompromisse gemacht, aber das ist die Art, wie es abläuft.

Ein zweites Modell gilt heute als zukunftsweisender, liegt mehr im Trend und wird stärker akzeptiert von den Gruppen, die „in" sind. Es ist das extreme Gegenteil des autoritären Modells, ihm aber im Kern ähnlich: Statt von der Stimmung einer Autoritätsfigur wird es von der Stimmung der Gruppe geprägt. Es ist ein Gruppentreffen, eine „Zusammengehörigkeits-Erfahrung". Die Idee ist, alles soll im Konsens geschehen: „Wir kommen alle zusammen, und solange es Uneinigkeit gibt, werden wir darüber reden, um unsere Ansichten einander anzunähern, bis wir uns wirklich alle einig sind." Die Idee ist im Kern die selbe wie beim autoritären Modell, denn es herrscht Willkür – nur ist es die Willkür der Stimmung in der Gruppe, statt der eines einzelnen. Dabei gibt es nicht unbedingt Beständigkeit von einem Tag zum nächsten oder von einer Stunde zur nächsten; die Stimmung des Augenblicks regiert. Seit Mitte der 60er die Begegnungsgruppen-Manie über dieses Land hinwegfegte, ist die Auffassung allgemein sehr modern geworden, es sei gut, Meetings auf diese Weise zu leiten, durch Konsens in der Gruppe. Besser, als sie durch eine Autorität leiten zu lassen. Wie es dazu kam, weiß ich nicht. Ich vermute, die Ursachen waren Flucht vor der eigenen Zivilcourage, dem eigenen Rückgrat und der Wunsch, statt dessen in einer Gruppe unterzutauchen. Dieses Modell hat überall Fuß gefaßt, sogar in

*Anm. d. Übers.: In den USA sehr verbreitetes Regelwerk, das Effizienz und Schutz der parlamentarischen Rechte der Minderheit verbindet.

Vereinigungen, von denen man es nie erwartet hätte. Sie treffen Entscheidungen nicht wie früher, sondern versammeln die Leute für ein paar Tage draußen auf dem Land und lassen sie gemeinsam eine Art gewaltige Erfahrung erleben – in der Absicht, eine starke Bindung zu schaffen, als Grundlage für die künftige Entscheidungsfindung.

Die Anhänger sowohl der autoritären als auch der Gruppenmethode sehen auf die Art Meetings, die wir an Sudbury Valley haben, mit Verachtung herab. Die Idee, Entscheidungsfindung solle nach klar festgelegten Vorgehensweisen stattfinden, ist mit den Ansichten beider unvereinbar. Der Grund dafür ergibt sich aus dem vorigen Punkt. Die Hauptfunktion einer Geschäftsordnung ist, alle Ansichten zu schützen und ihnen ein so unvoreingenommenes und gründliches Gehör wie möglich zu verschaffen. In einer Gruppe werden Vernunft, Verstand, Objektivität und Zurückhaltung vor allem durch Regeln und nicht durch Gefühle gewahrt, denn Regeln ritualisieren die Gleichrangigkeit aller Ansichten und aller Personen. Sie werden eigens mit dem Ziel aufgestellt, alle Ansichten auf gleicher Ebene behandeln zu lassen; sie machen es jedem möglich, das Meeting zu nutzen, einen Antrag einzubringen, das Wort zu ergreifen. Sie schützen einen Redner davor, niedergeschrien zu werden, sie beugen Gefühlsausbrüchen im Sitzungssaal vor, sie schützen die Debatte, sie verhindern persönliche Wortgefechte zwischen einzelnen Teilnehmern (die eher zu emotionaler Feindschaft als zu durchdachten Begründungen führten). Das ist ihr Hauptziel. Wie bei jedem anderen Ziel gelingt es nicht immer, das zu erreichen. Es gibt immer einen Weg, den Geist der Regeln zu verletzen. Nichts, was auf dem Papier steht, bietet jemals vollkommenen Schutz. So können einige Ansichten schließlich nicht mehr beachtet werden, wenn sie den Leuten genug auf die Nerven gegangen sind. Es gibt keinen absoluten Schutz. Aber die Richtung ist unmißverständlich: die Geschäftsordnung soll die Herrschaft der Vernunft garantieren. Deshalb hängt dieser Punkt mit dem vorangegangenen zusammen. In einer Situation, in der man politische Einheitlichkeit anstrebt, gibt es nichts abstoßenderes als eine Minderheitenmeinung; sie geht einem nur auf die Nerven. Wo auch immer man ideologische Reinheit anstrebt, will man eben gerade nicht garantieren, daß die Leute allen Ansichten gleichermaßen ausgesetzt werden. Aber in einer unpolitischen Institution wie dieser Schule ist uns solcher Schutz wichtig geworden.

Aus diesem Grund hat die Geschäftsordnung wiederholte Angriffe in der Schule überlebt. Sie war kaum verkündet, da wurde sie schon im Sommer '68 angegriffen, und im Herbst 1968 oft von neuem. Einige beschwerten sich heftig über die Förmlichkeit der Schulversammlung. Eine ganze Zeit später gab es erneut Unzufriedenheit über die Art, wie die Schulversammlung geleitet wurde – Unzufriedenheit, die sich wieder gegen die Förmlichkeit der Regeln richtete; und wir setzten tatsächlich ein spezielles Komitee ein, das die Funktionen der Schulversammlung studieren und Empfehlungen für Veränderungen ausarbeiten sollte. Jeder, der Beschwerden über die Schulversammlung hatte, konnte sich an das Komitee wenden; und als Ergebnis der Arbeit dieses Komitees wurden einige Änderungen an der Verfahrensweise vorgenommen. Die grundsätzliche Form aber wurde beibehalten, auch wenn es Leute gab, die das Gefühl hatten, wir sollten einfach keine Regeln haben, die Leute sollten einfach sagen können, was auch immer sie wollen, und wir sollten größere Entscheidungen direkt in der Sitzung fällen können. Damals, im Jahr 1968, sagten es einige ein bißchen direkter: Das Meeting sollte ein „Happening" sein. Aber eigentlich wurde die Grundhaltung der Schule den Regeln gegenüber immer und immer wieder von einer überragenden Mehrheit in der Schulversammlung bestätigt, und mittlerweile ist sie überhaupt kein Streitpunkt mehr.

Genau gesagt, je mehr Leute den Sinn der Regeln erkannten, desto mehr machten von ihnen Gebrauch. Das Schulversammlungsprotokoll etwa zeigt, wie im Laufe der Zeit die Zahl der Schulversammlungsmitglieder wuchs, die Anträge eingebracht haben. Mehr Leute bekamen das Gefühl, Zugang zum demokratischen Prozeß zu haben. Daß es ein klares Verfahren gibt, ermutigt sie zur Beteiligung und schützt sie dabei. Man kann es sehen, wenn man mit Schülern an der Schule redet, selbst bei den jüngsten: „Wir wollen einen Ausflug machen, also müssen wir zur Schulversammlung gehen und einen Antrag dafür einbringen." Es ist ein schönes Mittel, um alle auf eine

Ebene zu bringen. Sie sagen nicht: „Wir müssen Mitarbeiter Soundso bitten, es für uns zu organisieren." Sie schauen nicht auf eine Autorität, und sie sagen auch nicht: „Wir müssen jeden in der Schulgemeinschaft dazu bringen, uns zuzustimmen, daß es eine gute Sache ist." Sie begreifen, durch die Art, wie das Verfahren in der Schule eingerichtet ist, hat jedes Mitglied der Schulgemeinschaft bei der Präsentation seines Vorhabens den gleichen Zugang zur Quelle der Macht, der Schulversammlung. Jeder, der bei einer Schulversammlung war, bemerkt unweigerlich, daß politische „Machtblöcke" diesen Zugang regelmäßig nutzen. Ein Block kommt herein, wenn ein bestimmter Punkt behandelt wird. Eine Gruppe marschiert für einen Antrag ein und geht hinterher gleich wieder; Schüler jeden Alters machen das, nicht unbedingt die jüngsten oder mittleren oder so. Sie tun das sehr konzentriert und wissend, was sie tun.

Ich denke, es ist vollkommen offensichtlich, wie das in die amerikanische Tradition paßt. Als die Gründer des Landes die ersten gesetzgebenden Körperschaften einrichteten – ob in den einzelnen Staaten, ob auf Bundesebene –, war das Aufstellen von Regeln eine sehr bewußte Leistung. Es gibt Protokolle der Debatten und Diskussionen über die Geschäftsordnung im Congress, und über die Funktionen, die sie erfüllen sollte: Nämlich vor allem, die rationale Qualität der Diskussionen zu sichern.

Es ist wohl offensichtlich, daß dieses Konzept in den meisten anderen Schulen fehlt. Fast ohne Ausnahme funktionieren traditionelle Schulen nach dem autoritären Modell. Bei den Alternativschulen gibt es interessanterweise zwei etwa gleich große Gruppen: Die einen leitet eine charismatische Führungsperson, die anderen sind eine ständige Begegnungsgruppe. Ich wäre nicht überrascht, wenn dieser einzelne Umstand an der hohen Versagensrate so vieler Alternativschulen schuld wäre. Sie hatten einfach keine guten Verfahren, um Entscheidungen zu treffen. Bei der Entscheidungsfindung hatten sie keine Methode, alle Ansichten zu äußern und alle für das Überleben der Schule notwendigen Möglichkeiten in Betracht zu ziehen – so daß, als es hart auf hart kam, sie einfach ihren Geist aufgaben.

Herrschaft des Gesetzes

Dieser Punkt ähnelt in vielerlei Hinsicht dem vorigen. Mit „Herrschaft des Gesetzes“ meine ich: Es gibt klare, veröffentlichte Regeln, die das Zusammenleben der Gemeinschaft steuern, und es gibt ein rationales Mittel, diese Regeln zu finden. Der vorige Punkt war auf die Verfahrensweisen des regierenden Gremiums beschränkt; jetzt geht es um die eigentlichen Gesetze, die die Angelegenheiten des Einzelnen und der Gemeinschaft als Ganzes regeln. Begrifflich hat dieser Punkt viel mit dem vorangegangenen zu tun.

Die Herrschaft des Gesetzes wird allgemein als Eckpfeiler einer geordneten, organisierten Gesellschaft anerkannt. In unserer Schule werden Gesetze immer in schriftlicher Form öffentlich bekanntgegeben und sorgfältige Aufzeichnungen über den jede Regel umgebenden Komplex früherer Urteile geführt. Es gibt ein einfaches Verfahren für die Annahme neuer Gesetze und die Streichung alter, die überflüssig geworden sind - ein demokratisches Verfahren, das allen Mitgliedern der Gemeinschaft offensteht. Es gibt keine noch so kleine Lücke für willkürliche oder launenhafte Autorität.

Die öffentlichen Schulen sind eine der letzten Bastionen autoritärer Herrschaft in unserer Gesellschaft. Die Macht liegt allgemein beim Direktor, manchmal auch bei anderen; es kommt nicht darauf an, bei wem, sondern nur auf ihr autokratisches Wesen. Es gibt dort wirklich keine Herrschaft des Gesetzes. Interessant ist aber, wie sensibel die öffentlichen Schulen für diesen Mangel geworden sind. Verschiedene Gemeinschaftsgruppen machen eine Menge Propaganda, in öffentlichen Schulen etwas von dem Schutz einzuführen, den die Herrschaft des Gesetzes gewährt. Für gewöhnlich reagieren die Schulen, indem sie anfangen, einige Regeln und Vorschriften zu verkünden, um den Anschein zu erwecken, sie würden dieser Forderung zustimmen. Dieser Prozeß begann in den späten 60er Jahren an den höheren Bildungseinrichtungen, und nahm langsam seinen Weg hinunter in die High Schools, gelangte aber selten tiefer. Was mir an diesem Trend als so grundlegend gefährlich erscheint: Es ist im Grunde ein Betrug, denn zu keiner Zeit gibt die uneingeschränkte Quelle der Macht ihr

Recht auf, die Regeln nach ihrem Belieben zu ändern. Die Regeln, die heute gelten, können morgen durch ein Paket neuer Regeln ersetzt werden. Die Gemeinschaft glaubt, es gebe ein klares Paket fairer Regeln, obwohl die wirkliche Macht eigentlich da bleibt, wo sie vorher war. Es gibt wahrscheinlich immer Leute, die sagen, dies sei ein Schritt in die richtige Richtung, aber ich halte in einer Situation wie dieser so einen „Schritt in die richtige Richtung" für einen Schritt in die falsche, denn er soll die Öffentlichkeit hinters Licht führen und sie – um Kritik abzulenken – denken lassen, es gäbe wirklichen Schutz.

Noch überraschender ist vielleicht, daß auch die Alternativschulen im Großen und Ganzen nicht an die Herrschaft des Gesetzes glauben. Sie arbeiten genauso in einer Atmosphäre willkürlicher Regeln, nur gehen diese gewöhnlich nicht von einer einzelnen Machtfigur – etwa einem Direktor – aus, sondern von einem Gremium, das die Regeln aufstellt – und für dessen eigene Arbeit keine Geschäftsordnung existiert. In diesen Alternativschulen gibt es jede Woche ein ständiges Hin und Her, das von der Stimmung der Schulgemeinschaft abhängt.

Als wir die Schule gerade eröffnet hatten, spürten wir gewaltigen Druck, unsere Regeln nicht zu kodifizieren, denn wir könnten, sagten viele, „nächste Woche zusammenkommen und sie ändern". Das waren wirkliche Streitfragen bei uns; es gab Gruppen, die vehement dafür argumentierten, daß wir keine geschriebenen Regeln haben sollten. „Wir wollen in der Lage sein, Dinge zu ändern, wie die Stimmung uns gerade bewegt". Das erste Mal, daß wir eine Sammlung von Regeln druckten, die die Schulversammlung angenommen hatte, war Ende August 1968, und schon allein durch das Drucken war zu dieser Frage Stellung bezogen. Damit war ein Gesetzbuch geschaffen, und es bedeutete auch, daß wir die Schulversammlung als dauerhaftes gesetzgebendes Gremium betrachteten und nicht in jedem Jahr von neuem beginnen mußten, Regeln aufzustellen. Die Verkündung des „Gesetzbuches der Schulversammlungs-Resolutionen" vom August 1968 bedeutete, die Ergebnisse des Sommers '68 würden nicht nur für diesen Sommer gelten, sondern genauso für die Zukunft, bis wir sie ordnungsgemäß ändern.

In vielen Alternativschulen bestimmt die Laune, die eine Mehrheit in einem bestimmten Moment hat, über die Macht. Das ist Teil eines bewußten Versuchs der Mehrheit, sicherzustellen, daß die Minderheit am Ende die Meinung der Mehrheit vertritt. Alternativschulen sagen das oft auch ganz offen: sie möchten die Individualität eines jeden Mitglieds der Gemeinschaft unterdrücken. Das steht gewöhnlich deutlich in den Veröffentlichungen dieser Schulen – daß sie die Einheit der Gemeinschaft für das Hauptziel halten und es Vorrang vor allem anderen haben soll. Also werden sie gewöhnlich jeden Versuch untergraben, die Herrschaft des Gesetzes einzuführen, denn damit würde der einzelne sich sicher fühlen und Schutz erhalten, wenn er sich dafür entscheidet, nicht mitzumachen.

Allgemeines Wahlrecht

Die Idee des allgemeinen Wahlrechts ist, daß jeder Bürger eine Stimme hat – eine wirklich einfache Idee. Die USA haben sich seit ihrem Bestehen immer weiter Richtung allgemeines Wahlrecht entwickelt. Dieser Trend ist für die amerikanische Demokratie grundlegend. Die Entwicklung hin zum Allgemeinen Wahlrecht ist auch heute noch nicht abgeschlossen. In den frühen Tagen hing das Wahlrecht von allen möglichen Rasse-, Besitz- und Altersanforderungen ab. Langsam kamen nicht-besitzende Männer, dann Schwarze, dann Frauen hinzu, und vor kurzem wurde die Altersgrenze auf 18 gesenkt. Es ist bloß eine Frage der Zeit, bis die Leute anfangen werden zu fragen, warum sie nicht bei 16 liegen sollte, oder noch darunter. Die ständige Entwicklung in Richtung Allgemeinheit ist offensichtlich.

Eine demokratische Gesellschaft, die vom allgemeinen Wahlrecht überzeugt ist, unterscheidet sich deutlich von einer, die es nicht ist. Dieser Unterschied zeigt sich in der ganzen Gesellschaft in all ihren Funktionen. Die Gesellschaft im antiken Athen z.B. war eine reine Demokratie für athenische freie Männer, von denen es mehrere Tausend gab; aufgebaut war sie auf der breiten Grundlage von versklavten, unterworfenen Menschen, und auch auf der schmaleren Grundlage von Frauen (die nicht Sklaven, aber Bürger zweiter Klasse waren). Die athenische Gesellschaft war ziemlich stabil und hielt lange Zeit. Sie ging nur deshalb unter, weil die Athener von stärkeren Imperien, von denen sie umgeben waren, im Krieg geschlagen wurden; ihre innere Struktur aber war ziemlich stabil. Die Tatsache, daß es kein allgemeines Wahlrecht gab, bedeutete, daß elitäres Denken ein grundlegender Bestandteil des athenischen Weltbildes war, welches davon ausging, es gebe einen privilegierten Teil der Gesellschaft, und der Rest der Gesellschaft habe ihm zu dienen. Das war ein Grundgedanke im griechischen Weltbild, wie man etwa bei Plato und Aristoteles sieht. Selbst nach dem Untergang der griechischen Demokratie blieb diese Idee - bis heute - Bestandteil der westlichen Kultur. Elitäres Denken läßt Demokratie innerhalb der privilegierten Gruppe zu, aber dem Rest der Gesellschaft bringt das keinen Vorteil. Dieser Trend der privilegierten Demokratie, der so verschieden vom Gleichberechtigungsgedanken des allgemeinen Wahlrechts ist, hält meiner Ansicht nach bis heute an. Kommunistische Länder verwendeten das Wort Demokratie oft ehrlich, nämlich im Sinne ihrer Überzeugung, demokratische Vorgehensweisen solle es innerhalb einer Elite geben - die in ihrem Fall die Partei, die politische Elite des Proletariats, war. Was ich sagen will, ist: Sie verwendeten das Wort „Demokratie" in einem Sinn, der in unserer Kultur eine lange Tradition hat. Die amerikanische Idee hingegen strebt Demokratie für das ganze Volk an.

Wir bauten von Anfang an das allgemeine Wahlrecht in unsere Schule ein. Wir hatten immer das Gefühl, jedes einzelne Mitglied der Gemeinschaft müsse auf die eine oder andere Weise ein Mitspracherecht in ihr haben. Unsere Ansichten, wieviel Mitspracherecht das sein und wie es geäußert werden soll, haben wir immer wieder dem angepaßt, wieviel erlauben zu können wir meinten. Am Anfang glaubten wir, der Schulversammlung nicht erlauben zu können, finanzielle Entscheidungen zu treffen; unsere Rechtsberater waren besorgt, auf diese Weise geschlossene Verträge könnten vor Gericht keinen Bestand haben. Aber der Trend in der Schule war immer klar. Unsere Ansicht war immer, jeder in der Schule - und das sind Menschen ab vier Jahren - soll gleichberechtigten Zugang zur Macht haben. Und das haben wir vor vielen Jahren auch erreicht.

Der Vergleich mit den anderen Schulen zeigt wieder das Bestreben dort, das Stimmrecht in gewissem Umfang auszuweiten. Was aber dabei in Wirklichkeit geschah, sieht man erst bei genauerer Betrachtung. Das beste Beispiel ist wohl die höhere Bildung. Vor allem damals in den Sechzigern gab es jede Menge Aktionismus um die Demokratisierung der Universitäten, der zwar einiges Aufsehen erregte, aber keine wirklichen Ergebnisse brachte. Er war Teil des politischen Engagements an den Unis. Viel wurde von der Verteilung der Entscheidungsmacht geredet – aber wer bekam denn am Ende irgendwelche wirkliche Macht? Die Antwort ist: nur die Fakultät. In keinem der mir bekannten Fälle ging irgendwelche wirkliche Macht an die Studenten. Selbst als Studenten in Kuratorien gesetzt wurden, war die Anzahl der amtierenden Studenten streng begrenzt. Man stelle sich vor, in unserer Satzung würde stehen, daß es 15 Beiratsmitglieder geben soll, von denen nicht mehr als drei Schüler sein sollen, nicht mehr als drei Eltern usw. usf., und es fällt einem der Unterschied sofort auf. Unser Beirat ist ein Gremium aus den Mitgliedern der School Assembly – Pause –, jeder kann Beiratsmitglied werden. Wir können einen kompletten Beirat aus Außenstehenden, oder Mitarbeitern, oder Schülern, oder irgendwas, haben. Wohingegen sie es in den Universitäten so aussehen ließen, als täten sie etwas zur Verteilung der Macht – in Wirklichkeit aber ließen sie sie voll und ganz dort, wo sie war. Ich sage nicht, es seien keine Zugeständnisse gemacht worden. Die gab es, innerhalb der Elite, an die Fakultät. Ich rede genau davon, daß die Vorstellung von Demokratie, wie sie einem von den akademischen Kreisen – dem Kern unseres Bildungssystems – verkauft wird, eine griechische ist: Demokratie nur für die Privilegierten. Wenn man sich mit Fakultätsmitgliedern unterhält, verwechseln diese das immer und immer wieder. Sie sagen: „Es gibt keine Gleichrangigkeit im Leben. Ich weiß mehr von Biologie als meine Schüler. Ich weiß mehr, und ich sollte darüber mehr zu bestimmen haben." Und sie sagen das sehr schnell, und niemandem fällt auf, daß sie die Frage des *Lehrstoffs* mit der Frage der *politischen Macht* verwechseln – obwohl das natürlich zwei sehr verschiedene Dinge sind. Der Unterschied zu unserer Schule ist aufschlußreich.

Die Rechte des einzelnen schützen

An Sudbury Valley gibt es eine starke Tradition, daß jedes einzelne Mitglied der Schulgemeinschaft Rechte hat, und diese Rechte unbedingt geschützt werden müssen. Man denke etwas an das Recht auf Privatsphäre. Dieses Recht ist nicht etwas, das man in eine Rechtsnorm gießen kann, es ist keine Regel, die beschlossen wurde; es ist einfach ein fester Bestandteil in unserer Schule. Es gehört zu den Persönlichkeitsrechten, die wir an dieser Schule schützen. Dieses Recht untersagt uns, in die Privatangelegenheiten der Schüler einzugreifen – während an anderen Schulen solche Eingriffe Alltag sind. Unsere Satzung und unsere Regeln verbieten solche Eingriffe nicht, aber es ist einfach Teil unserer Tradition, keine derartigen Eingriffe zu unternehmen. Wenn wir doch eingreifen, besteht ein enormer Druck, die Notwendigkeit dazu zu begründen, bevor wir es tun können.

Die Idee, die Rechte des einzelnen zu schützen, ist ein wesentlicher Teil der amerikanischen Kultur. Sie beansprucht allerdings keine völlig uneingeschränkte Geltung, sondern erfordert immer wieder neue Beurteilung. Welche Rechte bestehen, wie weit sie gehen, wo die Trennlinie zwischen dem einzelnen und der Gemeinschaft verläuft – all das sind Dinge, die tagein, tagaus, jahrein, jahraus zu entscheiden sind, und über die man sich Gedanken machen muß. Und deshalb steht diese Idee auf meiner Liste von Feinheiten, denn man kann nicht einfach einen Strich ziehen und sagen: „Dies sind uneingeschränkte Rechte." Wo der Strich zwischen Gemeinschafts- und Privatinteresse gezogen wird, ist eine Frage ständiger Bewertung.

Die Erfahrung zeigt, daß seit Beginn der Menschheitsgeschichte in fast allen Ländern die Idee von Persönlichkeitsrechten keine große Bedeutung hatte. Wo auch immer der Übergang von einer losen Sippe oder Stammeseinheit zu nationalen Einheiten stattfand, geschah dies mit einer gewaltigen Akzentverlagerung auf die Gruppe, denn der Gruppe mußte großer Wert beigemessen werden, um sie zusammenzuhalten. Es gibt nichts „natürliches" daran, Nationen zu bilden. Vielleicht gibt es etwas natürliches daran, kleine Gruppen zu bilden, aber eine Nation ist ein großes Konglomerat, das nicht einfach durch

Blutsverwandtschaft oder Freundschaft zusammenhält. Es wird von einer Art Idee zusammengehalten, und die anscheinend einzige Art, wie dies geschehen kann, ist durch gewaltigen Druck auf den Einzelnen, seine Individualität aufzugeben und sich der Idee unterzuordnen. Somit erforderte die Entstehung von Nationen und Staaten die Verlagerung von Werten auf die Gemeinschaft, und das führte zu einer starken Herabsetzung der Idee der Individualität.

Und nun vergleiche das mit dem, was in diesem Land in den späten Sechzigern und frühen Siebzigern vor sich ging, etwas, das in jeder anderen als der amerikanischen Umgebung undenkbar wäre. Es ist einfach unglaublich, daß man ein kriegführendes Land haben kann, in dem genau während dieses Krieges Bürger empfindlich demoralisierende und störende Proteste abhalten – und von den Gerichten und der Gesetzgebung, ja sogar der Regierung, die sie angreifen, geschützt werden. Selbst in den schwersten Krisen haben wir kaum jemals unsere Persönlichkeitsrechte geopfert. Für Ausnahmen muß man bis zu einem so „furchtbaren Autokraten" wie Abraham Lincoln zurückdenken, der während des Bürgerkrieges das *habeas corpus* (Gesetz, das einen Bürger vor willkürlicher Verhaftung schützt) abschaffte. Selbst während des Zweiten Weltkrieges, als eine riesige Welle von Panik und Verunsicherung das Land überrollte – wir waren auf jede Art militärischer Auseinandersetzung vollkommen unvorbereitet – löste die Internierung der Japaner an der Westküste gewaltigen Aufruhr und Proteste aus. Die amerikanische Haltung zu Persönlichkeitsrechten hat in der Geschichte nicht ihresgleichen. Welche Rechte geschützt werden und wie weit – all das ist Gegenstand von Debatten; die Tatsache aber, daß es sie gibt und daß sie schützenswert sind, ist ein heiliger Grundsatz.

Eine demokratische Schule, die in der amerikanischen Tradition verwurzelt ist, muß dieses Merkmal ebenfalls aufweisen. Ich brauche mich nicht unbedingt lang und breit über andere Schulen auszulassen; dort werden die Rechte einfach nicht respektiert, auch wenn manchmal Lippenbekenntnisse dafür abgegeben werden. In öffentlichen Schulen trifft es auf Lehrer und Verwaltungsleute genauso zu wie – wohlbekannterweise – auf die Schüler. Darüber hinaus fehlt die

Idee von Persönlichkeitsrechten, wie ich gezeigt habe, in den meisten Alternativschulen, denn sie fühlen sich vorrangig der Idee von Gemeinschaft verpflichtet.

Fünf Feinheiten, die den besonderen Charakter der Sudbury Valley School ausmachen, und die zeigen, wie sehr sie in der amerikanischen Tradition verwurzelt ist.

Der stille Faktor

Hanna Greenberg

Ich würde gern kurz über ein Thema schreiben, das in den Sudbury-Valley-Veröffentlichungen fast nie erwähnt wird, aus, wie ich glaube, guten Gründen.

Sowohl kurz vor der Eröffnung der Schule als auch in ihren frühen Jahren konzentrierten wir einen Großteil unserer Gedanken auf das, was man wohl am besten als „Kinderrechte" – in einem politisch-gesellschaftlichen Sinne – bezeichnen kann. Wie sich in unseren Schriften zeigt, konzentrierten unsere Gedanken sich damals auf die Struktur der Schule als einer demokratischen Einrichtung, die sich der Anerkennung der vollen Rechte der Kinder widmet, welche ihnen täglich in allen anderen Schulen verweigert wurden – etwa das Recht auf Gerechtigkeit und Gleichheit vor dem Gesetz, genauso wie das Recht, seine Zeit nach den eigenen Wünschen zu verbringen. Wir formulierten unseren Katalog für Verhaltensregeln, der für die ganze Gemeinschaft, Kinder wie Erwachsene gleichermaßen, verbindlich war. „Niemand darf die Rechte eines anderen einschränken." „Niemand darf einen anderen bei dessen Tun stören." „Niemand darf ohne dessen Erlaubnis die Privatsachen eines anderen benutzen." „Niemand darf die Sicherheit eines anderen gefährden." und so weiter in dieser Art. Um diese Rechte zu sichern und Fairneß und Gerechtigkeit zu garantieren, wurde ein Justizsystem entwickelt.

Außerdem gestalteten wir die Schule so, daß sie so weit wie irgend möglich, frei blieb von Einmischung der Erwachsenen in das Alltagsleben der Schüler. Solange die Kinder niemandem Schaden zufügen, können sie mit ihrer Zeit an der Schule machen, was sie wollen. Die

Erwachsenen in anderen Schulen entwerfen einen Lehrplan, bringen den Schülern den Stoff bei und testen und benoten ihr Lernen dann. Die Erwachsenen an der SVS sind die Beschützer der Freiheit des Kindes, seinen eigenen Interessen nachzugehen und zu lernen, was es will. Sie sind auch da, um Fragen zu beantworten und besondere Fähigkeiten oder Wissen zu vermitteln, wenn Schüler darum bitten.

Die Struktur von Sudbury Valley ist Grundlage für einen zweiten Aspekt der Schule, über den wir normalerweise nicht viel reden, der aber dennoch eines der Hauptmerkmale der Schule bildet: eine unterstützende Umgebung zu schaffen und zu erhalten, in der Kinder spüren, daß man sich um sie kümmert. Von Anfang an hüteten wir uns, über die warme Atmosphäre zu schreiben, die wir geschaffen hatten. Ich glaube, wir sind da aus sehr vielen Gründen zurückhaltend gewesen, von denen ich einige hier näher vorstellen möchte.

Kern unserer Arbeit ist die Annahme: Wenn wir sicherstellen, daß Gerechtigkeit und Freiheit herrschen, werden die Schüler aufblühen. Und solange wir uns nicht einmischen, werden sie sich sicher genug fühlen, ihren eigenen Charakter zu entwickeln und ihren eigenen, interessanten, gesunden Lebensweg zu finden, egal, was wir als Erwachsene tun.

Zweitens wurde Sudbury Valley als Tagesschule konzipiert; sie ergänzt die Familie des Kindes, hebt deren Bedeutung aber niemals auf. Denn nach unserer Vorstellung erhält das Kind ein volles Maß an Liebe in seiner Familie, während es die Schule dafür nutzt, um eine größere Vielfalt an Beziehungen zu entwickeln – nahe und enge bis zu sehr lockeren –, alle natürlich vom Kind selbst bestimmt.

Drittens waren wir immer der Ansicht, daß man Rechte gesetzlich festlegen kann, Gefühle aber nicht. Wenn eine Einrichtung eine demokratische Struktur und Achtung der Rechte von Kindern verspricht, kann man relativ schnell sehen, ob sie das einhält. Aber wenn sie verspricht, einfühlsam zu sein, kann man nie wissen, was das wirklich bedeutet. Also gingen wir in unseren Veröffentlichungen auf die Gefühlsseite gar nicht erst ein.

Viertens erwartet die derzeitige Gesellschaft nicht von Schulen, Kindern eine passende Umgebung für inneres Wachstum zu bieten.

Als Hauptaufgabe sollen sie Fertigkeiten und Wissen vermitteln, die jungen Menschen für eine erfolgreiche Karriere vorbereiten. Sudbury Valley wollen wir als einen Ort, der Kindern nicht die Zeit stiehlt, die sie brauchen, um ihr inneres Selbst zu erforschen und zu entdecken. Also haben wir uns in unseren Schriften auf die Wirklichkeit der bestehenden Schulen konzentriert, über Rechte geredet und die Freiheit, mit seiner Zeit zu machen, was man möchte, - und geschwiegen zu den schwerer zu fassenden Gefühlsangelegenheiten, die nichtsdestotrotz einen großen Teil unserer Zeit und Energie in Anspruch nehmen.

Das Wachstum der Persönlichkeit ändert sich ständig und ist zu flüchtig, als daß es sich mit wissenschaftlicher Präzision erfassen ließe. Es ist, wie die Schönheit der Natur, flüchtig und vergänglich. Künstler versuchen, einen Moment einzufangen und ihn unsterblich zu machen, aber Kunst ist bestenfalls eine unvollkommene Annäherung an das, was die Natur vermag. Weil wir eine Erfahrung nicht quantifizieren können, neigen wir oft dazu, ihre Bedeutung zu unterschätzen. In unserem industriell-technischen Zeitalter messen wir alles und reduzieren alle Komplexitäten auf computerisierte Formblätter. Aber man kann das Leben, wie es fließt, nicht messen, ohne dabei sein Wesen zu verfehlen. Das gleiche gilt für die Kinder an unserer Schule, die nicht herkommen, um sich unterrichten zu lassen, sondern die herkommen, um ihr Leben zu leben und die Natur, sich selbst und unsere Kultur zu erkunden. Sie experimentieren, beobachten, analysieren und träumen. Sie wachsen, reifen und bereiten sich auf das Erwachsensein vor. Aber das Wie und Was und Warum ist die Privatsache jedes einzelnen – und wir mißachten das nicht, bloß um etwas auszuwerten. Das, was – wie ich denke – der wichtigste Aspekt unserer Schule ist, können wir eigentlich gar nicht erforschen, analysieren oder für alle sichtbar darlegen. Wir können noch nicht einmal ansatzweise den Weg beschreiben, wie wir das Wachstum fördern; die Kinder unterstützen, wenn sie sich verloren fühlen oder nicht weiter wissen; sie beruhigen und ihnen vermitteln, daß wir an sie glauben und sie alles verwirklichen können, was sie wollen, wenn sie hart daran arbeiten, ihre Ziele zu erreichen.

Sudbury Valley ist eine komplexe Gemeinschaft. Ihre Ziele und ihre Struktur sind klar formuliert und dargelegt. Aber wodurch sie überhaupt funktioniert, ist ungreifbar und geheimnisvoll. Es besteht aus vielen kleinen Handlungen, die zusammen einen lebendigen, sich ständig verändernden Ort der Bildung formen. Sudbury Valley ist ein Ort, an dem die Schüler lernen können, sie selbst zu sein – mit Selbstkenntnis, mit Vertrauen und mit Freude, gestärkt durch das Wissen, daß die sie umgebenden Erwachsenen sich zur Aufgabe gemacht haben, ihr Wachstum zu unterstützen.

Gerechtigkeit durch Erfahrung lernen

Daniel Greenberg

Die Justiz, wie sie sich in der Gesellschaftsordnung widerspiegelt, gehört zu den Ideen, welche den Kindern am schwersten zu vermitteln sind. Der Gedanke selbst ist komplex und vielschichtig. Er hat damit zu tun, faire Verhaltensregeln für das Zusammenleben der Menschen zu entwickeln und diese Regeln für das Alltagsleben auszulegen. Er hat damit zu tun, wie sich neue Mitglieder der Gemeinschaft an diese Regeln gewöhnen. Und damit, diese Regeln fair zu überwachen und durchzusetzen. Jeder dieser Aspekte erfordert ein großes Maß an menschlicher Weisheit und Urteilsvermögen, welches im wesentlichen nur durch häufiges eigenes Erleben erworben werden kann.

Auf den ersten Blick scheint die Aufgabe scheußlich, einer neuen Generation junger Menschen Gerechtigkeit beizubringen. Und tatsächlich, wenn man sie als Belehren über Moralvorstellungen betrachtet, ist diese Aufgabe praktisch unerfüllbar, wie jeder Moralprediger in der Geschichte herausgefunden hat. Man kann Leuten nicht einfach etwas über gut und böse, falsch und richtig erzählen und hoffen, ihr Handeln zu beeinflussen. Der Grund ist einfach: Sind die Zuhörer jung und unerfahren, langweilt sie solch ein Vortrag und hat keinen Bezug zu etwas für sie greifbarem. Sind die Zuhörer älter, haben sie sich gewöhnlich auf eine bestimmte Grundrichtung festgelegt und sind durch bloße Vorträge kaum zu beeinflussen.

Die Herausforderung ist die: Wie lernen Kinder ein gesellschaftlich akzeptables Konzept von Gerechtigkeit so, daß es sie interessiert, sie sich eingewöhnen können, sie einbezogen sind und künftig danach handeln werden? Die Antwort liegt in zwei Worten: *durch Erfahrung.* Sehen wir uns näher an, wie das vor sich geht.

Der erste Aspekt von Gerechtigkeit: Regeln für das Zusammenleben der Gemeinschaft zu entwickeln. In unserer Gesellschaft erwarten wir, daß diese Regeln von der Gemeinschaft ausgehen, im Rahmen dessen, was wir eine „demokratische Verfahrensweise" der Gesetzgebung nennen. Westliche Demokratien sind – unter anderem – auf der Überzeugung gegründet, daß Regeln, die unter Beteiligung der betroffenen Gesellschaftsmitglieder aufgestellt werden, eine bessere Chance haben, sich durchzusetzen und von allen Beteiligten akzeptiert zu werden.

Für Kinder in entwickelten Gesellschaften ist die Schule ihre bedeutendste Gemeinschaft außerhalb der Familie. Welchen besseren Ort gäbe es, Kindern erste Erfahrungen zu ermöglichen, wie Regeln demokratisch geschaffen werden, mit all dem Drum und Dran? Wo könnte man besser die Kunst des Diskutierens lernen, die Notwendigkeit erfahren, die Meinung anderer zu berücksichtigen, und die Vorteile geistiger Offenheit, das Spiel der Kräfte von persönlichen und Gemeinschaftsinteressen, das Wesen politischer Machtblöcke, die Freude über einen Sieg und die Qual einer Niederlage, die Fähigkeit, einen Verlust auszugleichen und für künftige Erfolge zu planen?

Man sollte glauben, es sei gar nichts anderes möglich, als Kindern diese Dinge gleich in ihrer alltäglichen Gemeinschaft zu vermitteln – in der Schule. Dennoch wird es fast nie getan. Kein Wunder, daß wir von allen Seiten eintöniges Gejammer über die Gesetzlosigkeit der Jugendlichen, ihre Gleichgültigkeit gegenüber dem Wohlergehen der Gemeinschaft hören.

Ein weiterer Aspekt von Gerechtigkeit: Wie setzt man die Regeln durch? In unserer Art von Gesellschaft halten wir die Durchsetzung der Gesetze für eine Folge der demokratischen Ordnung, und diese Durchsetzung erfolgt durch Menschen, die direkt oder indirekt vom Volk bestimmt wurden und sich dem Volk gegenüber verantworten müssen. Wir führen Gerichtsprozesse vor unseresgleichen – vor Geschworenen – und akzeptieren ihr Urteil. Noch einmal: Die Idee ist, daß die gerechteste und akzeptabelste Form, Regeln in einer freien demokratischen Gesellschaft durchzusetzen, jene ist, die die gesamte Gemeinschaft gleichberechtigt einbezieht.

Für zwölf oder mehr sie besonders prägende Jahre werden Kinder in der Schule festgehalten, einem von der Außenwelt abgeschirmten Ort, und an diesem sich ihr Gerechtigkeitsempfinden sich entwickeln. Was könnte wichtiger für ihr späteres Verhalten in der Erwachsenengesellschaft sein, als - durch Erfahrung - ein Verständnis für die Feinheiten der Gesetzesdurchsetzung zu entwickeln? Wie bereichernd ist es doch, direkt Beweise auszuwerten, mildernde Umstände zu beachten, Ideen wie Prävention, Abschreckung, Rache und Wiedergutmachung sorgsam abzuwägen.

Unsere Schule legt - seit nun schon neunzehn Jahren - großes Gewicht darauf, daß Kinder durch direkte Erfahrung einen Gerechtigkeitssinn entwickeln. Wir haben von Anfang an nach den Grundsätzen gearbeitet, die den Gegebenheiten für Erwachsene in der allgemeinen Gesellschaft entsprechen. Alle Regeln werden - ohne Ausnahme - von einem Gesetzgeber geschaffen, der Schulversammlung, bei der jeder Schüler und jeder Lehrer eine (und nur eine) Stimme hat; sie funktioniert nach dem Modell des New England Town Meeting. Es gibt keine versteckten Befugnisse irgendwelcher Art, die einer höheren Autorität vorbehalten wären. Die Schulversammlung hat die Macht, und Schüler von vier bis neunzehn Jahren erleben ständig die volle Herausforderung, die wirkliche Gesellschaftsordnung, die diese Schule darstellt, zu gestalten und zu erhalten. Es ist keine Vorzeige-Schülerversammlung und auch kein Scheinparlament, sondern ein wirklicher Gesetzgeber, der mit wirklichen Regeln wirkliches Verhalten im wirklichen Schulleben bestimmt.

Jede Durchsetzung der Gesetze geschieht in ähnlicher Weise durch ein von der Schulversammlung eingerichtetes Justizsystem, an dem sich jeder zeitweise zu beteiligen hat. Schüler sind verantwortlich dafür, angebliche Regelverletzungen zu untersuchen, gegen Beschuldigte einen Prozeß durchzuführen, und zu entscheiden, was mit Schuldigen geschieht.

Es ist faszinierend, die Ergebnisse dieses ungewöhnlichen Justizsystems zu beobachten. Zunächst einmal geht es in der Schule auffällig geordnet zu, sehr zur Überraschung vieler Außenstehender, die sich wundern über die tiefe Grundstimmung innerer Harmonie in einer Schule, an der es so viel persönliche Freiheit in den alltäglichen Aktivitäten gibt. Es gibt praktisch keinen Vandalismus und kaum offen zerstörerische Handlungen.

Schulversammlungen finden wöchentlich statt, Justizkomitee-Treffen ungefähr dreimal in der Woche. Regeln werden in der Schulversammlung vorgeschlagen, debattiert, es wird über sie abgestimmt, man überarbeitet und verbessert sie, und das Justizkomitee legt sie aus und setzt sie durch. Sie alle werden in einem Schulversammlungs-Gesetzbuchveröffentlicht, das jedem ausgehändigt wird.

Die juristische Vorgehensweise verläuft reibungslos. Wie schwierig die Beratungen des Komitees sind, hängt von den vorliegenden Fällen ab; einige sind kurz, andere dauern Tage.

Das Ergebnis sind Schüler, die erfahren haben, was Gerechtigkeit bedeutet, weil sie sie selbst bestimmten und umsetzten. Und gehen sie als Absolventen hinaus in die Welt, sind sie bereit, ihren Platz als verantwortliche Mitglieder der Gesellschaft einzunehmen.

SVS-Momente

Hanna Greenberg

Es ist der Beginn eines neuen Jahres an der SVS. Meine Tage sind voll davon, mit Schülern zu reden, bei „alten Hasen" auf den aktuellen Stand zu kommen und die neuen kennenzulernen. Eines Nachmittags, mitten in einem solchen Gespräch, kam der kleine Jim - sechs Jahre alt - sichtlich wütend zu mir herüber. Ich ließ natürlich alles fallen und schenkte ihm meine volle Aufmerksamkeit.

Jims Problem war, daß Max, der auch sechs ist, ihm gedroht hatte, ihn „hochzunehmen" (d.h. beim Justizkomitee, dem „JC", eine Beschwerde gegen ihn einzureichen), und Jim war ebenso verängstigt wie zornig. Ich bat ihn, mir zu erzählen, was geschehen war, aber ich gebe zu, daß das, was er sagte, für mich keinen Sinn ergab. Also entschied ich mich, der Sache nachzugehen, und bat ihn nach draußen.

Auf unserem Weg hinaus beruhigte Suzie (ebenfalls sechs) Jim, indem sie ihm sagte, es sei nicht so schlimm, hochgenommen zu werden. Er fragte sie, ob sie beim ersten Mal Angst gehabt und geweint hätte. Sie lächelte ihr warmes Lächeln und versicherte ihm, sie habe geweint, und jeder andere auch, als er sich das erste Mal mit dem JC auseinandersetzen mußte, aber man gewöhne sich dann daran, und es sei nicht so schlimm.

Wir fanden Max, eingeschnappt auf der Steinbank unter dem Buchenbaum sitzend. Suzie setzte sich nah an seine Seite, um ihm mit ihrer Anwesenheit Trost zu spenden. (Nein, ich interpretiere nichts in ihre Handlungen hinein! Seit sie vier Jahre alt war, habe ich sie bei zahlreichen Gelegenheiten genau dies tun sehen.) Ich saß auf Max' anderer Seite und bat ihn, mir zu erzählen, was geschehen war. Auch er war aufgeregt, und mit einer lauten und schimpfenden Stimme schrie er den armen Jim an, er solle abhauen, so daß er mit mir alleine reden kann.

Ich konnte Suzies Dilemma sehen. Sie wollte jedem ihrer beiden Freunde helfen und wußte nicht, was sie tun sollte. Also fragte ich Max, ob Suzie bleiben könne, und da er fair ist, merkte er, daß, da er Jim verscheucht hatte, auch Suzie gehen mußte. Das erlaubte Suzie, zu Jim zu gehen und ihm beizustehen.

Max erzählte mir seine Geschichte.

Er, Jim und Suzie hatten beschlossen, zu den „Felsen" zu gehen und dort zu spielen. Dann schlug Jim vor, von Felsen zu Felsen zu springen, Max tat es, fiel hin und verletzte sich. Er hatte das Gefühl, es sei die Schuld von Jim gewesen, denn von dem war die Idee gekommen, und Max hatte sich genötigt gefühlt, mitzuspielen, obwohl er eigentlich nicht wollte.

Ich fragte ihn, warum er dann mitgespielt hat.

„Weil, wenn ich es nicht getan hätte, würden sie denken, daß ich ein Angsthase bin", antwortete er, „und jetzt habe ich mich verletzt, und es ist seine Schuld, und ich nehme ihn hoch!"

Max war jetzt den Tränen nahe, aber ich ließ nicht locker.

„Warum hast du es getan, wenn du es nicht wolltest?", fragte ich noch einmal.

Max wurde langsam wütend auf mich.

„Ich habe dir gesagt, daß ich nicht wollte, daß sie mich für einen Angsthasen halten", brüllte er mich an und fügte dann hinzu: „Ich bin auf die SVS gekommen, um Frieden und Ruhe zu haben, und was bekomme ich?" Er hielt kurz an und suchte das treffende Wort.

„Ärger?", fragte ich, und Max wiederholte mit Nachdruck: „Ja, ich bin hierher gekommen, um Frieden und Ruhe zu haben, und was bekomme ich? Ärger!"

Für mich war klar, Jim ging es nicht darum, daß Max ein Angsthase wäre, sondern er wollte einfach ein Spiel spielen. Jim war vollkommen unschuldig daran, Max' Gefühle verletzt zu haben. Es war Max, der das Gefühl hatte, er wäre ein Angsthase, wenn er nicht springen würde; aber als er hinfiel und sich verletzte, gab er Jim die Schuld dafür.

Ich suchte nach einem Weg, es Max zu erklären, suchte nach den richtigen Worten, als Arthur (13 Jahre alt), der das ganze Gespräch mit angehört hatte, Max von einem niedrigen Ast des Buchenbaumes aus zurief:

„Max, du mußt hier nichts tun, was du nicht willst, besonders wenn du denkst, daß du dich verletzen wirst. Du mußt für dich selbst denken und nicht tun, was andere denken, was du tun sollst."

Max ging dann und kletterte den Baum hinauf, um sich weiter mit Arthur zu unterhalten. Sie redeten über den Mut, neue Sachen auszuprobieren, und darüber, warum andere einen manchmal ärgern. Arthur sagte, daß manchmal, wenn Leute stichelnde Sachen zu einem sagen, es eigentlich ein Kompliment ist, weil sie denken, man sei stark oder klug.

„Was ist ein Kompliment?", fragte Max, und Arthur erklärte es ihm.

Während sie sich unterhielten, erschien Suzie wieder auf der Szene, kletterte in den Baum und stand neben ihnen. Dann schwang sie sich auf einen Ast und sprang von dort auf den Boden – fast zwei Meter Höhe! So wurde der arme Max erneut herausgefordert! Auch er begann, von dem Ast aus zu schwingen, während er sehr ängstlich aussah, selbst als Arthur und ich ihm sagten, er solle nicht springen, wenn er es nicht wirklich will.

Max konnte sich nicht überwinden zu springen; also stieg er langsam zurück zur Gabelung des Baums und sprang von dort, aus viel geringerer Höhe. Ich atmete erleichtert auf und dachte, nun habe er seine Lektion gelernt, werde künftig lassen, bloß weil andere es können, etwas zu tun, das er nicht kann, – aber ich irrte mich!! Im Nu war Max zurück auf dem Ast, ein Schwung, und er sprang hinunter. Ich applaudierte ihm, aber er ignorierte mich einfach.

Voller Aufregung verließ ich die Szene. Ich fühlte mich glücklich und privilegiert, durch diesen kurzen Blick darauf, wie die kleinen Kinder an unserer Schule sich gegenseitig unterstützen, einander helfen, sich zu entwickeln – Angst zu überwinden, unabhängig zu werden und ihr eigenes Urteilsvermögen einzusetzen – und die älteren Kinder sich anstrengen, ihnen dabei zu helfen.

Über Recht und Ordnung

Daniel Greenberg

Das Justizsystem an Sudbury Valley ist einer der Eckpfeiler der Struktur unserer Schule, und seit langem unser Stolz und unsere Freude. Ausgehend von den Werten der Geschichte Amerikas spürten wir immer, welch wichtiges Element rechtsstaatliche Grundsätze für eine Schule sind, die die Prinzipien von persönlicher Freiheit, gegenseitigem Respekt und politischer Demokratie verkörpert. In den ersten Wochen nach Gründung der Schule verbrachte die Schulversammlung lange Stunden damit, die rechtlichen Prinzipien und die juristische Struktur der Schule festzulegen – und die Ergebnisse brachten uns schnell stabile Verhältnisse, mit dem unter Schülern, Mitarbeitern und Eltern vorherrschenden Gefühl, daß hier jeder, der vor das Tribunal gebracht wird, eine faire Chance erhält.

Das System, das 1968/69 geschaffen wurde, blieb für mehr als ein Jahrzehnt unverändert. Es wurde – wie so viel anderes in der Schule – mit Blick auf die Zukunft entworfen, für die wir hofften, eine Schülerschaft aus vielen Hunderten (vielleicht Tausenden) von Schülern zu haben. Als die Jahre vergingen und sich abzeichnete, daß unser Wachstum etwas weniger stürmisch verlaufen würde, überarbeiteten wir jene Aspekte der Schule, die eher auf große Gemeinschaften zugeschnitten waren, einen nach dem anderen, um den Gegebenheiten gerecht zu werden. Eines der Systeme, die unter die Lupe kamen und von der Schulversammlung verändert wurden, war das Justizsystem. Die Schulversammlung hatte den Eindruck, das ursprüngliche System sei zu schwerfällig für eine aus nicht mehr als einhundert Mitgliedern bestehende Gemeinschaft. Das größte Problem (wenn auch nicht das einzige) war die Zeitspanne, um eine Justizangelegenheit beizulegen. Abgesehen von einigen größeren Krisen (davon gab es im Laufe der Jahre eine Handvoll) betrug die kürzeste Verfahrensdauer einer Justizangelegenheit drei Wochen, und die durchschnittliche Dauer lag eher bei vier oder fünf Wochen. Fast immer war der ursprüngliche Vorfall von allen Betroffenen inzwischen längst vergessen worden. Es schien im Rahmen des alten Systems keinen Weg zu geben, die Verfahrensdauer zu verkürzen bzw. einige seiner anderen Verfahrensprobleme zu beseitigen. Mit der Absicht, die bestehenden Probleme zu lösen und gleichzeitig die guten Seiten, die wir behalten wollten, zu retten, wurde wohlüberlegt ein neues Justizsystem entworfen.

Die Justizreform von 1979, in deren Mittelpunkt die Schaffung des Justizkomitees (JC) stand, wurde von nahezu allen Mitgliedern der Schulversammlung begeistert begrüßt. Fünf Jahre lang führte es die Tradition von Gerechtigkeit und Fairneß fort, für die wir weit und breit bekannt und geachtet sind. Viele haben hart und engagiert in ihren verschiedenen Aufgaben gearbeitet.

1984 wurde das System weiter verfeinert. Wir haben mit dem System lange genug gelebt, um es gut zu verstehen; wir sind in der Lage, seine Stärken zu schätzen und seine Schwächen aufzuspüren. Und es arbeitet gut. Ich würde gern einen analytischen Blick auf unser System, seine Praxis, werfen.

Bevor ich ausführlicher zum Justizsystem an unserer Schule komme, sehen wir uns einmal an, nach welchem Schema ein Justizverfahren abläuft. Das sind im Wesentlichen fünf voneinander getrennte Phasen.

1.) Jemand wendet sich an die Justiz und verlangt, daß sie tätig wird.
2.) Die Justiz prüft, ob die formalen Voraussetzungen erfüllt sind; dazu gehört auch, daß die vorgebrachten Behauptungen plausibel sind. In einigen Rechtsgebieten stellt die Justiz noch eigene Ermittlungen über den Sachverhalt an.

3.) Hat sich in Phase 2.) kein Ablehnungsgrund ergeben und sieht sie konkrete Gesetze verletzt, setzt die Justiz ein Verfahren in Gang, das eine Entscheidung der Sache bezweckt.
4.) Dem zuständigen Gremium (in der Regel einem Gericht) wird die Sache vorgelegt. Dieses wägt das Vorbringen der Kontrahenten und sonstige Gesichtspunkte ab und verschafft sich Klarheit.
5.) Das Gremium fällt die Entscheidung (z.B. ein Urteil) und verkündet sie den Beteiligten. (Diese Entscheidung kann in der Regel auf Verlangen der Beteiligten überprüft werden.)

Alle fünf Phasen müssen nach vorgeschriebenen Verfahrensregeln ablaufen, die – gleichfalls in vorgeschriebener Weise – öffentlich bekanntgegeben worden sind. Sie werden als fair angesehen.

Dieser kurz umrissene, sehr vereinfacht dargestellte Fünf-Phasen-Ablauf bildet in den meisten Ländern das allgemein anerkannte Justizsystem. Worin die Länder sich radikal von einander unterscheiden, ist die Art, wie diese Schritte durchgeführt werden – die „Spielregeln". In diesem Land haben wir großes Gewicht darauf gelegt, das ganze Verfahren nach dem Prinzip „Rechtsstaatlichkeit" stattfinden zu lassen, ein Ausdruck, der im Laufe der Jahre für alle Amerikaner mit Bedeutung erfüllt worden ist. Allgemein gesagt, garantiert das Rechtsstaatsprinzip jedem einzelnen von uns, in jeder der fünf Phasen des Justizprozesses eine „faire Chance" zu erhalten. „Faire Chance" ist natürlich keinesfalls deutlicher oder erklärender als „Rechtsstaatsprinzip" an sich, aber eine Menge Rechtsgeschichte hat diesen Wörtern umfassenden Inhalt gegeben, und die meisten Bürger dieses Landes, in welcher Lebenslage auch immer sie sich befinden mögen, sind sich der Bedeutung dieser Wörter sehr bewußt.

Sagen wir es so: Wir erwarten nicht, leichtfertigen oder erfundenen Behauptungen ausgesetzt zu werden. Wir erwarten, daß Ermittlungen gründlich und vollständig sind, nicht geschönt und ohne fabrizierte „Fakten" oder unterschlagene Beweise. Wir erwarten, daß Anklagen konkret und zur Sache gehörig sind und nicht ex post facto. Wir erwarten, daß Verhandlungen offen, fair und ohne Befangenheit stattfinden, und dem Angeklagten umfassende Rechte eingeräumt werden, und Möglichkeiten zur angemessenen Verteidigung. Ebenso erwarten wir, daß Urteile fair sind und ausgewogen die Bedürfnisse der Gesellschaft nach Wiedergutmachung, Rache und Prävention berücksichtigen. Jede Gesellschaft, deren Rechtssystem diese Erwartungen nicht erfüllt, sehen wir als von Grund auf unrechtmäßig an.

Das ursprüngliche Justizsystem, das 1968/69 von der Schulversammlung an Sudbury Valley eingerichtet wurde, arbeitete jede der fünf Phasen systematisch ab.

Verletzte ein Mitglied der Gemeinschaft eine Schulregel, so war es an den anderen Mitgliedern (einzeln, als Gruppe, Komitee oder School Corporation), Anzeige zu erstatten. Es gab nie einen Schulversammlungs-Bediensteten mit der Aufgabe, im Auftrag der Schule oder irgend eines ihrer Organe Anzeigen gegen jemanden zu erstatten. Die Anzeigen wurden entweder schriftlich oder mündlich eingereicht, um den Sachverhalt dem Komitee für Schulangelegenheiten („CSA") darzulegen. (Eine Anzeige gegen jemanden zu erstatten, erhielt die Bezeichnung „jemanden hochnehmen". Der Ursprung dieser Redewendung liegt vollkommen im Dunkeln. Keiner von uns erinnert sich, woher sie kam, aber sie hat sich bis zum heutigen Tag gehalten.)

Das CSA war aus Schulmitgliedern zusammengesetzt, die durch Los ausgewählt wurden und gleichmäßig aus allen Altersgruppen stammten. Der Dienst war Pflicht und dauerte einen Monat; Treffen fanden häufig statt. Jedes neu ausgeloste CSA wählte einen Vorsitzenden, um die Dinge zu organisieren und in Bewegung zu halten. Das CSA hörte die Anzeigen an und entschied, ob sie eine weitere Untersuchung verdienten. Wenn ja, ermittelte das CSA nach eigenem Ermessen, indem es Zeugen befragte; dafür hatte es etwas, das auf eine Ladungsbefugnis hinauslief, um Zeugen zu verpflichten, zu erscheinen und auszusagen. (Wenn sich jemand weigerte, auszusagen, wurde dies vor die Schulversammlung gebracht. Natürlich war niemand verpflichtet, auszusagen, wenn er sich selbst damit belasten würde.) Wenn das CSA seine Ermittlungen beendet hatte, reichte es seinen Bericht über die Tatsachen des Vorfalls, wie sie sich nach den Ermittlungen darstellten, bei der Schulversammlung ein (er wurde dann später im wöchentlichen Protokoll der Schulversammlung veröffentlicht). Das CSA fällte aber keine Beschlüsse und erhob keine Anklagen wegen irgendwelcher Regelverletzungen. Sein Bericht wurde einzig und allein als objektive, neutrale Darstellung des angezeigten Sachverhalts und seiner Umstände angesehen.

Zu seiner wöchentlichen Sitzung erhielt die Schulversammlung den CSA-Bericht. An diesem Punkt konnte jedes Mitglied der Schulversammlung auf Grundlage des Berichts offiziell Anklage gegen den angeblichen Regelverletzer erheben. Der Anklagende übernahm dann auch im anschließenden Gerichtsverfahren die Rolle des Anklägers (zusammen mit denjenigen Helfern, die er sich aussuchte). Es gab weder einen offiziellen Schul-„Staatsanwalt“, noch war der Ankläger notwendigerweise derjenige, der die ursprüngliche Anzeige vor dem CSA eingereicht hatte. Die Anklage mußte klar darlegen, welche Regeln der Ankläger verletzt sah. Zu diesem Zeitpunkt fungierte die Schulversammlung als eine Art Grand Jury und erlaubte dem Ankläger entweder, die Gerichtsverhandlung beginnen zu lassen, oder erlaubte es eben nicht. Die Schulversammlung stimmte auf der Basis des CSA-Berichts ab – das heißt, auf Basis des Eindrucks der Mitglieder der Schulversammlung, ob der CSA-Bericht genügend Gründe lieferte, einen Prozeß zu rechtfertigen. Das, und nicht mehr.

An diesem Punkt kam der Law Clerk (Gerichtsschreiber) ins Bild. Der Law Clerk war ein Bediensteter der Schulversammlung, der für ein halbes Jahr gewählt wurde und dessen Funktion es war (ganz ähnlich wie die des Clerk of the Court im staatlichen Rechtssystem), alle Schritte des Gerichts sauber, vollständig und genau aufzuzeichnen. Der Clerk stellte sicher, daß dem Gerichtsverfahren ein Aktenzeichen zugeordnet wurde, benachrichtigte den Angeklagten über die Anklage und über den Prozeß; und er protokollierte das Plädoyer des Angeklagten. Wenn das Plädoyer „schuldig“ lautete, folgte direkt die Verurteilung. Wenn das Plädoyer „nicht schuldig“ lautete, wurde die Gerichtsverhandlung auf einen bestimmten Tag in der Woche nach der Entscheidung der Schulversammlung, ein Gerichtsverfahren zu erlauben, festgesetzt.

Die Abläufe des Gerichtsprozesses waren im Schulgesetzbuch in allen Einzelheiten festgelegt. Den Vorsitz hatte der Vorsitzender der Schulversammlung, und der Angeklagte konnte sich entweder selbst vertreten oder sich von jemandem bei der Verteidigung helfen lassen. Die Jury bestand aus unbeteiligten Freiwilligen (oder, wenn nötig, aus gezwungenen „Freiwilligen"), sechs an der Zahl; jeder, der ein Interesse am Ausgang des Verfahrens hatte oder als Zeuge in Betracht kommen konnte, durfte in diesem Verfahren nicht Geschworener sein. Die Verhandlung war für jedes Mitglied der Schulversammlung, das teilnehmen wollte, offen. Verhandlung und Urteil wurden vom Law Clerk protokolliert.

Wenn ein Schuldspruch gefällt wurde, beriet die Schulversammlung über das Strafmaß. Ein oder mehrere Strafmaßanträge wurden in der Sitzung der Schulversammlung vorgebracht, wobei man gewöhnlich zwei Lesungen brauchte, um über einen Antrag zu entscheiden. Jeder konnte einen Strafantrag einbringen, aber die letztendliche Strafe mußte von der Schulversammlung als ganzes entschieden werden.

Das eben beschriebene Justizsystem wurde allgemein als fair angesehen, als die Rechte des Beschuldigten anerkennend und gleichzeitig in vollem Maße den Ordnungsinteressen in der Schule dienend. Wie auch immer, es war zu schwerfällig, und es dauerte mehrere Wochen von der Anschuldigung, über die CSA-Ermittlungen, den Bericht, den Antrag der Schulversammlung auf einen Gerichtsprozeß, diesen Prozeß, die Verurteilung, Strafanträge mit zwei Lesungen, bis endlich zur Festsetzung der Strafe.

Das eigentliche Problem aber entstand aus der einfachen Tatsache, daß die Schule immer klein war und bis heute auch klein geblieben ist. Jeder kennt jeden, die Leute respektieren einander, und jeder weiß, daß er fair behandelt wird. Dies hatte einen interessanten Effekt auf den Justizprozeß: Als die Jahre vergingen und das Vertrauen in das System und in die Schule wuchsen, nahm die Zahl der Fälle ab, die vor Gericht kamen, und dann gingen sie gegen *Null*; und sie blieb jahrelang bei Null. Einfach ausgedrückt, erhob man keine Anklage, wenn der Fall nicht ohnehin schon klar war; und jene, die angeklagt wurden, gaben – dies wissend und die Tatsache anerkennend, daß man sie fair behandeln wird – ihre Schuld zu und „nahmen ihre Medizin". Das System arbeitete so gut, daß es eigentlich überhaupt nicht arbeiten mußte.

Vom praktischen Gesichtspunkt aus gesehen, dienten die *Ermittlungen* als Gerichtsprozeß, weil sie fair waren und der Beschuldigte kein Bedürfnis verspürte, mehr zu verlangen.

Diese Entwicklung war es, die schließlich zu der radikalen Reform führte, die die jetzige Vorgehensweise hervorbrachte. Wenn *de facto* das CSA – als Ermittler – den Fall verhandelte und über Schuld oder Unschuld entschied, warum dies dann nicht auch *de jure* zulassen? Und wenn die Schulgemeinschaft solches Vertrauen in die Fairneß des CSA hatte, warum nicht den ganzen Prozeß von Anfang bis Ende dort stattfinden lassen?

Auf diese Weise wurde das Justizkomitee (JC) geboren und ersetzte damit das alte CSA in Form und Funktion. Für das neue System wurden Justiz-Zuständigenposten geschaffen, die den Law Clerk ersetzten und neue Pflichten und Zuständigkeiten besaßen, der Rolle des JC angemessen.

Sehen wir uns näher an, wie ab 1979 das ursprüngliche JC gearbeitet hat. Das Komitee selbst bestand aus Schülern, die durch Los aus den verschiedenen Altersgruppen der Schüler ausgewählt wurden und für zwei Monate im Amt waren, sowie einem Mitarbeiter, der nur für die Dauer des jeweiligen Treffens amtierte. Den Vorsitz des Komitees übernahmen zwei Justiz-Zuständige, die für eine Amtszeit von etwas mehr als zwei Monaten gewählt wurden (das Schuljahr war in vier Amtszeiten unterteilt). Zusätzlich dazu, daß sie bei den Treffen den Vorsitz führten, waren sie für das Protokollieren und allgemein für den reibungslosen Ablauf des Justizprozesses an der Schule verantwortlich.

Die konkreten Schritte des Justizprozesses wurden alle vom JC erledigt. Wie zuvor wurden alle Anzeigen wegen Fehlverhaltens beim JC „von privat" (und nicht „von Amts wegen") eingebracht – schriftlich, die mündliche Darstellung von Beschwerden war nicht mehr vorgesehen. Das JC entschied, ob eine Ermittlung zu rechtfertigen war, und fuhr, wenn ja, fort. Der erste Schritt bestand - außer wenn es absolut unmöglich war - immer darin, von dem Beschuldigten ein Plädoyer zu fordern. Wenn das Plädoyer „schuldig" lautete, war die Ermittlung abgeschlossen, der Bericht des Anzeigenden anerkannt und die Schuld eingestanden. Wurde auf „nicht schuldig" plädiert - was nicht selten war -, ging es mit den Ermittlungen in Form eines Mini-Gerichtsverfahrens weiter, bis sich das JC schließlich in der Lage fühlte, ein Urteil zu fällen. Wurde der Angeklagte für schuldig befunden, hatte er das Recht, bei der Schulversammlung Berufung einzulegen und das volle formale Gerichtsverfahren, in der alten Form, zu verlangen. (Dieses Recht wurde nie in Anspruch genommen.)

Nach Schuldbekenntnis oder Verurteilung ging das JC sofort zur Festsetzung der Strafe über. Gegen vom Beklagten als zu hart oder unfair empfundene Strafen war die Anfechtung vor der Schulversammlung möglich. Solche Anfechtungen kamen mehrfach vor, einige davon führten zur Änderung des vom JC gefällten Urteils durch die Schulversammlung - allerdings nicht immer in der Richtung, die der Verurteilte sich vorgestellt hatte.

Der gesamte Prozeß, von der Beschwerde bis (falls schuldig) zur Strafe, dauerte mitunter nur wenige Stunden. Für den Beklagten bestand uneingeschränkt die Möglichkeit, sowohl das Gerichtsverfahren als auch das Strafmaß anzufechten; dieser Weg der Anfechtung wurde von der Schulversammlung als ein Sicherheitsventil betrachtet, das in dem System als Ganzem Fairneß und Rechtsstaatlichkeit absicherte, auch wenn mehrere allgemein anerkannte Punkte der Rechtsstaatlichkeit beim verkürzenden JC-Verfahren fehlten. Das System arbeitete reibungslos, die verschiedenen Justizkomitee-Zuständigen waren äußerst sorgsam, arbeiteten hart und mit fairer Grundeinstellung, und das allgemeine Gefühl an der Schule war, daß die Leute auch weiterhin mit dem gleichen außergewöhnlichen Maß an Fairneß und Gerechtigkeit behandelt wurden wie vorher.

Dennoch gab es ein Problem, ein subtiles, das sich aber im Laufe der Jahre langsam in größerer Deutlichkeit offenbarte. Als das CSA-System in Kraft war, war Fairneß nicht die einzige Eigenschaft, die man an ihm schätzte. Auch die *Formen* der Justiz und der Rechtsstaatlichkeit wurden sorgsam beschützt. Wenn Schüler neu in die Schule kamen und sich an ihre Umgebung gewöhnten, entwickelten sie ein tiefes Verständnis des amerikanischen Rechtssystems und der großen Verfassungs-, gesetzlichen und Gewohnheitsrechte bzw. Schutzvorrichtungen, die die Bedeutung der Rechtsstaatlichkeit in unserer Kultur prägten. Diese allgemeine Kenntnis war jahrelang ein festes Merkmal der Schule.

Mit dem Wechsel zum JC-System blieben Fairneß und Gerechtigkeit erhalten, aber die in den USA übliche juristische Verfahrensweise in ihren Verzweigungen geriet langsam aus dem Blick, bis an der Schule nur noch wenige eine klare Vorstellung von ihrer Bedeutung hatten oder gar dachten, sie hätte viel mit der Schule zu tun. Dadurch war eines der größten Geschenke, das Sudbury Valley ihren Schüler zuteil werden ließ – ein Verständnis ihrer gesetzlichen Rechte und Pflichten in unserer Gesellschaft – nicht mehr unter den Schätzen, die eine Schülergeneration an die andere vererbt.

Im Laufe der Zeit gab es tatsächlich hier und da einige beunruhigende Zeichen, daß das ganze Drum und Dran der allgemeinen juristischen Verfahrensweise vielleicht doch kein Übergepäck ist, auch nicht an Sudbury Valley. Kleinere Unregelmäßigkeiten in JC-Verfahren – soweit bekannt, führten sie aber nicht zu Justizirrtümern – gaben einigen Leuten Grund, sich zu fragen, ob wir nicht vielleicht das Kind mit dem Bade ausgeschüttet und, wenn auch ungewollt, für die Zukunft möglichem Mißbrauch die Tür geöffnet haben könnten.

Darum wurde 1985 eine Reihe von Verfeinerungen eingeführt, mit dem Ziel, einige der Vorteile wiederherzustellen, die auf der Strecke geblieben waren. Sehen wir uns Schritt für Schritt näher an, wie das Justizsystem jetzt arbeitet.

Die Schule scheint mittlerweile eine ziemlich feste Tradition darin zu haben, daß alle Anzeigen wegen Fehlverhaltens „von privat" eingereicht werden, und niemand will das durch irgendwelche Zuständigenposten ergänzen. Das hat sich von Beginn an nicht geändert, und solange es an der Schule eine genügende Anzahl derer gibt, die für die Gemeinschaft Verantwortung übernehmen - was im Wesentlichen der Fall sein wird, solange die Schule weiter nach ihren Grundprinzipien funktioniert -, scheint es keinen Grund zu geben, diese Herangehensweise zu ändern. Um einer klaren Dokumentation willen werden alle Beschwerden aufgeschrieben, und man ist von einer Menge Leuten umgeben, denen es Spaß macht, den Analphabeten zu helfen, ihre mündlichen Beschwerden in Schriftform zu bringen, ihnen als Schreiber oder Assistenten zu dienen.

Der nächste Schritt ist der entscheidende. An dem Punkt, an dem die Beschwerde vorgebracht wird, weiß niemand, ob sie ernst gemeint ist oder nicht, ob tatsächlich Regeln gebrochen wurden oder nicht, ob der Beschuldigte beteiligt war oder nicht (und, wenn ja, ob allein oder mit anderen). Diese Ungewißheiten sind der Grund, weshalb eine Ermittlung notwendig ist, und das JC führt - wie auch sein Vorgänger, das CSA - eine derartige Untersuchung durch (wie sein Auftrag es ausdrücklich verlangt). In dieser Phase wollen wir einen Bericht über die Tatsachen - auf mehr kommt es uns jetzt nicht an; es gibt noch keine Anklage, keinen Prozeß, *kein Plädoyer.*

Erst wenn das JC seine Ermittlung abgeschlossen hat (und nur, wenn es ihm gelungen ist, etwas die Anschuldigungen erhärtendes herauszufinden), wird eine Anklage, durch das JC selbst, in Erwägung gezogen. Es befindet sich in der bestmöglichen Situation, um sich gründlich mit der Regelverletzung zu befassen, die begangen worden sein soll, und sich auf die Beteiligten zu konzentrieren. Praktisch ist das JC eigentlich die Grand Jury der Schule, die alle Beweise sammelt und dann die Anklage für die Verhandlung vorbereitet, wenn es hinreichenden Grund zur Fortsetzung gibt. Und die Zusammensetzung des JC selbst sichert, da sie ein Querschnitt der Schule ist, jedem eine faire Behandlung durch seinesgleichen zu.

Hat das JC gegen jemanden Klage erhoben, kann der Justizprozeß beginnen, und nichts kann es davon abhalten, sofort und reibungslos zu arbeiten: Der JC-Zuständige benachrichtigt den Beschuldigten, der sein Plädoyer abgibt. Bei „schuldig“ wird keine Verhandlung benötigt, und das Urteil kann gesprochen, die Strafe verhängt werden.

Wenn das Plädoyer „nicht schuldig“ lautet, muß eine Verhandlung stattfinden, so wie sie in der Vergangenheit stattfand. Sie wird vom vorsitzenden Zuständigen (dem Vorsitzenden der Schulversammlung) für ein oder zwei Tage nach dem Zeitpunkt angesetzt, an dem der Beschuldigte benachrichtigt worden ist und auf „nicht schuldig“ plädiert hat; sechs unbeteiligte Mitglieder der Schulversammlung dienen als Geschworene; das JC, als Klageeinreicher, organisiert einen Ankläger; der Angeklagte kann sich selbst verteidigen oder für die Verteidigung Unterstützung in Anspruch nehmen; und die Verhandlung ist für alle Mitglieder der Schulversammlung offen, wie es dem rechtsstaatlichen Prinzip der Öffentlichkeit von Verhandlungen entspricht.

Die Strafzumessung liegt in den Händen des JC. In den meisten Fällen finden Ermittlung, Anklage, Schuldeingeständnis und Strafzumessung unmittelbar nacheinander statt, da die überwiegende Zahl der Verstöße so beschaffen ist, daß dies die Gerechtigkeit nicht beeinträchtigt. In den wenigen komplexen Fällen wird etwas mehr Zeit benötigt; aber dem JC gibt der Umstand, daß es von Anfang bis Ende beteiligt war, einen einzigartigen Überblick, um zu einem fairen Urteil zu kommen. Und um es nochmals zu sagen: Seine Zusammensetzung als Querschnitt der Altersgruppen ist eine entscheidende Rückversicherung der Fairneß für alle, die vor es gebracht werden.

Letzten Endes bestätigt diese Analyse die grundsätzliche Zuverlässigkeit der bestehenden juristischen Verfahrensweise. Durch klar von einander getrennte Ermittlung, Anklage und Gerichtsverhandlung machen wir jedem deutlich, wie notwendig klar abgegrenzte Anklagen sind, die auf veröffentlichten Regeln beruhen; die Notwendigkeit, jedem Angeklagten vollständig mitzuteilen, für welche Handlung genau er angeklagt wird; die Notwendigkeit eines unvoreingenommenen Gerichtsprozesses mit der Gelegenheit, die bestmögliche Verteidigung zu erhalten. Auf diese Weise wird im einzigartigen Justizsystem der Schule nicht nur Fairneß praktiziert, sondern auch die in den USA übliche rechtsstaatliche juristische Verfahrensweise.

„Als du jung warst …“ – Eine wahre Geschichte

Daniel Greenberg

„Hilfst du uns, eine Beschwerde zu schreiben?“

Ich saß auf der Couch vor dem Büro und wurde aus einem Tagtraum gerissen. Mir gegenüber standen Adrian (9 Jahre) und Naomi (7) und schauten mich etwas unschlüssig an. „Vielleicht sollten wir Marge suchen.“

Ich sah sie für einen Moment an. „Für was?“, fragte ich. „Keith (13) und Patrick (8) haben unsere Aktivität im Ruhe-Raum gestört“, kam die Antwort. Während ich mich träge fragte, ob ich für ihre Aktivitäten im Ruhe-Raum im Gegenzug eine Beschwerde gegen sie einreichen sollte, antwortete ich: „Sicher“, und wir marschierten in das leere Büro.

Es war 13.30 Uhr. Fast alle Mitarbeiter hatten eine Besprechung im neu eingerichteten Stereo-Raum, wo sie sich seit 11 Uhr mit interessierten Schülern trafen, um über die künftige Nutzung des Raums zu entscheiden. Die Aufgabe, die ich jetzt hatte, schien vergleichsweise unbedeutend. Nichtsdestotrotz setzte ich mich an den Büro-Schreibtisch, nahm den Stift in die Hand, während ich so offiziell dreinschaute, wie ich nur konnte. Adrian stand dicht an meiner rechten Seite, Naomi lehnte zu meiner Linken über die Schreibtischkante; beide beobachteten jede Bewegung, die ich machte, jedes Wort, das ich schrieb. Es sollte eine ernsthafte Sache sein.

Das Beschwerdeformular vor mir, wendete ich mich an Adrian: „Fang am Anfang an. Ganz am Anfang.“

„Ich hätte sie wohl nicht beschimpfen sollen", sagte Adrian etwas besorgt. „Das war wahrscheinlich falsch."

„Fang am Anfang an. Was ist passiert?"

„Adam (8) und ich spielten alleine in der Scheune. Keith und Patrick kamen herein und begannen, Jeremy (12) zu ärgern."

„Jeremy war auch da?", fragte ich.

„Er kam herein. Dann kamen sie. Ich beschimpfte sie, um Jeremy zu schützen. Ich tat es, um ihm zu helfen."

Mich wundernd, warum Jeremy Adrians Schutz nötig gehabt haben sollte, bat ich ihn, mit dem Bericht fortzufahren.

„Dann verfolgten sie uns. Keith nahm meinen Hut, und wir rannten aus der Scheune. Joshua (7), Adam und ich entkamen."

„Joshua war auch da", fragte ich, und schrieb die Story ein weiteres Mal neu.

„Jeremy, Patrick und Keith verfolgten uns. Ich haute ab, nahm meinen Hut, dann schnappte Keith mich und schleppte mich zurück zur Scheune, aber wir entkamen –"

„Moment mal", unterbrach ich, während ich spürte, daß ich jede Spur von Verständnis dessen, was geschehen war, verlor. „Warum jagte Jeremy dich auch, wenn du ihn geschützt hast?"

„Keine Ahnung", antwortete Adrian mit einem Lächeln. Mittlerweile strömten seine Worte in voller Aufregung. Seine Augen glänzten. Es gab kein Halten für ihn.

„Dann versuchten wir, zum Hauptgebäude zu rennen, und sie sperrten Adam im Sportkabuff ein, und Joshua rannte und erzählte es mir, und ich machte mich auf, um Adam zu befreien. Ich tat so, als ob ich ihnen helfen würde, ihn einzusperren, aber ich tat es nicht wirklich, und er flüchtete, und ich war drin, aber ich kam raus –"

In diesem Augenblick spazierte ein heiterer und ruhiger Adam in das Büro und stellte sich neben Naomi. Er sah für mich sicher nicht wie jemand aus, der soeben ein entsetzliches Erlebnis hinter sich gebracht hatte.

Adrian machte es wirklich Spaß. Ich drehte mich zu ihm und fragte: „Hattest du eine schöne Zeit?" Er lachte von ganzem Herzen. „Ja", sagte er. „Was ist mit dir?", fragte ich Adam. „Ja. Ich möchte keine Beschwerde schreiben."

„Aber sie unterbrachen unsere Aktivität", protestierte Adrian.

„Welche Aktivität?", fragte ich.

„Die Zaubershow."

Ich hatte von keiner Zaubershow an diesem Tag gehört. Wissend, worauf ich mich einließ, fragte ich unschuldig: „Welche Zaubershow?"

„Die von Naomi und Mindy (7)", antwortete Adrian.

Mittlerweile war ein gutgelaunter Joshua dazugekommen. Naomi, die die ganze Zeit still und wachsam gewesen war, spitzte bei der Erwähnung ihres Names die Ohren. „Wir versuchten, sie aus dem Raum zu schmeißen, aber sie gingen nicht", sagte sie aufgeregt, „dann drängten wir sie raus." „Und ich versuchte, daß sie gehen", stimmte Adrian ein. Joshua lächelte. Adam war bedrückt.

„Kann ich das Beschwerdeformular zerreißen?", fragte Adam.

Naomi grinste. Joshua lächelte. Ich wandte mich an Adrian: „Was würde passieren, wenn die Beschwerde eingereicht würde?"

„Sie würden aufhören, es zu tun", antwortete er voll Vertrauen in die Wirksamkeit des Justizsystems der Schule.

„Möchtest du, daß sie aufhören?", fragte ich.

„Nein", antwortete er mit einem herzlichen Lachen.

Adam zerriß das Formular. Allgemeine Zufriedenheit. Dann, schon im Gehen, wandte sich Adrian mir zu und fragte mich mit einem breiten Lächeln: „Als du jung warst, hattest du da solche Abenteuer?"

Sei dir selber treu

Hanna Greenberg

Wir sprachen über Geburtstage, Audrey, Ben, Christine und ich. Alle drei Kinder waren gerade sechs Jahre alt geworden und riefen sich mit viel Freude ihre Geburtstagsfeiern in Erinnerung.

Als ein normal dummer Erwachsener fragte ich die Art von Fragen, die Kinder wirklich blöd finden. Entweder scheint die Antwort wirklich zu einfach zu sein, oder die Kinder fassen die Frage mit einer anderen Bedeutung auf. Jedenfalls sind die Kinder nachsichtig und geduldig mit mir, und ich frage weiter, weil es mir hilft, zu verstehen, wie sie fühlen und denken. Diese Unterhaltung war ein Treffer.

Ich fragte: „Fühlst du dich anders, jetzt, wo du sechs bist?"

Christine antwortete vehement: „Nein!! Warum sollte ich? Ich bin immer ich selbst, welchen Unterschied macht da das Alter?"

„Wie wahr!", dachte ich, während ich mich sowohl dumm als auch bestraft fühlte.

Später am Tag jedenfalls, als ich über die Bedeutung dessen nachdachte, was Christine, zu mir gesagt hatte, während ihre Freunde ihr von Herzen zustimmten, wurde mir klar, daß ich letztendlich doch gar nicht so dumm war. Meine Frage wäre vielen der älteren Schüler an der SVS, genauso den meisten Erwachsenen, die ich kenne, allzu passend erschienen. Denn so viele von uns verlieren mit den Jahren und dem Fortschreiten ihrer Sozialisierung ihr Selbstgefühl. Je mehr wir lernen, uns in die vorgegebene Form einzupassen, wir unseren Lehrern folgen und tun, was von uns erwartet wird, um so mehr entfernen wir uns von unserem wahren Selbst.

Ab einem Alter von etwa zehn Jahren leidet wohl jeder Mensch immer wieder an Anfällen von Identitätskrisen. Dabei ist es gleichgültig, ob es höchst erfolgreiche Fachleute sind, die dem Ruhestand entgegensehen, ob arbeitslos gewordene Stahlarbeiter, ob College-Abgänger, die nicht wissen, was sie nun tun sollen, da sie sich in das Leben der realen Welt begeben müssen, oder Teenager, die herauszufinden versuchen, was sie tun sollen, wenn sie erwachsen werden. Es hat den Anschein, jeden von uns erwartet in seinem Leben derartiges, denn das Leben fließt weiter und bringt Veränderung. Aber jene unter uns, die sich selbst kennen, sind es, die diese Krisen gut überstehen und sie tatsächlich als Zeiten nutzen, ihr Selbstverständnis zu vertiefen und besser zu werden. Wer sich hingegen von sich selbst entfernt, empfindet diese Zeiten als schmerzhaft und unproduktiv: Er ist emotional nicht dafür ausgerüstet, Veränderungen zu durchleben, er ist mit sich selbst ja nicht vertraut. Diese Menschen glauben eigentlich nicht mehr, ein großes Maß an Kontrolle darüber zu haben, wie sie ihr Leben führen. Sie akzeptieren, was die Gesellschaft von ihnen will, daß sie es akzeptieren. Lange Zeit mag das für sie vielleicht funktioniert haben, aber wenn sich die gesellschaftlichen Bedingungen plötzlich ändern, fühlen sie sich verloren. Sie fühlen sich von der Gesellschaft hintergangen, die ihnen dafür, daß sie tun, was von ihnen erwartet wird, als Gegenleistung Sicherheit und Stabilität versprach. Sie tauschten innere Harmonie gegen äußeren Erfolg ein, und nun fühlen sie sich reingelegt.

Unsere Schulen sind das vorrangige Instrument in diesem Prozeß der Formung junger Menschen. Zu jenen Zeiten als die Gesellschaft wußte, welche Fertigkeiten ihre Wirtschaft im einzelnen benötigt, gab es ein nützliches und möglicherweise gerechtfertigtes Ziel. Für einen großen Teil der Bevölkerung funktionierte das damals das ganze Leben über. Die Zeiten haben sich jedoch geändert. Wir können nicht länger vorhersehen, was uns die Zukunft bringt. Wir wissen nicht, welche Fertigkeiten in Zukunft mehr geschätzt werden als andere. Als ich vor dreißig Jahren zu Biochemie forschte, benutzte ich für meine Berechnungen einen Rechenschieber. Es war eine langsame, ungenaue Methode. Jetzt hat jeder einen 10-Dollar-Taschenrechner, und Kopfrechnen wird nicht mehr gebraucht. Ach, wie viele Stunden haben wir damit verschwendet! Das Gleiche gilt für Handschrift und Rechtschreibung. Die Textverarbeitungsprogramme haben auch diese Arbeit beseitigt.

Was unsere Schulen Kindern heutzutage beibringen müssen, ist, im Denken flexibel zu sein, ihrer eigenen Fähigkeit, Entscheidungen zu treffen, zu vertrauen, und vor allem, sich für ihr eigenes Leben, genauso wie für ihre eigenen Gemeinschaften, verantwortlich zu fühlen. Das läßt sich nur jemandem vermitteln, der weiß, wer er ist – jemandem, der er selbst ist.

Ich glaube, dies geschieht an unserer Schule. Es geschieht im Inneren jedes Kindes auf seine eigene geheimnisvolle, private Weise. Nicht wir, die Erwachsenen, bewirken das – wir ermöglichen nur, daß es geschieht. Dennoch bedanken sich viele unserer Schüler bei uns dafür, daß wir ihnen zurückgaben, was sie hatten, als sie sechs waren, und später verloren. Viele erzählen mir, genau das sei es, was es für sie bedeutet, Schüler an der SVS zu sein. Jene Schüler, die zu uns kamen, bevor sie auf andere Schulen gingen, sind sich dieses Prozesses nicht bewußt, sie durchlebten ihn einfach. Aber jene, die zu uns als ältere Schüler kamen, erzählen mir oft eine Variante der Worte, die Jennifer benutzte, als sie 16 war:

„Als ich sechs war, wußte ich, wer ich war. Dann ging ich zur Schule und vergaß. Jetzt, nach drei Jahren an der SVS, habe ich mich selbst wiedergefunden und weiß, wer ich bin."

Eine Schule für heute

Mimsy Sadofsky

Die Gründung von Sudbury Valley 1968 begann damit, daß ihre Gründer zunächst die für die amerikanische Gesellschaft charakteristischen Werte untersuchten, um festzulegen, von welchen Werten unsere Schulen geleitet werden sollten. Unsere Gesellschaft hat, obwohl sie so vielfältig ist, auch viele übergreifende gemeinsame Prinzipien, die Leute aus allen Bereichen des politischen Spektrums verbinden. Uneinigkeit besteht in der Frage, was unsere Ideale in der Praxis bedeuten, aber über die Ideale selbst ist man sich weitgehend einig.

Ich würde gern kurz über einige dieser Werte reden. Einer der offensichtlichsten ist, dem Prinzip der Selbstregierung ein hohes Maß an Achtung und Vertrauen entgegenzubringen. In Neu-England sehen wir das in der Regierungsform vieler unserer Städte: Sie werden direkt von ihren Bewohnern in einer Stadtversammlung (Town Meeting) regiert, die all die Verwaltungsentscheidungen trifft und die Verantwortlichkeiten für die Aufgaben der Stadt delegiert. In unseren Bundesstaaten und in unserem Land haben wir uns für eine repräsentative Form der Regierung entschieden, bei der man zwar kein direktes Mitspracherecht über jede Entscheidung hat – darüber aber, wer die Leute sind, die uns bei der Entscheidungsfindung *vertreten*, hat jeder so viel Mitspracherecht, wie er will. Viele von uns gehören sozialen oder bürgerschaftlichen Organisationen verschiedener Art an. Die meisten werden auf die gleiche Weise geleitet: demokratisch. Das ist kein Zufall. Sorgsam schützen wir unser Recht und unsere Fähigkeit, unsere Entscheidungen selber zu treffen. Und dieses Recht und diese Fähigkeit, die wir in diesem Land ein bißchen als selbstverständlich anzusehen geneigt sind, ist keine zwangsläufige Folge des Menschseins. Sieh dir die Bemühungen in Osteuropa an, die Verantwortung und die Macht des einzelnen zu verstehen, und zu lernen, frei zu sein; und es wird klar, daß wir nicht ohne Grund Selbstregierung eingeführt haben. Es brauchte enormer Anstrengungen, und die Freiheiten, die wir schätzen, erfordern noch immer ständige Wachsamkeit.

In den Vereinigten Staaten glauben wir, daß jeder die gleichen Möglichkeiten haben soll, sich selbst unter Beweis zu stellen. Natürlich ist jedem von uns klar, daß gleiche Chancen nicht gleiche Folgen bewirken – sie geben lediglich jedem die gleiche Art von Chance, die eigene Leistungsfähigkeit zu nutzen. Wir wissen, daß die Chancengleichheit noch nicht ganz erreicht ist; aber sie leitet unsere Ideale, unabhängig davon, ob wir meinen, es sei an der Regierung, sie zu fördern, oder es sei am einzelnen, sich auszustrecken und selbständig zuzugreifen. Da wir sehr viel von Chancengleichheit halten, haben wir auch eine Gesellschaft, die ständig in Bewegung ist. Penner werden Reiche und Reiche Penner; beides ist Alltag.

Wir erwarten nicht, daß jeder wie der andere ist. Eigentlich erwarten wir das genaue Gegenteil. Wir erwarten eine gewaltige Vielfalt in unserer Bevölkerung, und ich denke, wir genießen das mehr als jede andere Gesellschaft. Wir geben Kulturen innerhalb unserer Kultur sehr viel Raum, damit sie sich anpassen können; sie können sich in die amerikanische Gesellschaft eingliedern und doch ihrer Kultur treu bleiben.

Für uns ist es selbstverständlich, daß jedes Mitglied etwas in die Gemeinschaft einbringt. Jeder leistet seinen Teil, und man erwartet von jedem, zum Gemeinwohl beizutragen, ob innerhalb oder außerhalb festgelegter Verfahren, auf vielerlei Art – durch gute Arbeiten, durch Steuern, durch politische Aktionen.

Wir halten die in unserer Bill of Rights aufgeführten Rechte für nahezu heilig. Versammlungsfreiheit, Meinungsfreiheit, Pressefreiheit, das Recht, seine Meinung frei zu äußern, Privatsphäre und sogar das

Recht, Waffen zu tragen. Es sind keine allgemeingültigen Werte. Aber es sind allgemeingültige amerikanische Werte.

Und wir glauben, daß diese Rechte das Recht auf Gleichheit vor dem Gesetz einschließen: Jeder hat ein Recht auf einen ordentlichen Prozeß. Oft leiden wir unter der Last, die Gerichte zu unterstützen, aber kaum einer von uns würde ein effizienteres System wollen, wenn dadurch die Rechtsstaatlichkeit gefährdet würde. Wir alle sind uns ziemlich einig darin, daß es das deutlich kleinere Übel ist, gelegentlich Schuldige *nicht* zu bestrafen, als die Rechte der Angeklagten zu mißachten.

Und natürlich schätzt man in diesem Land *Kreativität* sehr hoch. Sie ist ein Wert, der Erfindungsgabe und Neuerungen in allen Bereichen angeregt hat, von der Zeit der ersten Siedlungen an bis hin zum beachtlichen Kreativitätssprung, der im 18. Jahrhundert zur amerikanischen Regierungsform führte und zu unserer Entwicklung zur bedeutendsten Macht in der Welt. Er ist auch einer der Gründe dafür, daß unsere Gesellschaft vom größten Teil der Welt beneidet wird.

Das ist die Kultur, in die die Sudbury Valley School hineingeboren wurde. Die grundsätzliche Frage, der ihre Gründer gegenüberstanden, war: Wie sollten Kinder am besten darauf vorbereitet werden, Bürger dieser Gesellschaft zu sein? Welche Art von Schule kann Bürger hervorbringen, die höchstwahrscheinlich an den Werten der Gesellschaft festhalten und deren Niveau heben? Ziel der Sudbury Valley School war, diese grundlegenden amerikanischen Ideale auf eine Art zu verkörpern wie noch nie eine Schule bisher. Heute ist sie eine Institution, die sorgsam bedacht hat, was es bedeutet, den einzelnen zu achten und Vertrauen in seine Fähigkeit zu haben, Verantwortung zu übernehmen.

Wie, fragten wir uns, kann eine Schule Kreativität am besten unterstützen? Die Antwort ist verblüffend einfach – und unglaublich komplex. Menschen sind lernende Wesen. Wenn sie geboren werden, arbeiten sie bereits an ihrer Bildung! Sie werden neugierig geboren – und mit der Gabe der Zielstrebigkeit. Wie sonst kann man die unglaubliche Entwicklung in den ersten Lebensjahren erklären, von einem ziemlich hilflosen Säugling (mit nicht mehr als den grundlegendsten Möglichkeiten, sich zu verständigen) zu einem laufenden und sprechenden Kleinkind, dessen Welt sich von Monat zu Monat explosionsartig erweitert? Sie werden kreativ geboren. Säuglingen muß wirklich niemand Lernprozesse erklären. Man kann sie nicht aufhalten, und jeder lernt unterschiedlich: wie man sich herumwälzt oder sich aufsetzt, wie man mit seinen Fingern auf Erkundung geht, wie man steht, läuft, ein paar Wörter spricht und dann ein paar Sätze, und dann eine unendliche Zahl von Gedanken ausdrückt, viele von ihnen komplex und abstrakt. Der Säugling beginnt das Leben, indem er auf jene Arten lernt, die jeder von uns nutzt, wenn er für sein eigenes Vergnügen lernt. Sie erkunden. Sie ahmen nach. Sie machen Erfahrungen. Sie errichten komplexere Weltsichten durch Versuch und Irrtum. Es ist einfach zu verstehen, aber furchtbar schwierig zu akzeptieren, *daß dem Individuum in jedem Alter am besten damit gedient ist, daß man diese angeborene Neugier und Kreativität ungestört und ohne unterbrochen zu werden sich entfalten läßt.* Daß die *beste* Schulung jene Schulung ist, die *am wenigsten* das freie Erkunden der Umgebung behindert. Ich möchte zitieren, wie einer unserer Absolventen beschreibt, warum Lernen von Natur aus zwangsläufig stattfindet und wie das Modell sich entwickelt, das der einzelne von der Welt hat.

> *Lernen und Spielen. Ich bin sicher, eine Menge andere Leute haben darüber nachgedacht, wie ein Kind sich an die Umgebung anpaßt. Ich meine, als Kind ist es einem wichtig, bei allem, was man tut, Spaß zu haben. Es ist Teil des Wachstumsprozesses. Ich vermute, wenn Kinder spielen, erproben sie Modelle geistige Modelle, die sie bei anderen Leuten sehen. Sie sind nicht wirklich in der Lage, diese Modelle in der realen Welt anzuwenden, also spielen sie, ahmen nach und lernen, sie zu verstehen. Wenn es keinen Spaß machen würde, würden sie es wahrscheinlich nicht tun. Die Motivation, all diese Dinge um sich herum herauszufinden, liegt in dem angenehmen Gefühl, das man dabei hat.*
>
> *Wir sind darauf angewiesen, die Welt um uns herum zu verstehen, weil bestimmte Informationen, die wir zum Überleben benötigen, nicht durch die DNS überliefert werden können. Von unserem Wis-*

sen, das wir nach der Geburt erwerben, ist vieles wirklich kulturelles Wissen. Man lernt es als einzelner, aber es wird weitergegeben. Es ist etwas, das wir wirklich zum Überleben brauchen, und wenn es keinen Spaß machen würde, es zu lernen, würden wir es nicht lernen. Aus irgend einem Grund ist also tief in uns verwurzelt, daß Spielen Spaß macht, und Spielen bedeutet nachbilden, was wir um uns herum sehen. In Sudbury Valley habe ich spielerisch gelernt. Ich denke, das ist etwas natürliches.

Was jemand über die Dinge um sich herum weiß, stelle ich mir wie eine Blase vor. Alles innerhalb der Blase kennt und versteht er, und es ist Teil seiner Welt. Was außerhalb liegt, hat er noch nicht gelernt, kann sich aber dessen durchaus bewußt sein. Wenn man sich entwickelt, dehnt sich die Blase aus. Einmal, als ich etwa dreizehn oder vierzehn war, wurde ich mir dieses Wachstums wirklich bewußt. Davor ist man sich noch nicht mal seines eigenen Wachstums bewußt. Man lernt einfach, und die Dinge, die man kennt, sind alles, was man weiß. Aber schließlich wird man sich seines eigenen Lernprozesses bewußt, was irgendwie interessant ist. Es ist eine Art Meta-Bewußtsein. Ich fand es interessant, mir meiner selbst bewußt zu werden, und ich fühle mich immer noch ständig so, als gäbe es Dinge, von denen ich weiß, die sich noch nicht in meiner Blase befinden, und ich entwickle mich immer noch. Ich folge meiner Neugier, und bringe das dann in die Blase. Ich versuche nicht vorsätzlich, Dinge zu studieren, für die ich mich nicht interessiere.

Warum haben wir heute keine Schulen, die dem einzelnen umfassende Freiheit einräumen, seiner Neugier zu folgen? Warum haben wir heute Schulen, die nicht der Grundauffassung sind, daß der Mensch von frühester Kindheit an eine Weltsicht hat; und daß jeder ständig danach hungert, diese Weltsicht zu erweitern, die Größe seiner Blase auszudehnen, das in sie hineinzubringen, was sich außerhalb der Blase befindet, seine Wahrnehmung von der Welt zu verfeinern. Zu lernen.

Ich denke, ein Grund, warum unsere Schulen nicht das widerspiegeln, was ich für selbstverständlich halte, besteht darin, daß wir lange Zeit einen anderen Typ Schule benötigt haben. Für das Industriezeitalter brauchten wir Schulen mit starren Lehrplänen. Wir waren nicht immer im Informationszeitalter. Wir waren nicht immer im postindustriellen Zeitalter. Geschichtlich gesehen ist es nur einen Augenblick her, daß wir uns damit abmühten, eine industrielle Gesellschaft aufzubauen. Für diesen Zweck mußten wir einen industriellen Menschen formen. Wir mußten teilgeformte Kinder nehmen, und ihre Kreativität in enge Bahnen lenken, so daß die Gesellschaft in vielerlei Hinsicht einheitlicher wurde, damit Zusammenarbeit möglich wurde, die nicht immer Rücksicht auf die individuelle Entwicklung nahm. Wir mußten einen Lehrplan schaffen, der sicherstellte, daß überall jeder das gleiche „Training" bekam - ein Wort, auf das wir heute nicht mehr allzu freundlich blicken. Während wir mit dem Training der Schüler beschäftigt waren, mußten wir unsere Grundprinzipien vergessen. Wir nahmen ihnen individuelle Freiheit und Verantwortung. Wir nahmen ihnen ihre Möglichkeit, sich selbst zu regieren, und ihr Recht auf freie Meinungsäußerung. Wir steckten sie in Institutionen, die auf Schritt und Tritt ihre Rechte einschränkten, so daß „Rechtsstaatlichkeit" und „Demokratie" nicht mehr als leere Worte im Unterricht der elften Klasse waren. Wir taten dies, um ein bestimmtes Ergebnis zu erhalten, das wir in einem anderen Zeitalter wollten. Leider führte dieses Ergebnis zu einem Lehrplan, der jetzt durch eine machtvolle Bürokratie kontrolliert wird, die mit all ihrer Macht Widerstand gegen grundsätzliche Veränderungen leistet. Einer unserer Abgänger beschrieb die Unterschiede zwischen der SVS und den meisten anderen Schulen folgendermaßen:

> *Ich sah es nicht als etwas radikales an, auf die Sudbury Valley School zu gehen. Ich sah es als etwas an, das die Norm sein sollte, und dachte, der Rest des Schulsystems sei radikal, weil er eine radikale Abweichung von praktisch jeder anderen Situation darstellt, in die ein Mensch in den USA in seinem Leben kommt. Sobald wir achtzehn werden, können wir im Rahmen der in den USA geltenden Gesetze voll über uns selbst bestimmen. Wir werden nicht in die Situation*

versetzt, gesetzlich gezwungen zu sein, soundsoviele Stunden am Tag in einem Gebäude zu verbringen und jemandem zuzuhören.

Heute geht das Industriezeitalter zu Ende. Wir brauchen keine Fabrikarbeiter mehr zu produzieren. Die Leute müssen nicht mehr wie Roboter sein. Denn dafür haben wir ja Roboter. Die Leute müssen nicht mehr wie Maschinen sein. Denn dafür haben wir computergesteuerte Maschinen. In einer industriellen Gesellschaft wurden Scharen von Arbeitern für die Produktion benötigt. Die Maschinerie der industriellen Gesellschaft benötigte Massen massengefertigter Menschen; die Maschinerie in einer postindustriellen Gesellschaft ist viel hochentwickelter. In einer postindustriellen Gesellschaft werden Routineaufgaben von informationsverarbeitenden Maschinen erledigt. Wir können den Geist des Kindes und des Erwachsenen befreien. Wir haben ein Zeitalter, in dem die Fähigkeit, Dinge für sich selbst herauszufinden, von größter Bedeutung ist. Wir haben ein Zeitalter, in dem mehr und mehr und immer mehr Leute neue Pfade betreten, in dem die meisten von uns Beschäftigungen nachgehen, die vor vierzig Jahren noch nicht mal erahnt werden konnten, und der größte Teil unserer Kinder wird Beschäftigungen nachgehen, die wir jetzt noch nicht erahnen können. Leider haben die meisten Schulen noch nicht mal angefangen zu begreifen, welche Vielfalt in den nächsten Generationen nötig sein wird. Wir brauchen Leute, die ihr Gehirn so weit wie möglich entwickelt haben. Es ist nicht mehr notwendig, sicherzustellen, daß jeder die selben Dinge wie seine Altersgenossen gelernt hat.

1968 war das postindustrielle Zeitalter nur ein Schimmer am Horizont. Nun ist es Wirklichkeit. Aber schon 1968 war klar, daß sich der gebildete Mensch der Zukunft darin wohlfühlen muß, zu erkunden, Neuerungen vorzunehmen, und ständig neue Modelle von der Welt zu bauen.

Sudbury Valley war die Schule für die Zukunft. Nun ist sie die Schule für die Gegenwart.

Wie sieht diese Schule aus? Wie werden diese Prinzipien in die Praxis umgesetzt?

Laß mich zunächst ein bißchen einleiten. Die Schule nimmt Schüler ab dem Alter von vier Jahren auf. Niemand ist zu alt, auch wenn die meisten unserer Schüler neunzehn oder jünger sind. In der Schule tut, unabhängig vom Alter, jeder, was er tun will. Gewöhnlich bedeutet das, einige machen etwas zusammen mit anderen, die ganz verschiedenen Alters sein können, und einige befassen sich mit irgendwelchen Sachen alleine. Gewöhnlich heißt das, die meisten Leute sind mit Dingen beschäftigt, die in den meisten anderen Schulen nicht vorkommen, und einige mit Dingen, die zwar auch an anderen Schulen vorkommen, dort aber nicht mit der außergewöhnlichen Intensität und Konzentration wie bei uns. Es bedeutet, Kinder bringen öfter Erwachsenen etwas bei als umgekehrt. Aber am allermeisten lernen sie, ohne sich bewußt zu sein, daß gerade „Lernen" stattfindet. Sie tun in erster Linie, worauf sie Lust haben; Lernen ist das Nebenprodukt. Die Schule ist zu allererst ein Ort, an dem Schüler die Freiheit haben, ihren inneren Bestrebungen zu folgen. Sie haben die Freiheit zu tun, was wir alle tun, wenn wir Zeit dazu haben, und was wir alle als am befriedigendsten empfinden - zu spielen. Spielen ist die ernsthafteste Beschäftigung an Sudbury Valley. Das ist kein Zufall. Psychologen sind heutzutage ziemlich einer Meinung, daß das Potential für die Erweiterung des Bewußtseins am größten ist, wenn man dem Geist erlaubt, frei umherzustreifen. Wenn wir über unsere kreativsten Augenblicke sprechen, beschreiben wir sie als „mit neuen Ideen spielen". Das ist ein Vorgang, der nicht erzwungen werden kann. Kreativität kann sich nur in solcher Freiheit entwickeln. Einige spielen mit Spielen, und einige mit Dingen, bei denen wir, die mehr traditionelle Bildung bekommen haben, sorgenfreier sind: Schreiben, oder Kunst, oder Mathematik, oder Musik. Aber wir sind an Sudbury Valley ganz eindeutig der Meinung: Es zählt, was *man selbst* tun will! Wir haben keinen Lehrplan, und wir werten nicht eine Beschäftigung höher als eine andere. Der Grund, warum wir uns mit dieser Einstellung sicher fühlen, ist, daß wir ständig sehen, wie Leute immer intellektuellere „Spiele" spielen, tiefer und tiefer forschen, ständig ihr Wissen von der Welt ausbauen und ihre Fähigkeit, in ihr zurechtzukommen.

Kinder, die ständig spielen, ziehen keine künstliche Linie zwischen Arbeiten und Spielen. Im Grunde könnte man sagen, sie arbeiten ständig, würde man nicht die Freude daran sehen, eine Freude, die man kaum für etwas anderes halten kann als die, einer Berufung nachzugehen.

Ich würde gern zu einigen anderen Aspekten dieser Atmosphäre kommen, die Individualität so sehr fördert.

Die Schule hat etwa 25 Räume, in zwei getrennten Gebäuden. An einem durchschnittlichen Regentag wimmelt es nur so vor Aktivität. Es gibt kleine und große Räume, viele mit einem besonderen Zweck, wie Werkstätten und Labore, aber die meisten sind eher eingerichtet wie abgenutzte Wohn- oder Eßzimmer in Wohnungen. Eine Menge Sofas, Sessel und Tische. Etliche Leute sitzen herum und unterhalten sich, lesen und spielen Spiele. An einem durchschnittlichen Regentag sind – ganz anders als an einem schönen, plötzlich verschneiten Tag oder einem warmen Frühlings- oder Herbsttag – die meisten Leute drinnen. Aber es wird auch mehr als ein paar geben, die draußen im Regen sind und später tropfnaß hereinkommen und die Geduld der wenigen im Haus auf eine harte Probe stellen, die denken, die Schule sollte vielleicht eine „trockene Zone" sein. Vielleicht sind einige Schüler im Fotolabor und entwickeln Bilder, die sie aufgenommen haben, oder sie machen Abzüge. Vielleicht gibt es eine Karate-Unterrichtsstunde, oder ein paar Leute spielen einfach auf Matten im Tanzraum. In der Scheune baut vielleicht jemand gerade ein Bücherregal, in der Holzwerkstatt – oder sie gestalten gerade Rüstungen und Kettenhemden, und diskutieren dabei die Geschichte des Mittelalters. Es gibt fast immer ein paar Leute, die zusammen oder einzeln auf die eine oder andere Art Musik machen, und andere, die der Musik der einen oder anderen Art zuhören. Man findet vielleicht einen Französischkurs, oder einen für Latein oder Algebra. Man findet Erwachsene in Gruppen, in denen es auch Kinder gibt, und Erwachsene, die vielleicht einfach mit einem Schüler reden. Es wäre höchst ungewöhnlich, wenn es niemanden gäbe, der irgendwo ein Computerspiel spielt, oder Schach;

ein paar Leute erledigen im Büro etwas von der Verwaltungsarbeit der Schule – während andere herumhängen und einfach die Atmosphäre eines Büros genießen, in dem interessante Leute immer etwas in Gang bringen; es gibt Leute, die mit Rollenspielen beschäftigt sind, andere proben vielleicht ein Theaterstück – es kann von ihnen selbst geschrieben oder ein berühmtes sein. Sie können eine Aufführung vorhaben oder sich bloß gerade mal die Zeit vertreiben. Einige tauschen Sticker und andere ihr Lunch. Wahrscheinlich werden einige auch Sachen verkaufen. Wenn man Glück hat, verkauft jemand Kekse, die er zu Hause gebacken und mitgebracht hat, um Geld zu verdienen. Manchmal haben Gruppen von Kindern etwas zum Verkaufen gekocht, um etwas Geld für ein Vorhaben zusammenzubekommen – vielleicht müssen sie einen neuen Brennofen kaufen oder wollen einen Ausflug unternehmen. Eine intensive Unterhaltung wird wahrscheinlich gerade im Raucher-Raum im Gange sein, aber nicht nur dort. Eine Gruppe in der Küche bäckt womöglich gerade – vielleicht Pizza oder Apfelkuchen. Immer wird jemand zeichnen, ob im Kunst-Raum oder an einem der vielen anderen Orte. Im Kunst-Raum näht vielleicht jemand oder malt, und ziemlich wahrscheinlich arbeiten einige mit Ton, ob mit der Töpferscheibe oder der bloßen Hand. Immer gibt es Gruppen, die reden, und immer gibt es Leute, die ruhig hier und da lesen.

Eine der Sachen, die Erwachsenen an Sudbury Valley als erstes auffallen, ist die Leichtigkeit im Umgang miteinander. Man sieht sich, egal wie alt man ist, direkt an, und man behandelt einander mit großer Rücksicht und zwanglosem Respekt. Angst gibt es nicht. Es herrscht eine angenehme Atmosphäre des Selbstvertrauens, jenes Vertrauens, das normal für Menschen ist, die Ziele verfolgen, die sie sich selbst gesteckt haben. Es ist fast nie ruhig, und es gibt eine (für einen Außenstehenden) erschöpfende Intensität, aber es ist nicht chaotisch oder übermütig. Besucher sprechen davon, eine gewisse Ordnung zu spüren, obwohl dieser Ort eindeutig voller Begeisterung ist.

Die Schüler an Sudbury Valley tun, worauf sie von Natur aus kommen. Aber sie suchen sich nicht unbedingt das aus, was ihnen leicht fällt. Ein genauer Blick enthüllt, daß jeder sich selbst herausfordert;

daß jedes Kind sich seiner Stärken und Schwächen genau bewußt ist und höchstwahrscheinlich gerade an seinen Schwächen hart arbeitet. Wer Schwächen im geselligen Miteinander hat, wird sich sehr wahrscheinlich nicht mit einem Buch in den Ruhe-Raum zurückziehen. Und wem Athletik schwerfällt, der ist wahrscheinlich draußen und spielt Basketball. Neben der überschäumenden guten Laune gibt es eine grundlegende Ernsthaftigkeit - selbst die Sechsjährigen wissen, sie, und nur sie, sind für ihre Bildung verantwortlich. Ihnen wurde ein ungeheures Vertrauen entgegengebracht, und sie verstehen, daß dieses Geschenk eine genauso große Verantwortung ist, wie es ein Vergnügen ist. Sie sind sich bewußt, daß sehr jungen Menschen praktisch nirgendwo auf der Welt so viel Freiheit, so viel Verantwortung gegeben wird. Aber das Aufwachsen mit dieser Verantwortung gibt ihnen sehr früh Vertrauen in die eigenen Fähigkeiten - man bekommt, wie ein ehemaliger Schüler es ausdrückte, eine „Erfolgs- und Erfahrungsgeschichte". Selbstmotivation ist nie auch nur ein Thema. Das ist alles, was es gibt. Ein Ex-Schüler hat einige dieser Effekte beschrieben:

Es gibt eine Menge Dinge an Sudbury Valley, die sich, wie ich denke, auf einer persönlichen Ebene abspielen und den eigenen Charakter formen; Dinge, die einen vielleicht in die Lage versetzen, besser zu lernen, Dinge, die zu erreichen Schüler öffentlicher Schulen nie eine Chance haben. Wenn man für seine Zeit selber verantwortlich ist, und sie so verbringt, wie man will, neigt man dazu, deutlich mehr Begeisterung in die Dinge, die man tut, zu stecken – statt ein teilnahmsloses Stück Masse zu sein, das geformt und in eine bestimmte Richtung gedrängt wird. Und wenn man dahin kommt, wo man hin will, weiß man, daß man es selber geschafft hat. Es ist viel lohnender, denke ich, als wenn man so wird, wie jemand anderer einen haben möchte.

Wer sind die Kinder in dieser Schule? Werden sie nach ihrer Kreativität, Intelligenz oder vielleicht nach irgend einem anderen Kriterium ausgesucht? Es ist eine Privatschule - bedeutet das, daß sie nur für die Wohlhabenden ist? Die Zulassung geschieht nach dem Prinzip

„Wer zuerst kommt, mahlt zuerst", und unsere Aufnahmekapazität ist nie erschöpft gewesen.* Das bedeutet, die Schülerschaft besteht aus all jenen, die herkommen wollen und deren Eltern es erlauben. Das schließt die intellektuellen wie die super-aktiven, die „normalen" wie die absolut auf etwas konzentrierten ein, die ganze Skala der Möglichkeiten. Die meisten Familien, die sich entscheiden, ihre Kinder auf die SVS zu schicken, suchen etwas, das sie in öffentlichen Schulen zu finden wünschten, aber nicht finden können: einfach die Freiheit für ihre Kinder, sich nach eigenem Zeitplan und eigenen Wünschen zu entwickeln.

Ist es vollkommen? Kaum. Aber es ist unheimlich an- und aufregend.

Sudbury Valley ist eine funktionierende Demokratie. Es gibt eine Schulversammlung, die sich einmal in der Woche trifft, um sich um all die Verwaltungsarbeit zu kümmern, indem sie sie entweder direkt erledigt oder delegiert. Jeder Schüler und jeder Mitarbeiter hat eine Stimme, und die Treffen werden in einer höchst ordentlichen Form geleitet. Die Schulversammlung stellt jedes Jahr das Budget auf, sehr sorgsam, weil das Schulgeld niedrig ist und es wichtig ist, sparsam zu sein und nicht unnötig Geld auszugeben. Ja, Kinder wissen das, und sie sind viel strengere Richter darüber, was eine - oder keine - notwendige Ausgabe ist. Jede Regel wird von der Schulversammlung beschlossen, oft nach Wochen von tiefgründigen, leidenschaftlichen Debatten. Das umfaßt die Regel, keinen Müll liegenzulassen, die Regel, niemals auch nur einen Fuß in den Teich zu setzen, die Regeln, die bestimmen, in welchen Räumen zu essen erlaubt ist und in welchen man Radio hören darf, genauso wie die Regeln, die die Rechte des einzelnen schützen. Es ist Aufgabe der Schulversammlung, Gruppen anzuerkennen, die sich organisieren, um besonderen Interessen nachzugehen, und die Geld oder einen Raum haben wollen. Jeder, der glaubt, kleine Kinder wären in diesen Angelegenheiten nicht gescheit, braucht nur an ein paar solcher Schulversammlungen teilzunehmen.

*Anm. d. Übers.: Zwischenzeitlich hat sich das geändert und es bestand eine Warteliste.

Die Schulversammlung delegiert einige Aufgaben an Untergruppen oder an von ihr gewählte Leute, um bestimmte Verpflichtungen zu erfüllen. Eine Untergruppe, die PR-Komitee genannt wird, besteht aus an der Öffentlichkeitsarbeit der Schule Interessierten; andere arbeiten z.B. im Buchhaltungskomitee der Schule. Jemand wird gewählt, um sich um die Erhaltung des Grundstücks zu kümmern. Und einer, um Computeraufzeichnungen über all die Justizaktivitäten zu führen. Jeder von uns ist voll verantwortlich und sich dieser Verantwortung ständig voll bewußt. Die Schulversammlung diskutiert auch über Mitarbeiter-Kandidaten, entscheidet über sie in einer geheimen Abstimmung, die den ganzen Tag dauert und die ganze Schule umfaßt, und gewährt entsprechend den durch diese Wahl bestimmten Bedürfnissen die Arbeitsverträge. Eine Beschäftigungsgarantie besteht nicht.

Es gibt auch eine Untergruppe der Schulversammlung, die eingerichtet wurde, um sich mit Regelverstößen zu befassen. Sie wird Justizkomitee genannt und hat die Aufgabe, schriftliche Beschwerden über mögliche Regelverletzungen zu untersuchen und dafür zu sorgen, die Gerechtigkeit zu wahren, indem es sorgsam ständig auf Rechtsstaatlichkeit achtet. Funktioniert das? Und wie! Justiz durch seinesgleichen ist unglaublich wirksam. Regeln werden oft gebrochen, aber die Regelbrecher sind gewöhnlich in der Hinsicht gutartig, daß sie ohne weiteres ihre Tat gestehen und die Strafe akzeptieren.

Wir haben keinen Lehrplan. Dennoch kann man sich einiger Dinge gewiß sein, die die Kinder lernen, wenn man sie in diese Schule schickt. Sie lernen zu diskutieren und nach dem, was sie wollen, zu fragen, und dafür zu sorgen, daß sie es bekommen. Sie lernen, über ethische Fragen nachzudenken. Sie lernen, sich zu konzentrieren: Sie können sich in einer Weise auf Dinge konzentrieren, die nur wenige Erwachsene, die ich kenne, beherrschen, und das hat Folgen. Die gleiche Konzentration, die ein Fünfjähriger auf Sandburgen verwendet, verwendet ein Siebenjähriger auf das Zeichnen, ein Elfjähriger darauf, ein Lebkuchenhaus anzufertigen, ein Neunjähriger auf Schach, ein Zwölfjähriger auf „Kerker und Drachen", ein Achtjähriger darauf, 12 Meter hoch in unsere Buche zu klettern, ein 15jähriger darauf, eine

Geschichte zu schreiben, ein 17jähriger darauf, eine Rüstung anzufertigen, oder ein 18jähriger auf die Vorbereitung für seinen Schulabschluß. Diese Art von Vorbereitung wird ihnen bei jeder Beschäftigung helfen, die sie sich als Erwachsene aussuchen.

Derzeit gibt es eine Gruppe von etwa acht oder neun jungen Männern zwischen zwölf und neunzehn, die fast zwei Jahre hindurch teils einzeln, teils gemeinsam daran gearbeitet haben, Rüstungen und Kettenhemden herzustellen. Es ist ein perfektes Beispiel dafür, was an der SVS geschieht. Kein Erwachsener in der Schule hat sie darauf gebracht, und es hat ihnen auch kein Erwachsener in der Schule geholfen. Sie haben Gewänder, Helme und Handschuhe geschaffen. Angefangen haben sie mit einer Drahtspule. Aus der müssen sie Tausende kleiner offener Ringe machen, indem sie den Draht sorgfältig um einen dünnen Metallstab wickeln, oder um mehrere Stäbe unterschiedlichen Durchmessers, und die Windungen dann aufsägen, so daß viele offene Ringe entstehen. Mit einer Zange und unendlicher Geduld flechten sie aus diesen Ringen die faszinierend aussehenden Gewänder; oft verwenden sie zusätzlich Golddraht, um Zeichen hineinzuflechten. Sie wissen eine Menge über Geschichte, aber sie wissen auch eine Menge darüber, wie man die eigenen Interessen herausfindet und sie verwirklicht, darüber, wie man lange und hart für ein Ziel arbeitet, das vielleicht keinem anderen etwas bedeutet, aber denjenigen bereichert, der dieses Ziel erreichen will.

Und was sind die Ergebnisse dieser Lebenszeit in Freiheit? Hier sind einige Beschreibungen früherer Schüler:

> *Ich habe das Gefühl, an Sudbury Valley wurden eine Umgebung und Abläufe geschaffen, die wirklich wertvoll sind. Ich finde tragisch, daß es in unserer allgemeinen Kultur möglich ist, Menschen in all ihren bildenden Jahren nicht bewußt werden zu lassen, daß wir eigentlich wie Götter sind – wir sind zu so vielem fähig. Die Leute wissen einfach nicht über die Tatsache Bescheid, über wieviel Macht und wieviel Fähigkeiten sie doch verfügen. Was ich an Sudbury Valley zauberhaft und so wunderbar finde, ist einfach, daß so viele ehemalige Schüler aus ihrer Zeit an Sudbury Valley diese Gewißheit gewonnen haben,*

selber ihr Leben zu bestimmen. Unabhängig davon, was sie nach ihrer Zeit an Sudbury Valley tun, wissen sie, es ist möglich, weil sie es an der Schule erlebt haben.

Ich wurde nicht gezwungen, blödsinnige Dinge wie Lesen, Schreiben und Rechnen zu lernen, also war meine Sichtweise eher abgerundet, sozial – all das, was man eigentlich auf dem College lernen soll, was den Grund darstellt, warum man aufs College geht, nämlich um „abgerundeter" zu werden, war ich schon vor dem College gewohnt. Über Kunst, Literatur und die Naturwissenschaften hatte ich bereits etwas gelernt, als ich jünger war. Ich wollte diese Dinge lernen, weil ich nicht meine ganze Zeit damit verbrachte, blödsinnige Dinge zu tun. Sudbury Valley war eine gute Schule, und sie war ein angenehmer Platz, um gleichzeitig wissensmäßig, sozial und körperlich groß zu werden. Es geschah nicht in Stufen. Ich begreife mit jedem Jahr mehr, was ich von Sudbury Valley bekommen habe.

Dies ist eine Schule für das postindustrielle Zeitalter, das Zeitalter von Dezentralisierung und Individualisierung, eine Schule, die Kinder auf eine Welt vorbereitet, die sich mit atemberaubender Geschwindigkeit verändert, in der die größte Anforderung, die es gibt, die Anforderung ist, sich an neue Situationen anzupassen, neuen Stoff zu lernen, eigenständig zu arbeiten, seine Freizeit mit etwas nutzen zu können, das einen befriedigt. Eine unserer ehemaligen Schülerinnen beschreibt ihre Fähigkeiten folgendermaßen:

Eine Sache, die mich verblüfft, ist, daß ich Leute kenne, die mir sagen: „Ach, ich wüßte gar nicht, was ich mit meiner Zeit tun sollte, wenn ich einen Monat frei hätte." Und ich denke: „Wovon redest du? Nutze deine Zeit doch einfach." Ich habe nie das Gefühl, daß, wenn in meinem Leben die Struktur fehlte, ich nicht wüßte, was ich tun soll. Ich fühle mich nicht verloren. Mein Selbstwertgefühl verliert sich nicht in Chaos, wenn ich keinen Zeitplan habe. Ich lebe einfach. Ich gestalte meine Zeit, wie ich will. Ich frage mich nie: „Was würde ich ohne eine von außen auferlegte Struktur tun?" So viele Leute, mit denen ich zusammen arbeite, reden so. Selbst über meinen Job: In meinem Job sind wir den größten Teil des Tages allein. Ich bin Sozialarbeiterin im Umfeld eines Krankenhauses, und es ist unsere eigene Sache, unseren Zeitplan aufzustellen und unsere Arbeit zu erledigen. Viele Leute kommen hierher und wissen nicht, wie sie das tun sollen. Sie sagen: „Naja, ich weiß nicht, wie ich meine Zeit einteilen soll. Dieser Tagesablauf ist zu unstrukturiert für mich. Ich werde meine Arbeit nicht schaffen, weil ich nicht weiß, wie ich mir meinen Tag einteilen soll, damit ich sie schaffe." Und ich kann das einfach nicht nachvollziehen. Mir passiert das nie. Ich frage mich, wie ich meine Arbeit schaffen werde, aber ich schätze die Freiheit, mir meinen Tag so zu organisieren, wie ich es will.

Viele Leute denken, diese Art von Schule brauche eine große Zahl Erwachsener, die herumrennen und sicherstellen, daß den Bedürfnissen jedes Schülers entsprochen wird, und dafür sorgen, daß sich jeder wohlfühlt. In Wirklichkeit ist das genau das Gegenteil dessen, was wir brauchen. Wir arbeiten mit einem Mitarbeiter-Schüler-Verhältnis von etwa 1 : 15. Und das sind jede Menge Mitarbeiter. Jeder ist ein Lehrer und jeder ist ein Autodidakt. Was Kinder von Erwachsenen am meisten brauchen, ist kaum Belehrung, dafür aber bereitwillige Beratung bei der Erfüllung ihrer geäußerten Bedürfnisse. Sie wollen von älteren Leuten umgeben sein, die in der Welt erfolgreich sind und die Interessen haben und Beschäftigungen nachgehen, die ihnen Befriedigung bieten und die sie mit Einsatz verfolgen. Was die Kinder an der Sudbury Valley School in den Mitarbeitern zu suchen scheinen, ist Charaktertiefe; sie wollen Leute, die in sich selbst hineingesehen haben, und die zuhören und es verstehen können, wenn Kinder den gleichen Prozeß durchlaufen. Sie wollen ältere und erfahrenere Freunde, die sie fragen können, egal ob das ältere Schüler oder Erwachsene sind. Sie wollen Quellen, an die sie sich wenden können, aber sie wollen sich nicht genötigt fühlen, irgendwelche bestimmten Quellen zu nutzen. Mit anderen Worten: Weisheit steht hoch im Kurs. Die Erwachsenen sind diejenigen mit der umfassenderen Weltsicht, an die man sich wenden kann, wenn sich die eigene ausdehnt.

Wie hört diese Bildung auf? Es gibt keinen magischen Moment, an dem sie vorbei ist; die Idee, die die Schule durchdringt, ist, daß man an jedem Tag seines Lebens lernt. Aber irgendwann bekommen die meisten Schüler das Gefühl, zu einer anderen Art von Situation weitergehen zu wollen. Vielleicht wollen sie ihre Flügel durch selbständiges Leben ausprobieren. Vielleicht wollen sie ihren Interessen an einer Institution weiter nachgehen, einer Universität zum Beispiel, an der es eine größere Gruppe von Leuten gibt, die sich für das gleiche Gebiet wie sie interessieren. Vielleicht sind sie bereit, eine Berufsausbildung zu beginnen, oder vielleicht haben sie ihre Fertigkeiten bereits in solchem Maße entwickelt, daß sie bereit sind, ihnen als Beruf nachzugehen. Vielleicht verlassen sie die Schule, um als Rucksacktouristen durch die Welt zu reisen, oder den Beruf eines Kochs zu ergreifen, oder Modedesign zu studieren, oder hart am Einstieg ins Musikgeschäft zu arbeiten. Hier beschreibt jemand, wie für ihn dieser Punkt kam:

> *Nach einer gewissen Zeit war die Schule etwas, das langsam erledigt sein mußte. Ich mußte einen Schulabschluß machen. Ich mußte vorwärts kommen und etwas anderes tun. Und das entwickelte sich langsam und zur richtigen Zeit, denke ich. Ich hatte das Gefühl, es wäre an der Zeit, den Abschluß zu machen. Es war nicht, als ob ich mich unter Druck gesetzt fühlte. Es kam von innen, und ich war bereit. Ich war mir nicht sicher, was ich tun würde, aber ich war darauf vorbereitet, hinauszugehen und zu tun, was auch immer es sein würde. Ich denke nicht, daß ich das Selbstvertrauen hatte hinauszugehen, ehe ich nicht wirklich bereit war. Auf einmal, ob ich nun wußte, was ich tue, oder nicht, spürte ich, daß ich das Selbstvertrauen hatte, hinauszugehen und es zu versuchen, und daß ich mein bestmögliches tun und die Dinge auf die Art geschehen lassen würde, wie sie sich ergaben. Nur weil etwas im Augenblick nicht gelingt, „scheitere" ich nicht, wie jemand scheitert, der einen Fallschirm testet, indem er mit ihm von einer hohen Klippe springt. Ich scheitere, indem ich einen an einen Fallschirm gebundenen Ziegelstein hinunterwerfe. Schlägt dieser Ziegel auf dem Boden auf und zerbricht, war das mein Fehler.*

Ich habe das Wasser getestet, bevor ich gesprungen bin – immer. Und so waren meine Fehlschläge nie katastrophal, sie waren bloß „Naja, dieser Fallschirm hat nicht funktioniert. Ich werde wohl einen neuen bauen müssen." Ich lebe mein Leben immer noch auf diese Art. Ich setze nicht alles auf eine Karte.

Viele, die abgehen, um den nächsten Schritt in ihrem Leben zu beginnen, gehen mit Aufgeregtheit, aber die meisten gehen auch widerwillig. Unter den Sachen, die sie *nicht* dabeihaben, sind Zensuren, Protokolle, Beurteilungen oder Listen erfolgreich abgeschlossener Kurse. Was sie dabeihaben, ist die feste Überzeugung, daß sie tun können, was zu tun sie sich vornehmen. Wir haben herausgefunden, daß Sudbury-Valley-Schüler haben, was man braucht, um sehr gut zurechtzukommen. Sie sind gewohnt, hart zu arbeiten. Sie sind gewohnt, selbständig zu arbeiten. Sie sind gewohnt, Schwierigkeiten zu bewältigen. Sie wissen, wer sie sind. Sie können ihre eigenen Stärken und Schwächen und ihre eigenen Methoden, die Stärken auszunutzen und die Schwächen zu überwinden, beschreiben. Sie sind also offenbar ziemlich erfolgreich in ihren anschließenden Beschäftigungen. Sie kommen an die Colleges, an die sie wollen. Teil dessen ist der Prozeß, wie sie sich entscheiden, aufs College zu gehen. Grund ist immer, einem Interesse nachzugehen, dem sie sich verpflichtet fühlen, und sie wählen Colleges, an denen ihren Interessen entsprochen wird. Und Teil dessen ist der Eindruck, den sie beim Bewerbungsgespräch machen. Da sie Jahre über Jahre damit verbracht haben, zu reden und zu argumentieren und über wirkliche Probleme nachzudenken, sind sie unglaublich ausdrucksfähig.

Hier Zitate, mit denen drei von ihnen ihre College-Zulassungen und -erfahrungen beschreiben:

Durch Sudbury Valley lernte ich, wie ich meine Meinung zum Ausdruck bringe und wie ich sage, was ich will, und das ist es, wodurch ich ins College gekommen bin. Ich sagte mir: „Ich werde dort auf die eine oder andere Art reinkommen." Ich war hartnäckig und habe es geschafft.

Sie nahmen mich, weil ich redete, zeigte, daß ich es war, der dorthin wollte und niemand mich dorthin gezwungen hat, es etwas war, von dem ich das Gefühl hatte, daß ich es tun mußte. Ich ging direkt rein und sprach mit dem Dekan. Ich war wirklich aufgeregt wegen meines Bewerbungsgesprächs; es war etwas, das ich noch nie zuvor getan hatte. Er sagte: „Was kann ich Ihnen über die Universität erzählen?", und das war ein blitzartiger Schock. Ich war für eine Sekunde irgendwie überrascht, dann begann ich: „Naja, um Ihnen die Wahrheit zu sagen, ich habe meine Entscheidung, diese Schule zu besuchen, bereits getroffen, deshalb, glaube ich, weiß ich schon so viel, wie ich wohl darüber, hier Schüler zu sein, wissen sollte. Was Sie, denke ich, wissen sollten, ist etwas über mich und warum ich hierher will." Und er rutschte auf seinem Stuhl hin und her, sah mich an und sagte: „OK, legen Sie los." Und ich erzählte, weiter und weiter und weiter, und er fragte: „OK, warum Strafrecht?" Und ich erzählte ihm vom Justizkomitee. Ich erzählte ihm von den Mitarbeitern. Ich erzählte ihm von allem. Er sagte schließlich: „Wissen Sie was? Ich werde mein Büro anrufen und es denen sagen." Und er sagte mir gleich auf der Stelle: „Sie bekommen Ihren Aufnahmebrief", und „Ich sehe Sie im Herbst." Und ich: „Vielen Dank."

Ich suchte ein College, das eine so gemischte Schülerschaft wie möglich hatte. Sie nannten es damals „divers". Ich suchte einen Ort, der irgendwie ein gewisses Maß an Freiheit für die Schüler bot. Die Schule, auf die ich schließlich ging, hatte Erwartungen, aber keine enorme Zahl von Pflichtfächern; ich hatte mich auch an Schulen beworben, die mehr Pflichtfächer hatten. Ich suchte Orte, die gute Fachbereiche für die Fächer hatten, die mich interessierten: Tanz und Religion. Ich suchte auch eine Schule mit gutem Ruf. Ich besuchte einige, fühlte die Atmosphäre und diese Dinge. Ich nahm Bücher aus der Bibliothek, las etwas über die Colleges, guckte darauf, wieviele Sterne sie hatten, las, was Schüler über sie geschrieben hatten, und machte Besuche. Ich war ziemlich gründlich. Die Bewerbungsgespräche waren das beste an meinen Bewerbungen, denke ich, weil Schüler aus Sudbury Valley ans Reden gewöhnt sind. Sie reden eine Menge. Von dieser Schule zu kommen und sie zu erklären, greift einem irgendwie unter die Arme. Man präsentiert sich als verantwortungsbewußt, ausdrucksfähig und nachdenklich. Man ist gewohnt, mit Erwachsenen zu reden.

Und man ist bereits gewohnt, daß die Klassen nicht jeden Tag den ganzen Tag über zusammen sind, also weiß man mit seiner Freizeit etwas anzufangen, wenn man aufs College kommt, wo die Kurse sich zweimal pro Woche treffen. Man weiß, wie man damit umgeht, es ist kein Schock. Man ist gewohnt, daß der Unterricht intensiv ist.

Man ist gewohnt, seinen eigenen Zeitplan aufzustellen und sich selber Zeit zum Studieren offenzuhalten, denn es wird niemand anderer für einen tun. Man hat eine Menge Freizeit. Man lernt, wie man das ins Gleichgewicht bringt. Es fällt einem sehr leicht. Was anfangs etwas schwieriger ist, sind die Tests. Es dauert etwa ein Semester, und das ist es dann. Man kommt gut zurecht.

Ich habe mich dafür entschieden, aufs College zu gehen, weil ich mehr über Musik lernen wollte, mit anderen Leuten, die sich für klassische Musik interessieren. Das war der Hauptgrund. Ein weiterer Grund war, daß ich sehen wollte, wie es ist, an einer Universität und mit anderen Leuten zusammenzusein, die sich für die gleichen akademischen Dinge interessieren, und um zu erleben, wie jede Menge akademischer Dinge um mich herum passieren, an denen ich, wenn ich will, teilnehmen kann; oder um mit Leuten ringsumher zu reden, wenn ich will. Ich fühlte, es war etwas, das sich wirklich von Sudbury Valley unterschied, in dem Sinne, daß nun nicht nur einer an etwas interessiert war; wenn ich mich am College für etwas interessierte, merkte ich, daß es dort eine Menge anderer Leute gab, die dieses Interesse teilten. Dort waren vielen, mit denen man sich unterhalten konnte. Aber als ich mich stärker für Mathe interessierte, fand ich nur wenige, mit denen ich mich unterhalten konnte, weil dort, an diesem College, einfach nur wenige so gut in Mathe waren.

Und hier beschreibt ein Absolvent, warum er *nicht* aufs College ging:

> *Ich bin nicht aufs College gegangen, weil ich nicht wußte, was ich dort tun wollte. Meine Eltern hatten das Geld beiseitegelegt. Ich hätte auf jedes College gehen können. Ich wußte einfach nicht, was ich dort hätte lernen wollen. Immer, wenn ich etwas lernen wollte, konnte ich mir vorstellen, was ich lernen wollte. So zum Beispiel, als ich Kältetechnik lernen wollte. Ich konnte diese Typen sehen, die an Kühlschränken arbeiteten. Ich wußte, daß sie eine Menge Geld bekamen. Es sah so aus, als ob sie eine Menge Spaß hätten. Also wollte ich lernen, wie man in der Kältetechnik arbeitet. Ich hatte ein Ziel. Ich hängte nicht meinen Job an den Nagel, um dann auf eine Kältetechnik-Schule zu gehen. Ich kaufte ein Buch, und wenn ich das Buch nicht dabei hatte, fragte ich die Kältetechnik-Typen, was sie da tun. Wenn man sie fragt, wollen die meisten es einem erzählen. Und je mehr ich lernen konnte, je mehr Fragen ich stellen konnte, die einen Sinn hatten, um so stärker waren sie daran interessiert, es mir zu erzählen. Ziemlich bald arbeitete ich in der Kältetechnik. Es war eine Sache von Monaten, es zu lernen. Dann wurde ich besser und besser, da ich immer mehr machte und mich mit immer komplizierteren Problemen befaßte. Wann auch immer ich etwas lernen wollte, merkte ich, daß ich es ganz schnell lernen konnte; also warum sollte ich aufs College gehen?*

Warum ist eine so wundervolle Schule nicht die Norm? Sollten nicht bereits an einer Million verschiedener Orte Schulen nach dem Modell von Sudbury Valley entstanden sein? Die Antwort ist nicht so einfach – oder vielleicht doch. Die Vorstellung völliger Freiheit für Kinder erscheint den meisten Menschen sehr bedrohlich. Die Art von Einwänden, die erhoben werden, sind: „Aber es gibt doch *ein paar* Grundlagen – wie stellt ihr sicher, daß jedes Kind sie lernt?" Wir an Sudbury Valley sind nicht so sicher, ob es irgendwelche Grundlagen gibt, aber wir sind sicher, daß unsere Schüler sich in einer Umgebung befinden, die der Lebenswirklichkeit entspricht, die völlig mit der Gesellschaft in Zusammenhang steht, und daß, wenn es Dinge gibt, die jeder lernen sollte, die Kinder in dieser Schule das genauso wissen wie die

Erwachsenen. Es ist die eigene Sache der Kinder, sicherzustellen, daß sie es lernen. Oft werden Leute wütend, wenn sie erfahren, daß die meisten Schüler das ganze Mathe-Grundwissen in nur zwanzig Stunden Unterrichtsarbeit erlernen können. Sie fühlen sich betrogen, weil sie Jahre über Jahre damit verbracht haben, sich in monotonen Wiederholungen mit Mathematik zu beschäftigen, denn sie haben es entweder gehaßt und waren nicht interessiert und schlecht darin, oder weil sie es schnell gelernt haben, aber ihnen gesagt wurde, sie müßten üben und üben und noch mehr üben, sonst würde sie alles wieder vergessen. Nun frage ich dich, wie könnte man es vergessen, wenn es tatsächlich grundlegend wäre?

Was diese Leute wirklich meinen, ist: „Wenn Kinder nicht durch unbeugsame Autoritäten kontrolliert werden, geraten sie dann nicht außer Kontrolle?" Das ist der *Herr-der-Fliegen*-Einwand: daß Kinder, die frei sind, sich rasch in grausame Kreaturen verwandeln würden. Aber unsere Kinder sind nicht in einer feindseligen, von Zeitdruck geprägten Umgebung; sie sind frei in einer ordentlichen, die Regeln achtenden Gesellschaft. Ja, sie haben die Freiheit, die Regeln zu ändern, aber nur, wenn sie die anderen davon überzeugen, daß die Änderungen vernünftig sind. Sie sind frei und von Beispielen umgeben, wie sich Leute verhalten, die all ihre Freiheiten aufrechterhalten wollen.

Ich möchte schließen mit einer weiteren Beschreibung, wie jemand das Leben an Sudbury Valley auf die Erwachsenenwelt übertragen hat: Dieser junge Mann arbeitete als Junge mit etwa einem Dutzend anderer Kinder Tag für Tag, Monat für Monat daran, eine Miniaturgesellschaft aus Knetmasse zu gestalten, die genau Kulturen entsprach, für die sie sich interessierten, absolut maßstabsgetreu.

An Sudbury Valley mit Knete zu arbeiten, war die Faszination des Erschaffens. Man erschuf Dinge, die man im realen Leben vielleicht selber nicht haben konnte, aber man konnte sie aus Knete herstellen, und indem man sie herstellte, konnte man sie haben. Ich denke, es war wohl eine der intensivsten Sachen, die ich jemals getan habe. Dörfer entwickelten sich. Manchmal baute man eine Goldgräber-Siedlung.

Manchmal war es ein Haufen von Städten mit Hotels und Saloons. Dann hatte man Schlachten und Kriege. Man baute Panzer und Flugzeuge, einfach eines nach dem anderen. Aber es gehörten immer eine Menge Gebäude dazu, eine Menge Fahrzeuge, eine Menge Leute, und man fertigte all das Zeug an. Dann stellte man bestimmte Szenen damit dar.

Also, ich denke hin und wieder daran zurück, und ich tue nun genau die gleichen Dinge. Außer, daß ich sie jetzt im realen Leben tue. Ich baue eine Fabrik und produziere Maschinen und rede den ganzen Tag lang mit Leuten. Genau die gleiche Sache. Und sehr intensiv. Wir reden darüber, wie man die Dinge baut, wie man am Telefon mit den Kunden redet, all diese Sachen. Tagein, tagaus genau das, was ich mit Plastilin gemacht habe.

Weitere Informationen

Weitere Literatur zum Modell der Sudbury Valley School finden Sie bei The Sudbury Valley School Press:

The Sudbury Valley School Press
2 Winch Street, Framingham
MA 01701, USA
Tel.: 001 508 877-3030
www.sudval.org

Zur Sudbury-Bewegung in Deutschland:

Nachdem das Sudbury-Schulmodell unsere europäischen Nachbarländer erreicht hat und dort erfolgreich umgesetzt wird, z.B. in Holland, Dänemark, Belgien und Frankreich, hält es Einzug in Deutschland.

Es haben sich verschiedene regionale Gruppen gebildet, um in Deutschland Sudbury-Schulen zu etablieren. Es gibt bereits Gruppen, die kurz vor der Eröffnung einer solchen Schule stehen.

Unter folgenden Webadressen finden Sie weitere Informationen zu den Gründungsinitiativen in Deutschland.

www.sudbury.de
www.sudbury-hl.de
www.sudbury-bodensee.de
www.dein-s.net

Der Übersetzer: Martin Wilke

Martin Wilke wurde 1980 geboren, lebt in Berlin und studiert dort Politikwissenschaft. Seit 1994 ist er aktiv bei den KinderRÄchTs-ZÄnkern (www.kraetzae.de), hat dort u.a. die Kinderrechtszeitung Regenbogen und die Kinderrechtlichen News herausgegeben, sowie zahlreiche Grundsatztexte mitverfaßt.

Martin Wilke trat 1999 als parteinunabhängiger Direktkandidat zur Berliner Abgeordnetenhauswahl an und hat sich in seinem Wahlkampf u.a. für eine freiheitlich-demokratische Schulpolitik und das Wahlrecht ohne Altersgrenze eingesetzt.

Martin Wilke ist Mitglied des Sudbury-Schule Berlin-Brandenburg e.V. (www.sudbury.de). Dort hat er u.a. am Pädagogischen Konzept mitgearbeitet.

Neben dem vorliegenden Buch hat Martin Wilke „Endlich frei! - Leben und Lernen an der Sudbury-Valley-Schule“ (erschienen 2004 im Arbor Verlag) und zahlreiche weitere Texte zur Sudbury Valley School übersetzt.

Der Verlag: tologo verlag

Das Programm des tologo verlages umfaßt drei Grundthemen:

- das Sudbury-Schulmodell
- freie Erziehung
- freie Bildung.

Diese drei Themen möchten wir mit Sachbüchern, Romanen, Kinderbüchern, Comics und wissenschaftlichen Fachbüchern füllen.

Wir sind auf der Suche nach Autoren und Zeichnern, die Texte aus diesen Themengebieten in einer sensiblen und verständlichen Art und Weise an unsere Leser weitergeben möchten.

Wir wünschen uns Autoren, die sich mit der Idee ihres Buches intensiv beschäftigt haben und mit uns gemeinsam unser Verlagsprogramm ausbauen.

Haben Sie eine Buchidee oder ein fertiges Manuskript, dann lassen Sie es uns wissen. Jede Idee wird vertraulich behandelt.

tologo verlag
Kurt-Schumacher-Straße 51
04105 Leipzig
www.tologo.de
buchidee@tologo.de